高等职业教育规划教材

电子商务系列

统计与商务数据分析

董继荣 主编

化学工业出版社
·北京·

内容简介

本书为高等职业教育经济管理专业教材。本书依据基础统计学设计、调查、整理、分析的基本理论和基本方法，结合现代企业实际商务活动数据分析的要求编写而成。本书内容共分6个项目、18个任务，主要包括：认识统计与商务数据分析、数据采集、数据整理、数据分析、商务数据分析应用、数据分析报告与撰写，每个项目通过"学习目的""案例导入""任务分解""任务小结""课后练习""实操训练""知识延伸"等板块，由浅入深、循序渐进地进行讲授。本书配套数字资源，扫描"课后练习""实操训练""知识延伸"后的二维码，可获得更丰富的扩展资料，巩固和加深学生对课本知识的理解，让学生养成分析问题、解决问题的思维习惯。

本书适用于职业技术类院校商科专业学生学习和训练，也可供相关从业人员参考使用。

图书在版编目（CIP）数据

统计与商务数据分析/董继荣主编．—北京：化学工业出版社，2021.5（2023.8重印）
ISBN 978-7-122-38516-1

Ⅰ.①统⋯ Ⅱ.①董⋯ Ⅲ.①商业统计-统计数据-统计分析-职业教育-教材 Ⅳ.①F712.3

中国版本图书馆CIP数据核字（2021）第028374号

责任编辑：王　可　蔡洪伟　王　芳　　　　装帧设计：张　辉
责任校对：宋　夏

出版发行：化学工业地社（北京市东城区青年湖南街13号　邮政编码100011）
印　　装：北京科印技术咨询服务有限公司数码印刷分部
787mm×1092mm　1/16　印张14　字数363千字　2023年8月北京第1版第2次印刷

购书咨询：010-64518888　　　　　　　　　售后服务：010-64518899
网　　址：http://www.cip.com.cn
凡购买本书，如有缺损质量问题，本社销售中心负责调换。

定　价：42.00元　　　　　　　　　　　　　　　　　　　版权所有　违者必究

前　言

随着市场经济的发展和信息技术的进步，互联网、大数据时代已经到来，统计学作为进行数据搜集、整理与分析的重要工具性学科，其方法已广泛应用于社会科学和自然科学的各个领域，是各学科领域研究者和工作者的必备知识。它与人们的生活、工作密不可分，没有任何学科或领域能够真正离开统计学。在企业越来越重视商务数据分析的背景下，拥有商务数据分析能力的人员也越来越重要。

本教材结合传统统计学的基本理论、知识和方法与企业实际商务活动数据分析的要求进行编写，对统计与商务数据分析进行了详细的讲解和实操，内容深入浅出，图文并茂，实例分析具体丰富。在梳理理论知识要点的基础上，注重对学生实际操作能力的训练。本教材不仅适合电子商务、物流管理、市场营销、会计、工商管理（金融）等商科专业，还适合机械、电子、石化等生产型服务业新商科专业集群。培养具备良好的专业素养和职业道德，具有扎实的统计背景，能熟练掌握数据采集、处理、分析和开发技能，具备互联网数据挖掘技术，具有对企业运营进行商务统计分析和解决问题的能力，"有技能、懂管理、能理财、会沟通、善经营、敢创新"，能够在各行业和各部门从事商务活动的应用型大数据统计分析人才。

本教材共 6 个项目、18 个任务，在编写上力求概念准确、层次分明、重点突出、简明扼要、通俗易懂，采取由浅入深、循序渐进的思路，尽量避免繁杂的公式推导。知识结构内容设计为：学习目的—案例导入—任务分解—任务小结—课后练习—实操训练—知识延伸，课后练习后配套二维码，扫码可获得更多习题，实操训练和知识延伸的相关扩展资料可在我社教学资源网（www.cipedu.com.cn）下载。

本教材基于多年来对经济管理类专业教学的实践经验及体会，集思广益编写而成。全书由董继荣主编，编写分工如下：董继荣编写项目一、项目三和项目四的任务一、任务二、任务四，文靖羽、海楠编写项目二，王燕编写项目四的任务三、龚玲琳编写项目五的任务一、任务二，张迪编写项目五的任务三、任务四，宋倩编写项目六。海楠编写各项目任务小结，赵丽编写课后练习及扩展资料、宋倩编写实操训练及扩展资料，吴思编写知识延伸及扩展资料。董继荣负责全书的组织、整理和排版工作。

由于编者水平有限，书中疏漏之处在所难免，恳请广大同行及读者批评指正。

编者

2020 年 10 月

目　录

项目一　认识统计与商务数据分析 ……………………………………………… 1
【学习目的】……………………………………………………………………… 1
【案例导入】……………………………………………………………………… 1
【任务分解】……………………………………………………………………… 1
　　任务一　统计与商务数据分析的含义 ……………………………………… 1
　　任务二　基本术语 …………………………………………………………… 6
　　任务三　统计活动过程与商务数据分析流程 …………………………… 12
【任务小结】…………………………………………………………………… 14
【课后练习】…………………………………………………………………… 15
【实操训练】…………………………………………………………………… 16
【知识延伸】…………………………………………………………………… 16

项目二　数据采集 …………………………………………………………… 18
【学习目的】…………………………………………………………………… 18
【案例导入】…………………………………………………………………… 18
【任务分解】…………………………………………………………………… 19
　　任务一　数据采集认知 …………………………………………………… 19
　　任务二　商务数据采集的渠道及工具 …………………………………… 24
　　任务三　商务数据采集的种类 …………………………………………… 25
【任务小结】…………………………………………………………………… 31
【课后练习】…………………………………………………………………… 32
【实操训练】…………………………………………………………………… 33
【知识延伸】…………………………………………………………………… 35

项目三　数据整理 …………………………………………………………… 36
【学习目的】…………………………………………………………………… 36
【案例导入】…………………………………………………………………… 36

【任务分解】……36
　　任务一　数据整理认知……36
　　任务二　商务数据处理……45
【任务小结】……80
【课后练习】……81
【实操训练】……82
【知识延伸】……84

项目四　数据分析……86

【学习目的】……86
【案例导入】……86
【任务分解】……87
　　任务一　静态描述分析……87
　　任务二　动态趋势分析……104
　　任务三　相关与回归分析……118
　　任务四　统计指数分析……123
【任务小结】……135
【课后练习】……137
【实操训练】……139
【知识延伸】……139

项目五　商务数据分析应用……141

【学习目的】……141
【案例导入】……141
【任务分解】……142
　　任务一　商务数据分析认知……142
　　任务二　市场数据分析……164
　　任务三　运营数据分析……171
　　任务四　产品数据分析……190
【任务小结】……197
【课后练习】……198
【实操训练】……199
【知识延伸】……202

项目六　数据分析报告与撰写 203

【学习目的】 203

【案例导入】 203

【任务分解】 204

　　任务一　数据分析报告认知 204

　　任务二　数据分析报告撰写 207

【任务小结】 208

【课后练习】 208

【实操训练】 210

【知识延伸】 214

参考文献 216

项目一

认识统计与商务数据分析

【学习目的】
1. 正确认识统计和商务数据的含义;
2. 正确理解统计学的分类、特点、职能;
3. 掌握统计的活动过程和商务数据分析的基本步骤;
4. 掌握统计活动和商务数据分析的研究方法;
5. 重点掌握统计学与商务数据分析中的基本术语;
6. 具备利用统计基本理论进行商务数据分析的能力。

【案例导入】

> **"尿布"与"啤酒"有关系吗?**
>
> 1993年一位美国人发现,在超市里有67%的顾客在买啤酒的同时,也买了尿布。是顾客喝完啤酒以后用尿布吗?显然不是。进一步调查发现,购买尿布的人有80%是年轻的父亲,在购买尿布的时候,他们顺便为自己买点啤酒。
>
> 商家发现这样的规律后,便在妇产医院及相关机构周边的超市里,把啤酒和尿布放在一个货架上,以方便年轻的父亲一起购买。结果,销售额大增。这种用于商品的货架设计、存货安排,根据购买模式对客户进行分类的方法,即数据挖掘。数据挖掘是统计学一个比较新的研究方向和领域,是一门把统计学、数学、计算机、人工智能、继续学习等各种方法融为一体的边缘学科。数据挖掘的商用价值相当大,大数据时代的来临使统计学在为社会服务方面能够发挥难以想象的巨大作用。

【任务分解】

任务一 统计与商务数据分析的含义

一、认识统计

1. 统计的含义

统计是人们认识客观世界总体数量变动关系和变动规律的活动的总称。包含以下3种含义。

(1) 统计工作。即统计实践,是指根据科学的方法,从事统计设计、搜集资料、整理分析数据,预测和提供各种统计资料的活动过程的总称。例如,为了了解国家的家底,进行人口、自然资源和财富的统计；为了让我们可以拥有蓝天、白云，进行环境质量的检测统计。

（2）统计资料。又称统计数据，是指通过统计工作所取得的各种数字资料以及与之相联系的其他资料的总称。其表现形式包括符号、文字、数字、图表、语音、图像、报告、台账、视频等，其内容是反映社会经济现象的规模、水平、速度、结构和比例关系等的数字和文字资料，以表现经济现象发展的特征及规律。例如：国内生产总值数据，说明整个国家的生产规模；居民消费支出，说明居民的生活水平。这些数据经常会在报纸、杂志上出现。随着信息技术的发展与网络的普及，统计资料的公布不再仅仅是纸质资料了，大量的电子版的数据可以方便地从各国官方统计网站上获得，而且大部分都是免费的。我国统计资料的发布途径越来越规范，官方的统计数据通过《中国统计年鉴》和各省、市、地区的统计年鉴定期出版，一般都会同时提供纸质和电子两种形式。目前各级统计部门都建立了自己的网站，及时提供有关数据。

（3）统计学。即统计理论，是指阐述统计的理论和方法的科学，它是以社会经济现象总量为研究领域，以研究统计设计、收集、整理、归纳和分析统计资料的理论与方法为内容的一门独立的社会科学。统计学是关于收集和分析数据的科学和艺术，世界上各门学科只有统计学把科学和艺术放在一起定义，它是通过分析有差别的个性来寻求背后的一般规律，所以它是连接科学和艺术的一个桥梁。

统计的这三种含义是密切联系的：统计工作是统计实践活动的过程，实践活动的结果就是统计资料；统计学是统计工作发展到一定阶段的产物，是统计实践经验的理论概括和科学总结，它来源于实践又服务于实践；统计工作要以统计学为指导理论并检验和发展统计理论，统计学与统计工作是理论与实践的辩证统一关系。

2. 统计的产生与发展

（1）统计活动的产生及发展

① 统计活动萌芽于原始社会。统计的起源很早，远在人类社会初期，就有对某些事情通过打绳结、堆石块、画道道等方法进行简单的计数，这便是统计的萌芽。

② 统计活动产生于奴隶社会。随着人类社会的发展，这种计数的方法也随之发展、提高。奴隶主为了对内统治和对外战争的需要，进行了征兵、征税，开始了人口、土地和财产统计，使统计日显重要。

③ 统计活动形成于封建社会。当时的统治阶级出于管理国家、统治人民、进行战争的需要，进行了关于人口、农产品、牲畜等的分类调查，建立"计口授田"、保甲户口登记制度，以及出生和死亡登记制度等，统计工作只停留在简单的统计计数阶段。

④ 统计活动发展于资本主义社会。17世纪以来，人类社会发展到资本主义阶段，西方的一些资本主义国家，由于工业、农业、商业、海外贸易、交通运输等经济活动的大发展，对统计提出了新要求。如：资本家为追逐利润，需要加强企业的经营管理，实行严格的成本统计核算；为了获取更大的利润，他们扩大市场甚至掠夺海外殖民地，就需要搜集和掌握其他国家和地区的国情、资源等统计资料。因此，人们把统计的内容逐步扩展到了更广泛的领域，产生了工业、农业、商业、外资、银行、税收、海关、交通、邮电等各种专业的统计。

（2）统计学的产生和发展。随着资产阶级统计活动的发展，人们开始总结统计工作的经验，于是有了统计的理论，并经历了以下几个阶段。

① 古典统计学（17世纪中—18世纪中）。最早的统计学说源于17世纪中叶，英国人威廉·配第所著的《政治算术》一书。这本书的特点是用统计计量和比较的方法来分析、研究当时的英、荷、法等国的"国富和力量"。马克思称威廉·配第为"统计学的创始人"。同时，

这本书的出版也标志着统计学理论的诞生。

② 近代统计学（18世纪末—19世纪末）。18世纪末，比利时的数学家阿道夫·凯特勒在许多有名的著作中，把德国的国势学派、英国的政治算术学派和意大利、法国的古典概率论加以融合改造，形成近代意义的统计学，为统计学研究开辟了新的途径和领域，使统计学取得了更大的发展。凯特勒是数理统计学派的奠基人，有"统计学之父"之称。

③ 现代统计学（20世纪以后）。20世纪30年代R.费希尔的推断统计理论，标志着现代数理统计学的确立。20世纪60年代以后统计学发展有三个明显的趋势：统计学更广泛地应用数学方法；以统计学为基础的边缘学科不断形成；与电子计算机技术相结合，应用范围更广、作用更大。总之，统计活动是随着人们的社会实践和国家管理的需要而产生和发展起来的，经济越发展，统计工作越重要。在现代市场经济社会中，经济的发展，科学技术的进步，特别是信息论、系统论、控制论和经济学等学科的发展，极大地促进了统计理论和统计方法的发展和完善。由于信息技术和通信技术的飞速发展，社会对统计工作又提出了更高的要求，而且也使统计学的内涵和外延得到更进一步的发展和深化。

3. 统计学的分科

（1）按统计研究的性质划分

① 理论统计学：又称统计学原理、数理统计学，是研究数据收集、数据整理、数据分析的方法的一般理论，即把研究对象的特点一般化、抽象化。它是以数学的概率论为基础，从纯理论的角度，对统计数据加以归纳总结、推导论证，形成随机变量的一般规律。例如统计分布理论，统计估计与假设检验理论，相关与回归分析、方差分析、时间序列分析、随机过程理论等。

② 应用统计学：是以各个不同领域的具体数量为对象，研究如何应用统计理论和方法去解决实际问题的科学。所谓应用，既包括一般统计方法的应用，更包括各自领域实质性科学的应用。应用统计学从所研究的领域或专门问题出发，视研究对象的性质采用适当的指标体系和统计方法，以解决所需研究的问题。应用统计学不仅要进行定量分析，还需要进行定性分析。它总是先从现象中获得需要考察的指标，建立指标体系，然后采集数据，进行数据处理，并结合对现象的定性分析，得出符合客观现实的结论，作为行动决策的依据。所以应用统计学需要有关的专业实质性科学的理论作指导，它通常具有边缘交叉和复合型学科的性质。应用统计的领域非常广泛，如农业、动物学、人类学、审计学、电子学、教育学、机械工程、建筑学、金融学、地质学、历史研究等。

在统计科学发展的道路上，理论统计学和应用统计学总是互相促进、共同提高的。理论统计的研究为应用统计的数量分析提供方法论基础，大大提高统计分析的认识能力，而应用统计学在对统计方法的实际应用中，又常常会对理论统计学提出新的问题，开拓理论统计学的研究领域。

（2）按统计方法的特点划分

① 描述统计：是指对数据进行采集、审核、整理、归类，进一步计算出反映总体特征的综合指标，并用图形、表格、影像的形式描述出来。描述统计是各种应用统计研究的基础，为统计推断、咨询、决策提供必要的事实依据。描述统计通过对分散无序的原始资料进行整理归纳，得到现象总体的数量特征，揭露客观事物内在数量规律性，达到认识世界的目的。

② 推断统计：是在对样本数据进行描述的基础上，利用概率论的方法估计或检验总体的数量特征。在进行统计研究时，由于各种原因，人们只能掌握部分数据或有限数据，而人们所关心的却是整个现象特征。例如，黄河的水质如何？棉花的长势如何？这些工作就必须利

用推断统计的方法来解决。

两者的关系如图 1-1 所示。

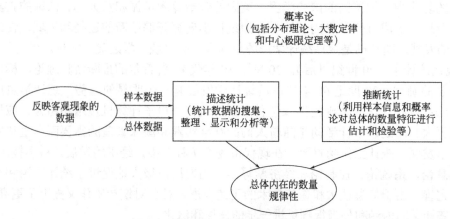

图 1-1　描述统计与推断统计的关系

（3）按统计工作的领域可分为统计指标学、数据采集学、统计决策论等；按应用统计领域可分为思维科学统计学、社会科学统计学、自然科学统计学等。

4. 统计的特点

（1）数量性。这是统计的基本特点。俗话说：数字是统计的语言，数据是统计的原料，定量是统计的特点。统计不同于抽象的数学运算，统计数据总是客观事物数量的反映，统计定量认识必须建立在对客观事物定性认识的基础上；统计研究是密切联系现象的质来研究它的量，并通过量反映现象的质。这一点和数学研究抽象的数量关系是不同的。

（2）总体性。任何统计都是以某一社会经济现象的总体为研究对象，而不是现象的个体本身。统计的数量研究是对社会现象总体中的各单位普遍存在现象，进行大量观察、搜集、整理、综合分析，得出反映现象总体特征。

（3）具体性。任何统计活动都是在具体的时间、地点和条件下，研究现象总体的数量特征，它的前提是总体各单位的特征存在着差异。这种差异表现出个别现象的特殊性和具体性，通过大量的观察工作，总结、归纳、概括出它们的共同特征，显示出现象的普遍性和必然性。

（4）社会性。统计活动的主体是人，对象是社会经济现象，通过社会实践的方法来实现统计过程。

5. 统计的职能

统计是国家实行科学决策和规范化管理的一项重要的基础性工作，是一国政府和人民认识国情国力、决定国策、制订社会经济发展计划的重要依据，在国家宏观经济调控和监控体系中，在企业的生产经营管理与决策中，都具有重要的地位和作用。统计从社会经济现象总体的数量方面认识社会，随着社会经济发展和国家管理的需要，统计的职能由单纯的信息职能，演化为下述三大职能。

（1）反馈信息（即信息职能）。统计反映社会经济现象总体的数量方面是以统计信息的方式表现出来的，它为确定战略目标、发展规划和具体的计划提供了信息基础，并通过信息的搜集、加工、传递，促进经济和社会的进一步发展。

（2）提供咨询（即咨询职能）。统计利用所掌握的丰富、灵敏的信息资源，运用科学的分析方法，借助于先进的技术手段，通过综合分析和专题研究，为社会经济活动的有序进行提供咨询意见和决策支持。

（3）实施监督（即监督职能）。统计运用监督手段，及时、准确地从总体上反映社会经济的运行状况，发出预警信息，使社会经济遵循客观规律的要求，协调、稳定、健康地发展。

6. 统计研究的基本方法

（1）大量观察法。这是对所研究的对象（社会经济现象）的总体或足够多的个体单位进行调查、登记和分析研究，用以反映社会经济现象总体的数量特征的方法。大量观察法的理论依据是概率论中的大数定律。例如：广西壮族自治区河池市的巴马县，依山傍水，是一个世界公认的长寿之乡，虽然人口只有24万，但每10万人中却拥有39.8位百岁老人，是国际上所设定的"世界长寿之乡"标准的8.4倍。其中，甲篆乡平安村巴盘屯，全屯515人中的百岁老人多达17人，是国际上"世界长寿之乡"标准的近200倍。在5个被国际自然医学会认定的"世界长寿之乡"中，中国广西巴马是长寿乡之首。

（2）统计描述法。任何一个社会经济现象，无论是总体还是个体，它们都是质和量的统一体，它们有相同的质，也有千差万别不同的质，每一种质又存在着不同的量，将不同的质或量进行分组、汇总形成指标，多种指标就描述出社会经济现象的特征和规律。

（3）归纳推断法。由观察总体中个体的特征，归纳出总体的特征，即从个别到一般，从具体到抽象概括的一种推理方法。这就是《政治经济学》中的个性与共性、普遍与具体的辩证关系。以一定的置信标准，根据样本数据来判断总体数量特征的归纳推理方法，称为统计推断法。

（4）统计模型分析法。统计模型分析法是根据一定的经济理论和假设条件，用数学方程去模拟客观经济现象相互关系的一种研究方法。如相关分析法、回归分析法和统计预测法。

二、认识统计数据与商务数据分析

1. 统计数据

统计数据是统计工作活动过程中所取得的、反映国民经济和社会客观现象的数字资料以及与之相联系的其他资料的总称。

（1）根据计量尺度的不同，统计数据可分为定类数据、定序数据、定距数据、定比数据。定类数据、定序数据又称品质数据；定距数据、定比数据又称数量数据。

（2）根据对客观现象观察的角度不同，统计数据可分为静态数据和动态数据。静态数据又称为横截面数据，它是指在同一时间对同一总体内不同单位的数量进行观察而获得的数据；动态数据又称为时间序列数据，它是指在不同时间对同一总体的数量表现进行观察而获得的数据。

（3）根据收集方法的不同，统计数据可分为观察数据和实验数据。

（4）根据表现形式的不同，统计数据可分为：绝对数，即现象总体规模水平的一般表现形式，绝对数的计量单位一般为实物单位或价值单位，有时也采用复合单位；相对数，即由两个互相联系的数值对比所得，常用的相对数包括结构相对数、动态相对数、比较相对数、强度相对数、计划完成相对数等；平均数，即反映现象总体的一般水平或分布的集中趋势。

（5）按照获取途径不同，统计数据可分为：原始资料，也称为第一手资料，是反映被调查对象原始状况的资料；次级资料，也称为第二手资料，是已经存在的经他人整理分析过的资料。一般在可能的情况下尽量使用第一手资料，它比第二手资料更加丰富、更加准确。使用第二手资料是因为其收集成本和所花费时间比较节省。

2. 商务数据

商务数据是企业进行商务活动时产生的各种数据，主要包括市场数据、运营数据、产品数据。

（1）市场数据

① 行业数据：指企业在整个市场发展的相关数据，包括行业总销售额、行业增长率等行业发展数据，需求量变化、品牌偏好等市场需求数据，地域分布、职业等目标客户数据。

② 竞争数据：指能够揭示企业在行业中竞争力情况的数据，包括竞争对手的销售额、客单价等交易数据，活动形式、活动周期等营销活动数据，畅销商品、商品评价等商品运营数据。

（2）运营数据

① 客户数据：指客户在购物过程中的行为所产生的数据，如浏览量、收藏量等数据，性别、年龄等客户画像。

② 推广数据：指企业在运营过程中推广行为所产生的数据，如各推广渠道的展现、点击、转化等数据。

③ 销售数据：指企业在销售过程中产生的数据，如销售额、订单量等交易数据，响应时长、询单转化率等服务数据。

④ 供应数据：指产品在采购、物流、库存过程中产生的数据，如采购数量、采购单价等采购数据，物流时效、库存周转率、残次库存比等仓储数据。

（3）产品数据

① 行业产品数据：指产品在整个市场的数据，如行业产品搜索指数、行业产品交易指数等。

② 企业产品数据：指产品在具体企业的数据，如新客点击量、重复购买率等产品获客能力数据，客单件、毛利率等产品盈利能力数据。

3. 商务数据分析

商务数据分析指运用有效的方法和工具收集商务数据，通过建立分析模型对数据进行核对、检查、复算、判断等操作，将数据的现实状态与理想状态进行比较，从而发现规律，得到分析结果的过程。主要有流量分析、客户分析、产品分析、市场分析等。

4. 商务数据分析的作用

传统企业时期，企业运营决策多依赖于以往的经验总结，随着信息化和电子商务时代的到来，企业在经营过程中积累了大量数据，对这些数据进行分析，能够更精准、更科学地辅助企业发展。

（1）辅助企业运营决策。数据分析能够将企业经营数据处理成便于观察、分析、推断的形式，能够帮助企业推导出有价值的信息作为运营决策的依据。

（2）降低企业运营成本。企业可以根据数据分析结果，优化业务流程，减少不必要的成本投入，对企业资源进行合理配置。

（3）优化企业市场竞争力。数据分析能够帮助企业发现其在市场中所处的位置、发展趋势、竞争力情况等，让企业在比较短的时间内快速对业务、产品等作出调整，助力其市场竞争力的提升。

任务二　基本术语

一、统计总体与总体单位

1. 统计总体

统计总体是根据一定目的确定的所要研究的事物的全体。它是由客观存在的、具有某种共同性质的许多个别事物构成的整体。例如,要研究全国城镇居民的收支情况,就以全国城镇居民作为一个总体。每一个城镇居民家庭结合在一起构成总体,这是因为它们具有共同的性质,即都是城镇居民,都有一定的收入和支出,都要消费一定的商品和服务。有了这个总体,就可以研究全国城镇居民的各种数量特征,例如人均收入、人均消费等。

（1）统计总体特点

① 同质性：即确定统计总体的基本标准,它是根据统计的研究目的而定的。研究目的不同,则所确定的总体也不同,其同质性的意义也随之变化。

② 大量性：统计对总体数量特征的研究,其目的是探索、揭示现象的规律,而现象的规律只有通过大量观察才能显示出来。因此,统计总体应该由足够数量的同质性单位构成。统计个体的数量多少,影响统计研究结果的准确性,每个个体的特征是多方面的,个体的数量过少,会造成统计结果的偏差,只有在大量的个体事物中,才能获得较准确的变化规律性。

③ 差异性：总体中的每个单位,除了具有某种或某些共同的性质外,还具有各自不同的质和量的差异。统计研究的对象是总体数量,目的是掌握其规律性,并应用于个体的实践,如果各个体间没有差异,统计就没有研究的意义了。

（2）统计总体分类。统计总体分为有限总体与无限总体。有限总体是指构成总体的个体数量是有限的,如：统计某一时点某企业的在册人数是有限总体。全国人口普查仍然是有限总体。无限总体是指构成总体的个体数量是无限的,或统计数量不可数、不可知,如：统计测量兰州市的空气质量；检验新工艺是否真正能够改善产品的性能。

2. 总体单位（简称单位、个体）

总体单位即构成统计总体的各个单位（或元素）,是各项统计数据的原始承担者。根据研究目的的不同,单位可以是人、物、机构等实物单位,也可以是一种现象或活动过程等非实物单位。

3. 二者的关系

总体和单位的概念是相对而言的,随着研究目的不同、总体范围不同而相互变化。同一个研究对象,在一种情况下为总体,但在另一种情况下又可能变成单位。例如：研究全国的财政情况,全国财政是总体,而各省、直辖市的财政是个体；若研究某省的财政情况,那么省财政是总体,而下属的各地县就是个体。

二、样本与样本单位

1. 样本（抽样总体、子样）

统计研究的目的是要确定总体的数量特征,但是,若总体单位数量很多甚至无限时,就不必要或不可能对构成总体的所有单位都进行调查,需要从研究对象（又称母体）中抽取一部分单位,作为总体的代表进行研究。这些从总体中抽取的部分个体组成的集合体称为样本（又称子样）。样本也是由一定数量的个体构成的,样本所包含的个体数称为样本容量。例如：在大学中被调查的100个学生即为此次调查的样本。

2. 样本单位

样本单位即构成样本的每个个体（单位或元素）,是各项统计数字的原始承担者,例如,在大学中被调查的100个学生中的每一位学生即为样本单位。

三、标志和标志表现

1. 标志

标志是总体各单位普遍具有的属性或特征的名称。每个总体单位从不同方面考察都具有许多属性和特征,例如每个工人都具有性别、工种、文化程度、技术等级、年龄、工龄、工资等属性和特征,这些就是工人作为总体单位的标志。

(1) 按表现形式分类。品质标志:表明个体的属性特征,表现只能用文字、语言来描述,例如,"性别"是品质标志,其标志具体表现为"男""女";数量标志:表明个体的数量特征,用数值来表现,例如,职工的"工龄"是数量标志,其标志具体表现为"5年""20年"等。

(2) 按有无差异分类。不变标志:如果一个总体中各单位有关标志的具体表现都相同,称之为不变标志。例如在"某企业工人"这一总体中,"职业"这一标志的具体表现都是"工人",所以职业便是不变标志。变异标志:在"某企业工人"这一个总体中,"工种""工龄"便被称为变异标志。

(3) 按因果关系分类。因素标志:是在统计研究中,表现事物发展变化原因的标志;结果标志:是在统计研究中,表现事物发展结果的标志。

2. 标志表现

标志表现是指个体的属性或特征的具体表现,如:"工种"的"钳工""电工","工龄"的"10年""8年"等就是标志表现。

四、变异、变量与变量值

1. 变异

统计总体中的个体具有相同的特征,即同质性、不变标志,还存在着许多各自不同的质和量的差异,即差异性,这种差异的现象就叫作变异。如:上市公司中股份有限责任公司是相同的特征,即不变标志,而商业企业、金融企业、运输企业、食品企业等不同品质的差异,包括注册资金、流动资金、股东人数、员工的平均年龄及平均收入等是不同数量的差异。

2. 变量

不同品质的差异叫作变异或品质变异,不同数量的差异叫作数量变异,也可以叫作变量。

3. 变量值

变量值是指变量的具体表现数字。如:企业中职工的工资是变量,具体员工的工资分别为"3000""4500""5000""6850""4000",即为变量值。变量按变量值的连续性不同分为连续型变量和离散型变量。连续型变量是指在一定区间内,相邻的两数间可以取无限个数值,如人的身高、体重等;离散型变量是在一定区间内,其数值可以一一列举出来,但它们之间没有连续的关系,如企业的个数、职工的人数、设备的台数等。

五、统计指标

1. 统计指标的定义

统计指标是综合反映总体特征的概念和数值。如,2020年8月19日国家统计局发布:2020年全国早稻总产量2729万吨(546亿斤)。这些指标从某一侧面反映了我国国民经济的数量特征。统计指标是由两项基本要素构成的,即指标的概念(名称)和指标的数值。指标的概念(名称)是对所研究现象本质的抽象概括,也是对总体数量特征的质的规定性。所以,确定统计指标必须有一定的理论依据,使之与社会经济或科学技术的范畴相吻合;同时,又必须对理论范畴加以具体化，以便达到量化的目的。例如，工资的含义在经济学中是明确的，但在实际经济生活中，职工的奖金、津贴和劳保福利是不是应该纳入工资统计的范围就必须加以具体规定。指标的数值反映所研究现象在具体时间、地点、条件下的规模和水平，不同时间不同地点或不同条件下，指标的具体数值必然不同。所以，在观察指标数值时，必须了解其具体的时间状态、空间范围、计量单位、计量方法等限定；同时注意，由于上述条件的变化而引起数值的可比性问题。总之，统计指标是统计研究对象的具体化，也是统计对客观事物认识过程的起点。

2. 统计指标的特点

（1）数量性。所有的统计指标都是用数值来表现的，这是统计指标最基本的特点。统计指标所反映的就是客观现象的数量特征，这种数量特征是统计指标存在的形式，没有数量特征的统计指标是不存在的。

（2）综合性。综合性即统计指标既是同质总体大量个别单位的总计，又是大量个别单位标志差异的综合，是许多个体现象数量综合的结果。统计指标的形成都必须经过从个体到总体的过程，它是通过个别单位数量差异的抽象化来体现总体综合数量的特点的。

（3）具体性。统计指标的具体性有两方面的含义。一是统计指标不是抽象的概念和数字，而是一定的具体的社会经济现象的量的反映，是在质的基础上的量的集合。这一点使社会经济统计和数理统计、数学相区别。二是统计指标说明的是客观存在的、已经发生的事实，它反映了社会经济现象在具体地点、时间和条件下的数量变化。这一点又和计划指标相区别。

3. 统计指标的分类

（1）统计指标按照其反映的内容或其数值表现形式，可以分为总量指标、相对指标和平均指标三种。

总量指标是反映现象总体规模的统计指标，通常以绝对数的形式来表现，因此又称为绝对数，例如土地面积、国内生产总值、财政收入等。总量指标按其反映的时间状况不同又可以分为时期指标和时点指标。时期指标又称时期数，它反映的是现象在一段时期内的总量，如产品产量、能源生产总量、财政收入、商品零售额等，时期数通常可以累积，从而得到更长时期内的总量；时点指标又称时点数，它反映的是现象在某一时刻上的总量，如年末人口数、科技机构数、公司员工数、股票价格等。时点数通常不能累积，各时点数累计后没有实际意义。

相对指标又称相对数，是两个绝对数之比，如经济增长率、物价指数、全社会固定资产增长率等。相对数的表现形式通常为比例和比率两种。

平均指标又称平均数或均值，它反映的是现象在某一空间或时间上的平均数量状况，如人均国内生产总值、人均利润等。

（2）统计指标按其所反映总体现象的数量特性的性质不同，可分为数量指标（是基本指标）和质量指标（是派生指标）。

数量指标是反映社会经济现象总规模水平和工作总量的统计指标，一般用绝对数表示。例如，人口总数、企业总数、职工总数、工资总额、国内生产总值、商品流转额、商品进出口总额等。

质量指标是反映总体相对水平或平均水平的统计指标，一般用相对数或平均数表示。例如，计划完成程度、职工平均工资、人口密度、工人出勤率、资金利润率、设备利用率、劳动生产率、国民收入增长速度等。

（3）统计指标按管理功能作用不同，可以分为描述指标、评价指标和预警指标。

描述指标主要反映社会经济运行的状况、过程和结果，提供对社会经济总体现象的基本认识，是统计信息的主题。如：反映社会经济条件的土地面积指标、自然资源拥有量指标、社会财富指标、劳动资源指标、科技力量指标，反映生产经营过程和结果的国民生产总值指标、工农业总产值指标、国民收入指标、固定资产指标、流动资金指标、利润指标等。

评价指标用于对社会经济运行的结果进行比较、评估和考核，以检查工作质量或其他定额指标的结合作用，包括国民经济评价指标和企业经济活动评价指标。

预警指标一般是用于对宏观经济运行进行监测，对国民经济运行中即将发生的失衡、失控等进行预报、警示。通常选择国民经济运行中的关键性、敏感性经济现象，建立相应的监测指标体系。

（4）统计指标按核算的范围，可分为总体指标与样本指标。

总体指标，即总体参数或参数，是要研究的现象总体的某个特征值。通用的参数有总体平均数 μ、标准差 σ、总体比例等。如我们不知道整个国家的收入差异，不知道流水线上的产品合格率，但它们都是我们想要得到的数据，为得到这些数据我们可以采用全面调查，即对这个国家的每个人进行调查、对流水线上的每一个产品进行检验，但如果某个产品质量检验是破坏性的，那么我们会采用抽样，根据从抽取的样本中所获得的资料来推断总体参数。

样本指标，即样本统计量，简称统计量。统计量是根据样本数据计算出来的一个量。通常我们所关心的样本统计量有样本平均数 x、样本标准差 s、样本比例 p 等。如：我们不知道流水线上产品的合格率，但我们进行抽样检验，根据抽取的样本中所获得的资料来推断总体参数。

（5）按计量单位不同，可分为实物指标、价值指标和劳动指标，如"产量××吨（台）""产值100万""消耗了××工日"等。

4. 指标体系

一个企业的经营活动是由物资流、价值流、信息流等相互联系的多方面构成的整体运动。要全面、深入地反映客观事物，必须将各种相互联系的指标构成一个整体，用以反映所研究对象各方面的相互依存和制约关系，反映总体的全貌。

指标体系，指由若干个相互独立又相互影响的统计指标所构成的有机整体。一个指标只能反映现象总体中的某一方面的数量特征，只有将一系列相互联系的指标有机结合起来即建立统计指标体系，才能全面地反映现象总体的数量方面的特征和规律。统计指标的指标体系设计是否准确，直接影响能否正确、全面地反映现象总体的特征，所以它是统计设计的中心内容。

统计指标体系中各个指标之间的表现形式如下。

（1）数学公式。

农作物收获量=播种面积×单位面积产量

企业市场占有率=企业销售量（额）÷行业销售量（额）×100%

国民总收入=国内生产总值+来自国外的净要素收入

期初库存量+本期购进量=本期销售量+期末库存量

（2）相互补充。考核工业企业的 9 项指标——产量、品种、质量、原材料、燃料、动力消耗、成本、利润、流动资金占用，所构成的指标体系就属于这种情况。如图 1-2 所示，即为企业利润核算体系。

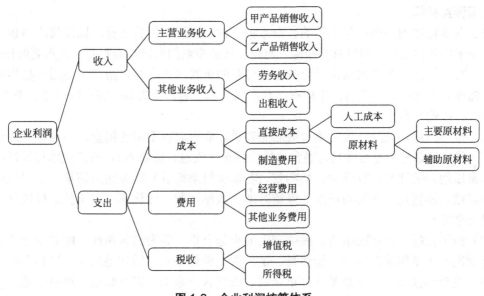

图 1-2　企业利润核算体系

在设立统计指标体系用以全面、综合反映现象的状态时，应该遵循客观性、科学性、可行性、预见性原则。指标体系的建立不但要遵循指标之间内在的客观联系，还要考虑获取资料是否可能以及指标体系的设置是否可行；不但要考虑指标体系是否能反映实际问题，还要使新设立的指标体系具有一定的超前意识，更好地适应不断变化的需要。

5. 指标与标志的关系

二者既有明显的区别，又有密切的联系，如图 1-3 所示。其主要区别在于：指标是说明总体特征的，而标志是说明总体单位特征的；标志可以是品质或数量表现，指标只能是数值表示。二者的联系在于：有许多指标的数值是从总体单位数量标志的标志值汇总而来的，或品质标志值的个体数总计而得。根据统计研究的目的不同，标志与指标也存在相互转换关系。

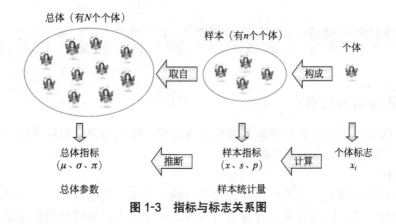

图 1-3　指标与标志关系图

六、商务数据分析指标

1. 市场类指标

市场类指标主要用于描述行业情况和企业在行业中的发展情况，是企业制定经营决策时需要参考的重要内容。主要指标有行业销售量、行业销售量增长率、行业销售额、行业销售额增长率、企业市场占有率、市场增长率、竞争对手客单价。

2. 运营类指标

在企业运营过程中会产生大量的客户数据、推广数据、销售数据，以及供应链数据，整理并分析形成各类指标，即运营类指标，对企业运营策略的制定与调整有至关重要的作用。

（1）客户指标。客户数据化运营是企业运营的重要基础，客户指标主要用于描述可营销客户的黏度和忠诚度。主要客户指标有：客户回购率、客户流失率、客户留存率、消费频率、收藏人数、加购人数等。

（2）推广指标。流量直接关系着商品的销量，要想取得不错的销量，必须进行适当的运营推广。推广活动做得是否成功，通常从推广效果（收益、影响力）、推广成本以及活动黏合度（通常以用户关注数、收藏数、加购数、客单价等来衡量）等方面来衡量。主要推广指标有：访客数、浏览量、平均访问量、停留时间、入站次数、转化率、点击量、展现量、关注数、跳失率等。

（3）销售指标。企业在销售过程中产生的指标合集，即为销售指标，能够揭示企业的销售运行状况。主要销售指标有：销售量、销售额、销售毛利、销售毛利率、销售利润、销售利润率、投资回报率、订单数量、订单金额、成交客户数量、退货数量、退货金额、退货用户数量、订单退货率、客单价、件单价、连带率、动销率、滞销率等。

（4）供应链指标。企业在采购、物流、仓储环节产生的指标合集，即为供应链指标，能够反映企业供应链环节的情况和存在的问题。主要供应链指标有：采购金额、采购数量、库存金库存金额、库存量、库存天数、库存周转率、售罄率、送货数量、平均配送成本、订单响应时长、订单满足率、平均送货时间等。

3. 产品类指标

产品分析需要通过对产品在流通运作中的各项指标进行统计与分析，来指导产品的结构调整、价格升降，由此决定产品的库存系数以及引进和淘汰决策。它直接影响店铺的经营效益，关系到采购、物流和运营等多个部门的有效运作。主要产品类指标有：产品搜索指数、产品毛利率、产品交易指数等。

任务三 统计活动过程与商务数据分析流程

一、统计活动的过程

统计活动的过程是对社会经济现象进行调查研究，定性与定量相结合的一个完整的工作过程。大体上可以划分为以下4个阶段。

1. 统计设计

统计设计是根据研究对象的性质和研究的目的，对统计活动各个方面和各个环节进行通盘的考虑和安排，并制定出各种设计方案的过程。从理论上，弄清楚数据采集研究对象的性质和范围以及具体统计内容（统计指标、指标体系和分组体系）的设计。从实际上，弄清调查活动的可行性，进行分析、研究，准确地规定统计研究的任务、项目、统计指标和指标体系，并设计出总体方案。统计设计是整个统计研究的前期工程，其完成质量直接关系到整个统计研究的质量。做好统计设计不仅要有统计学的一般理论和方法为指导，而且还要求设计者对所要研究的问题本身具有深刻的认识和相关的学科知识。例如，要设计一套较好地反映国民经济运行情况的统计体系与方案，仅有一般的统计方法知识是不够的，设计者还必须具备经济学的知识和理论素养。

2. 数据采集

数据采集是根据统计研究的目的和统计设计方案要求，运用科学的方法，对统计对象的各个单位进行有计划、有组织的调查登记，取得真实可靠的统计资料的过程。统计数据的收集有两种基本方法，即实验法和调查法。对于大多数自然科学和工程技术研究来说，有可能通过有控制的科学实验去取得数据，这时可以采用实验法。在统计学中有专门一个分支实验设计就是研究如何科学地设计实验方案，从而使得通过实验采集的数据能够符合分析的目的和要求。而对于社会经济现象来说，一般无法进行重复实验，要取得有关数据就必须到社会总体中去选取足够多的单位进行调查观察，即采用调查法，并加以综合研究。如何科学地进行调查是统计学研究的重要内容，这是一个获得感性认识的过程，是定量认识的起点，是统计活动的基础。

3. 整理与分析

原始的统计数据收集上来之后，还必须经过整理、加工和分析才能真正发挥其作用。数据整理是统计工作认识事物从个体过渡到总体，即按照统计设计总方案，对调查来的大量个别的原始资料进行科学加工、整理、归纳汇总，并列成统计表，使其成为能够说明现象总体的数量特征的综合资料的过程。统计分析即对经过加工、整理后的统计资料进行综合分析，并得出结论的过程。

4. 开发与应用

通过数据整理和分析，可以得到有关的统计资料。但统计资料的提供并不意味着统计研究的终结。统计目的在于揭示社会经济现象发展变化的规律和趋势，并以此对未来的发展前景作出科学的预测。对于已经公布的统计资料需要加以积累，同时还可以进行进一步的加工，同时结合相关的实质性学科的理论知识去进行分析和利用。如何更好地将统计数据和统计方法应用于各自的研究领域是应用统计学研究的一个重要方面。

二、商务数据分析的流程

1. 明确数据分析目标

根据数据分析的目标，选择需要分析的数据，明确数据分析想要达到什么样的效果，带着一个清晰的目的进行数据分析，才不会偏离方向，才能为企业决策者提供有意义的指导意见，这是确保数据分析过程有序进行的先决条件，同时也为后续的数据采集、处理、分析提供清晰的指引方向。

2. 数据采集

直接获取：通过数据采集或科学实验得到第一手或企业内部直接的统计数据。

间接获取：通过查阅资料、数据统计工具等获取数据。

3. 数据处理

数据处理是指对采集到的数据进行加工整理，基本目的是从大量的、杂乱无章、难以理解的数据中抽取并推导出对解决问题有价值的数据，并根据数据分析目标加工整理，形成适合数据分析的样式，保证数据的一致性和有效性，它是数据分析前必不可少的阶段。

4. 数据分析

数据分析是用适当的分析方法及工具，对处理过的数据进行分析，提取有价值的信息，形成有效结论的过程。通过对数据进行探索式分析，可以对整个数据集有个全面的认识，以便后续选择恰当的分析策略。

5. 数据展现

数据可视化的部分，是把数据观点展示出来的过程，数据展现除遵循各企业已有的规范原则外，具体形式还要根据实际需求和场景而定。

6. 撰写数据分析报告

数据分析报告是对整个数据分析过程的一个总结与呈现。通过报告，把数据分析的思路、过程、得出的结论及建议完整呈现出来，供决策者参考。

【任务小结】

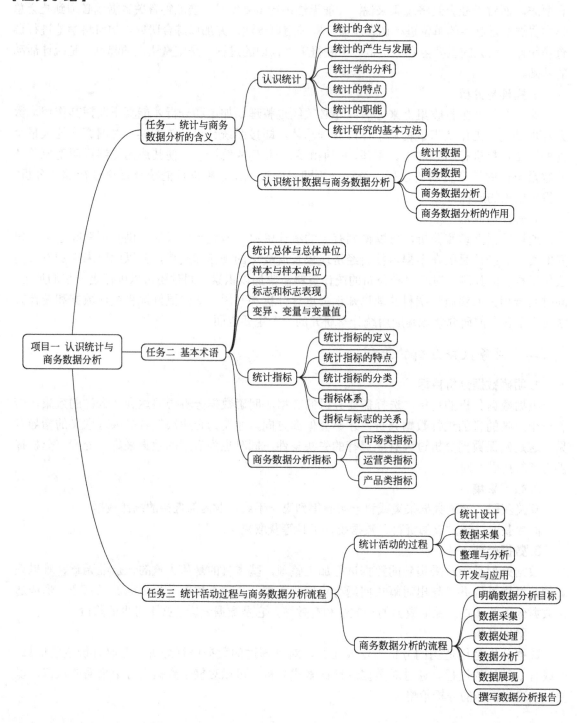

【课后练习】

一、单项选择题

1. 统计学与统计工作的关系是（　　）。
A. 工作与结果的关系　　　　B. 理论与应用的关系
C. 工作与经验的关系　　　　D. 理论与实践的关系

2. 数理统计学派的创始人是（　　）。
A. 海尔曼·康令　　　　　　B. 阿道夫·凯特勒
C. 高尔登　　　　　　　　　D. 威廉·配第

3. 一手资料主要是自己直接收集整理以及从直接经验中获得的资料。下列不属于一手资料的是（　　）。
A. 用户访谈情况　　　　　　B. 用户的行为数据
C. 商务部发布的研究报告　　D. 问卷调研情况

4. 工业企业的职工人数、职工工资是（　　）。
A. 连续型变量
B. 离散型变量
C. 前者是连续型变量，后者是离散型变量
D. 前者是离散型变量，后者是连续型变量

5. 要考察全国居民的人均住房面积，其统计总体是（　　）。
A. 全国所有居民户　　　　　B. 全国的住宅
C. 各省市自治区　　　　　　D. 某一居民户

二、多项选择题

1. 全国第七次人口普查中（　　）。
A. 全国人口数是统计总体
B. 总体单位是每一个人
C. 全部男性人口数是统计指标
D. 人口的性别比是总体的品质标志
E. 人的年龄是变量

2. 下列指标中，属于数量指标的有（　　）。
A. 国民生产总值　　　　　　B. 人口密度
C. 全国总人口数　　　　　　D. 投资效果系数　　　E. 工程成本降低率

3. 以下几种统计数据所采用的计量尺度属于定距尺度的有（　　）。
A. 人口　　　　　　　　　　B. 民族
C. 进出口总额　　　　　　　D. 经济增长率　　　　E. 全选

4. 电子商务数据分析的作用是（　　）。
A. 帮助传统企业转型　　　　B. 辅助企业运营决策
C. 降低企业运营成本　　　　D. 优化企业市场竞争力　　E. 全选

5. 关于市场数据，以下说法正确的是（　　）。
A. 行业数据属于市场数据
B. 竞争对手的销售额、客单价等属于市场数据
C. 市场数据包括供应链数据
D. 市场数据是企业在运营过程中产生的数据　　　　　　E. 全选

三、判断题

1. 社会经济现象都是有限总体。（ ）
2. 商品的价格在标志分类上属于数量标志。（ ）
3. 品质标志和质量指标一般不能用数值表示。（ ）
4. 数据分析为数据采集提供了素材和依据。（ ）
5. 运营数据是企业在运营过程中产生的客户数据、推广数据、服务数据。（ ）

四、简答题

举例说明标志和指标之间的关系。

【实操训练】

将以下电子商务数据分析指标，按照不同性质进行归类，填入如表1-1所示的表格中。

表1-1 电子商务数据分析指标

行业销售量、行业销售量增长率、行业销售额、企业市场占有率、市场增长率；客户流失率、收藏人数、加购人数；浏览量、平均访问量、转化率、点击数、关注数、跳失率；销售额、销售利润、销售利润率、投资回报率、订单数量、动销率；采购金额、库存量、库存天数、售罄率、送货数量、平均配送成本、订单满足率；产品搜索指数、产品毛利率、产品交易指数

数量指标	质量指标

【知识延伸】

工业—主要统计指标

1. 资产总计

资产总计指企业过去的交易或者事项形成的、由企业拥有或者控制的、预期会给企业带来经济利益的资源。资产一般按流动性分为流动资产和非流动资产。其中，流动资产可分为货币资金、交易性金融资产、应收票据、应收账款、预付款项、其他应收款、存货等；非流动资产可分为长期股权投资、固定资产、无形资产及其他非流动资产等。数据来源于会计"资产负债表"中"资产总计"项目的期末余额数。

2. 流动资产合计

资产满足以下条件之一应归为流动资产：（1）预计在一个正常营业周期中变现、出售或耗用，主要包括存货、应收账款等；（2）主要为交易目的而持有；（3）预计在资产负债表日起一年内（含一年）变现；（4）自资产负债日起一年内，交换其他资产或清偿负债的能力不受限制的现金或现金等价物。流动资产包括货币资金、应收票据、应收账款、存货等项目，数据来源于会计"资产负债表"中"流动资产合计"项目的期末余额数。

3. 负债合计

负债指企业过去的交易或者事项形成的，预期会导致经济利益流出企业的现时义务。负债一般按偿还期长短分为流动负债和非流动负债。负债合计来源于会计"资产负债表"中"负债合计"项目的期末余额数。

4. 应收账款

应收账款指企业因销售商品、提供劳务等经营活动所形成的债权，包括应向客户收取的货款、增值税款和为客户代垫的运杂费等。数据来源于会计"资产负债表"中"应收账款"项目的期末余额数。

5. 存货

存货指企业在日常活动中持有以备出售的产成品或商品、处在生产过程中的在产品、在生产过程或提供劳务过程中耗用的材料或物料等，通常包括原材料、在产品、半成品、产成品、商品以及周转材料等。存货的数据来源于会计"资产负债表"中"存货"项目的期末余额数。

6. 产成品

产成品指企业已经完成全部生产过程并验收入库，可以按照合同规定的条件送交订货单位，或者可以作为商品对外销售的产品；数据来源于会计"产成品"科目的借方余额。

7. 营业收入

营业收入指企业经营主要业务和其他业务所确认的收入总额。营业收入包括"主营业务收入"和"其他业务收入"；数据来源于会计"利润表"中"营业收入"项目的本年累计数。

8. 营业成本

营业成本指企业经营主要业务和其他业务所发生的成本总额。营业成本包括企业（单位）在报告期内从事销售商品、提供劳务等日常活动发生的各种耗费；包括"主营业务成本"和"其他业务成本"；数据来源于会计"利润表"中"营业成本"项目的本年累计数。

9. 销售费用

销售费用指企业在销售商品和材料、提供劳务的过程中发生的各种费用，包括保险费、包装费、展览费和广告费、商品维修费、预计产品质量保证损失、运输费、装卸费等以及为销售本企业商品而专设的销售机构（含销售网点、售后服务网点等）的职工薪酬、业务费、折旧费等经营费用。

10. 管理费用

管理费用指企业为组织和管理生产经营所发生的费用，包括企业在筹建期间内发生的开办费、董事会和行政管理部门在企业经营管理中发生的，或者应当由企业统一负担的公司经费等；数据来源于会计"利润表"中"管理费用"项目的本年累计数。

11. 财务费用

财务费用指企业为筹集生产经营所需资金等而发生的筹资费用，包括企业生产经营期间发生的利息支出（减利息收入）、汇兑损失（减汇兑收益）以及相关的手续费等；数据来源于会计"利润表"中"财务费用"项目的本年累计数。

12. 利润总额

利润总额指企业在一定会计期间的经营成果，是生产经营过程中各种收入扣除各种耗费后的盈余，反映企业在报告期内实现的盈亏总额。数据来源于会计"利润表"中"利润总额"项目的本年累计数。

13. 平均用工人数

平均用工人数指报告期企业平均实际拥有的、参与本企业生产经营活动的人员数。

项目二

数据采集

【学习目的】
1. 正确理解数据采集的概念、原则；
2. 掌握数据采集的种类和方法；
3. 掌握数据采集的流程；
4. 掌握商务数据采集工具的使用；
5. 掌握商务市场数据、运营数据、产品数据的采集；
6. 具备利用各种数据采集方法解决实际问题的能力。

【案例导入】

吉列公司市场调查的成功案例

男人长胡子，因而要刮胡子；女人不长胡子，自然也就不必刮胡子；然而，美国的吉列公司却把"刮胡刀"推销给女人，居然大获成功。

美国吉列公司创建于1901年，其产品因使男人刮胡子变得方便、舒适、安全而大受欢迎。进入20世纪70年代，吉列公司的销售额已达20亿美元，成为世界著名的跨国公司。然而吉列公司的领导者并不以此满足，而是想方设法继续拓展市场，争取更多用户。就在1974年，公司提出了面向妇女的专用"刮毛刀"。这一决策看似荒谬，却是建立在坚实可靠的基础之上的。

吉列公司先用一年的时间进行了周密的市场调查，发现在美国30岁以上的妇女中，有65%的人为保持美好形象，要定期刮除腿毛和腋毛。这些妇女之中，除使用电动刮胡刀和脱毛剂之外，主要靠购买各种男用刮胡刀来满足此项需要，一年在这方面的花费高达7500万美元。相比之下，美国妇女一年花在眉笔和眼影上的钱仅有6300万美元，染发剂的花费约5500万美元。毫无疑问，面向女性的专用"刮毛刀"是一个极有潜力的市场。根据结果，吉列公司精心设计了新产品，它的刀头部分和男用刮胡刀并无两样，采用一次性使用的双层刀片，但是刀架则选用了色彩鲜艳的塑料，并将握柄改为弧形以利于妇女使用，握柄上还印压了一朵雏菊图案。这样一来，新产品立即显示了女性的特点。为了使雏菊刮毛刀迅速占领市场，吉列公司还拟定几种不同的"定位观念"到消费者之中征求意见。这些定位观念包括：突出刮毛刀的"双刀刮毛"；突出其创造性的"完全适合女性需求"；强调价格的"不到50美分"；以及表明产品使用安全的"不伤玉腿"等。最后，公司根据多数妇女的意见，选择了"不伤玉腿"作为推销时突出的重点，刊登广告进行刻意宣传。结果，雏菊刮毛刀一炮打响，迅速畅销全球。

这个案例说明，市场调查研究是经营决策的前提，只有充分认识市场，了解市场需求，对市场作出科学的分析判断，决策才具有针对性，从而拓展市场，使企业的整体业务兴旺发达。

【任务分解】

任务一　数据采集认知

从统计工作的全过程来看，统计设计是统计工作的起点，数据采集是收集统计资料获得感性认识的阶段，数据整理与分析是对采集的资料进行加工汇总的过程，是由感性认识上升到理性认识的阶段，统计设计的开发与应用是揭示社会经济现象发展变化的规律和趋势，对未来的发展前景作出科学的预测。可见，收集统计数据既是对现象总体认识的开始，也是进行统计资料整理和分析的基础环节。

一、认识数据采集

1. 数据采集的含义

数据采集即统计调查，也叫数据获取，就是根据统计研究的目的和要求，采用科学的方法，对调查对象中各调查单位的有关标志的具体表现，有计划、有组织地进行登记，取得真实可靠统计资料的活动过程。电子商务数据采集是通过在平台源程序中预设工具或程序代码，获取商品状态变化、资金状态变化、流量状态变化、用户行为和信息等数据内容的过程，为后续进行数据分析提供数据准备。

2. 数据采集的原则

（1）准确性。准确性是指提供的统计资料必须符合客观实际情况，保证各项统计资料真实可靠、全面、完整。在数据分析过程中每个指标的数据可能需要参与各种计算，有些数据的数值本身比较大，参与计算之后就可能出现较大的偏差，在进行数据采集时需要确保所摘录的数据准确无误，避免数据分析时出现较大偏差。

（2）及时性。在进行数据采集过程中，注意数值期限的有效性。进行数据采集需要尽可能地获得电子商务平台最新数据，只有将最新的数据与往期数据进行比对才能更好地发现当前的问题，预测变化趋势。过时的资料落在了形势发展的后面，就失去了意义，犹如"雨后送伞"起不到统计的真实作用。

（3）合法性。数据采集还需要注意数据采集的合法性，比如在进行竞争对手数据采集过程中只能采集相关机构已经公布的公开数据，或是在对方同意的情况下获取的数据，而不能采用商业间谍、非法窃取等非法手段获取。

二、数据采集的种类

社会经济现象的错综复杂性，决定了数据采集的目的和调查对象的特点也各不相同，这就要求根据数据采集的具体情况选择适宜种类的数据采集方法，才能达到预期的效果。数据采集的分类各种各样，分述如下。

1. 按被采集总体的范围划分

（1）全面调查。全面调查指对被研究现象总体中的所有单位或者个体都进行调查登记的方法，如人口普查、工业普查、统计报表等都属于全面调查。这种调查方法要搜集被研究现象总体中的全部单位的资料，所以耗费的人力、物力和财力较多，一般不轻易采用，只有当需要反映国情国力等重要指标时才使用这种方法。全面调查只适用于有限总体。

（2）非全面调查。非全面调查是对被研究总体中的部分单位进行调查登记的一种形式。如：在进出口贸易中一般只按一定比例抽取一部分商品以检验其质量，抽样调查、重点调查和典型调查等都属于非全面调查。非全面调查和全面调查相比较，由于调查单位少，所耗费的人力、物力和财力就较少，并且不局限于有限总体，故应用较广泛，但这种方法没有掌握全面资料，又受到调查单位选择技巧的影响，容易产生误差，实际应用中常需要同全面调查结合在一起运用。

2. 按采集时间是否连续划分

人们所研究的社会经济现象，有两种不同的情况：一种如连续生产的产品产量、原材料投放、动力消耗、员工出勤等，研究现象的数字不断变化的情况，这种变量值的大小与时间间隔长短有直接关系的现象，称为时期现象；另一种如固定资产总额、生产设备数量、商品库存量等，研究现象在一定时期内数量变动不是很大的情况，这种变量值大小与时间间隔长短无直接关系的现象，称为时点现象。对时期现象的调查，要用连续性调查，即随着现象的变化，进行连续不断的登记观察，以反映现象总体在一定时期内的全部发展过程。对时点现象的调查，则可使用一次性调查的方法，即定期或不定期地对现象总体在某一时刻的状况进行一次性登记，以反映现象在一定时点上的发展水平或规模。

3. 按组织方式的不同划分

（1）统计报表。统计报表是根据国家有关法律规定，按一定表式和要求，自上而下统一布置，自下而上逐级提供基本统计资料的一种调查方式。可以看出，这种方式一般是由国家相关职能部门完成的，用以反映一国社会、经济、科技发展状况等在一定时间内相对稳定的基本指标。

（2）专门调查。专门调查是为了某一特定的调查目的而专门组织的一种搜集资料的数据采集形式。专门调查属于一次性调查，如普查、抽样调查、重点调查和典型调查等。在数据采集实践中，很多情况下都采用专门调查，用以满足各级管理部门的特殊需要。

4. 按采集数据形式的不同划分

（1）直接观察法。直接观察法是指调查人员亲临现场直接对调查单位进行观测和计量，取得第一手调查资料的方法，如，对农作物长势的调查，库存的盘点，公路的车流量、人流量调查。实验法，属于直接观察法，是指在既定条件下，通过实验对比，对市场现象中某些变量之间的因果关系及其发展变化过程加以观察分析的一种调查方法。

（2）报告法。报告法是指由被调查单位根据原始记录和核算资料，按照有关规定和隶属关系，逐级报告统计资料的方法。如统计报表。

（3）采访法或询问法。采访法或询问法是指调查人员向被调查者提问，直接根据被调查者的答复取得调查资料的方法。有口头询问法（个别访问、开会座谈）和书面询问法、直接采访和间接采访、标准化采访和非标准化采访、个别调查、集体调查、邮寄调查、电话调查、留置调查、网络调查等。

（4）问卷法。问卷调查是将调查项目编制成调查问卷，交给调查者单位，由被调查单位按照要求书面回答，以取得统计资料的一种方法。问卷调查是一种特殊的调查形式，根据调查目的，在调查对象中随机选择或有意识地确定调查单位，以书面文字或表格形式了解被调查者的意见，调查者自愿、自由地回答问卷中所提出的问题。问卷按是否由被调查者自填，分为自填问卷和代填问卷。

5. 商务数据的采集形式

（1）网页数据采集。采集行业及竞争对手数据时，对电商平台上的一些数据诸如商品属性数据（商品结构、标题、品牌、价格、销量、评价）可以直接进行摘录或使用火车采集器、八爪鱼采集器、生意参谋、京东商智等爬虫采集工具进行采集。

（2）系统日志数据采集。在网站日志中记录了访客 IP 地址、访问时间、访问次数、停留时间、访客来源等数据。通过对这些日志信息进行采集、分析，可以挖掘电子商务企业业务平台日志数据中的潜在价值。

（3）数据库采集。通过数据库采集系统直接与企业业务后台服务器结合，将企业业务后台每时每刻产生的大量业务记录写入到数据库中，最后由特定的处理系统进行数据分析。

（4）报表采集。对于一些独立站点可能没有如每天咨询客户数、订单数等数据指标统计功能，在进行数据采集时可以通过每日、周的工作报表进行相应数据采集。

（5）调查问卷采集。在进行用户需求、习惯、喜好、产品使用反馈等数据采集时常常会用到调查问卷，数据采集人员通过设计具有针对性的问卷，采用实际走访、电话沟通、网络填表等方式进行信息采集。

三、数据采集步骤及方案

数据采集是整个统计工作全过程中最基础最重要的环节，同时也是一项系统工程，需要耗费大量的人力、物力、财力以及时间，需要高度统一、密切协作，有计划、有组织地进行。科学地设计数据采集方案应遵循实用性原则、时效性原则、经济性原则和弹性原则。一个完整的数据采集方案应按以下步骤进行。

1. 确定数据采集的目的

确定调查的目的，就是明确数据采集先要解决什么问题，只有明确调查目的，资料的搜集工作才能有序地进行。不同的调查目的决定着不同的调查内容和范围，只有明确说明向谁调查、调查什么、怎样调查，才能避免调查过程中的盲目与混乱，避免调查来的资料不是需要的，而需要了解的情况又得不到充分反映的情况发生，避免造成人力、物力、财力的浪费。

2. 确定采集范围及人员分工

进行数据采集前首先需要根据数据采集目标进行分析，明确数据采集的指标范围和时间范围；接着明确这些数据需要从哪些途径及部门采集；最后确定参与部门和人员配备。主要包括：确定调查机构、调查人员、调查地点、调查方法；明确调查前的准备工作；确定调查质量控制与结果检验的程度和方法；确定公布调查成果的时间等。

采集对象，是指需要调查的社会经济现象的总体，它是由许多具有某一共同性质的个体组成的集合体，在整个统计研究中称为统计总体。采集单位，是组成调查对象的个体，是调查时要登记其具体特征的单位，是调查项目的承担者，在整个统计研究中称为总体单位。

填报单位（又称报告单位），是负责向上级报告调查内容，提交统计资料的单位。填报单位与调查单位有时一致，有时不一致。例如，在进行工业企业设备普查时，调查单位是企业的每台设备，而填报单位则是每个工业企业，这时调查单位与填报单位是不一致的。

3. 确定采集项目、设计采集表

采集项目，是向调查单位进行登记的各项具体标志，是由数量标志和品质标志共同构成的标志体系，是一份在调查过程中获得答案的各种问题清单。

采集表，是将反映调查单位有关标志的调查项目，按一定的逻辑顺序排列而成的表格。数据采集工作具有大量性和系统性的要求，当调查项目确定以后，就要将诸多的调查项目用最精练的用词、最合理的格式在调查表上表现出来。采集表有单一表和一览表两种形式。单一表：是每个调查单位填写一份或一套表，可以容纳较多的项目，可以加快调查填写速度，适用于大型调查,但由于同一调查项目被分散到各张单一表中,不便于汇总整理。一览表:是将多个调查单位填列在一张表上,由于同一项目排列在同一张表上,故便于汇总、比较和核对差错;但多个调查单位无法同时登记,会减缓调查的速度,另外当调查项目较多时,一览表则显得臃肿庞大,故并不适用。

4. 确定采集时间和采集期限

采集时间,是指调查资料所属的时间,也叫客观时间。如果所要调查的是时期现象,调查时间就是资料所反映的起讫日期;如果所要调查的是时点现象,调查时间就是规定的统一标准时点,指全体调查者在对调查现象进行登记时所依据的统一时点。例如:调查2020年第二季度的零售商品销售额,则调查时间是从4月1日起至6月30日止3个月;我国第七次人口普查的标准时点是2020年11月1日零时。采集期限,是调查工作进行的时限,包括搜集资料或报送资料的整个工作所需要的时间,也叫主观时间。例如:我国第七次人口普查的入户工作时间是2020年10月11日至12月10日;调查2020年第二季度的零售商品销售额,则调查期限是从7月1日起至7月5日。

四、商务数据的采集方案

1. 介绍项目背景

介绍项目背景主要是让数据采集项目参与人员了解该数据项目的来龙去脉,通常是介绍企业所处的环境、商务运营过程中的具体情况和出现的问题。

2. 确定数据分析目标

确定数据分析目标是指数据分析人员完成数据分析后,对项目运营各部门基于什么样的目的提出建议及调整策略。

3. 确定数据分析指标

确定数据分析指标是指明确数据分析所需要的指标类型、指标体系。

4. 选择数据来源渠道及数据采集工具

数据分析人员分析出合理的结果离不开数据来源渠道及数据采集工具为其提供的数据,因此在数据采集处理方案中注明数据来源及采集工具不仅可以为后续的工作提供工作方向,也可以为后期效果评估及复盘提供理论依据。

5. 设计数据采集表

(1) 店铺流量类数据采集表。主要是为了了解店铺的流量来源情况及流量结构,常用的数据采集报表有店铺UV、PV、IP数据采集表等。如表2-1所示。

表 2-1 店铺流量类数据采集表

		日期	5月1日	5月2日	5月3日	5月4日	5月5日	5月6日	5月7日	5月8日	5月9日	5月10日
流量来源	PC端来源	淘宝搜索										
		天猫搜索										
		直通车										
		淘宝客										
		淘宝站内其他										
		购物车										
		宝贝收藏										
		已买到的商品										
		PC总计										

续表

		日期	5月1日	5月2日	5月3日	5月4日	5月5日	5月6日	5月7日	5月8日	5月9日	5月10日
流量来源	无线端来源	手淘首页										
		淘宝搜索										
		天猫搜索										
		直通车										
		淘宝客										
		淘宝站内其他										
		购物车										
		宝贝收藏										
		已买到的商品										
		无线总计										
综合		总UV										
		销量										
		转化率										

（2）店铺运营类数据采集表。这类数据采集表类型多样，最常见的就是店铺运营日报表（表2-2），包含的数据指标通常有流量类、订单类、转化类、交易类等。

表2-2 店铺运营日报表

日期	流量	转化率							销售额				
	访客数UV	全店转化率	CALLIN转化率	访问深度	平均停留时间	询单转化率	收藏量	成交回头率	客单价	拍下总金额	支付宝成交金额	支付宝使用率	当日拍下未付款金额	退款金额

（3）营销推广类数据采集表。营销推广工作直接关系到整店的成交转化情况，因此营销推广数据采集表在日常运营过程中使用也非常广泛。营销推广类数据采集表（表2-3）通常包含通过各营销推广渠道的成交类指标、流量类指标、费用类指标等。

表2-3 CPS推广基础数据登记表

日期	成交笔数	成交金额	成交总累计金额	佣金	累计佣金	平均佣金比例	淘宝客流量	投入产出比	备注

任务二　商务数据采集的渠道及工具

一、商务数据采集的渠道

1. 内部数据

内部数据指在电子商务项目运营过程中电子商务站点、店铺自身所产生的数据信息，如站点的访客数、浏览量、收藏量，商品的订单数量、订单信息、加购数量等数据，可通过电子商务站点、店铺后台或类似生意参谋、京东商智等数据工具获取。对于独立站点流量数据还可使用百度统计、友盟等工具进行统计采集。

2. 外部数据

外部数据指政府部门、行业协会、新闻媒体、出版社等发布的统计数据、行业调查报告、新闻报道、出版物，国家统计局、权威网站、数据机构发布的报告、白皮书等。常见的网站有易观数据、艾瑞咨询等。电子商务平台上聚集着众多行业卖家和买家，也是电子商务数据产生的重要源泉来源。指数工具，包括百度指数、360趋势、搜狗指数、阿里指数等。指数工具依托于平台海量用户搜索数据，将相应搜索数据趋势、需求图谱、用户画像等数据向用户公开。该类型数据可为市场行业、用户需求和用户画像数据分析提供重要参考依据。

二、电商数据采集常用工具

1. 生意参谋

这是淘宝网官方提供的综合性网店数据分析平台，不仅是店铺数据的重要来源渠道，同时也是淘宝/天猫平台卖家的重要数据采集工具，为天猫/淘宝卖家提供流量、商品、交易等网店经营全链路的数据展示、分析、解读、预测等。数据采集人员不仅可以在这个平台上采集自己店铺的各项运营数据（流量、交易、服务、产品等数据），还能够通过市场行情板块获取到在淘宝/天猫平台的行业销售经营数据。

2. 店侦探

这是一款专门为淘宝及天猫卖家提供数据采集、数据分析的数据工具。该工具通过对各个店铺、宝贝运营数据进行采集分析，可以帮助用户快速掌握竞争对手店铺销售数据、引流途径、广告投放、活动推广、买家购买行为等数据信息。

3. 淘数据

这是一款针对国内和跨境电子商务提供数据采集和分析的工具，为卖家提供行业和店铺的各项数据。

4. 京东商智

这是京东向第三方商家提供数据服务的产品，可以从PC、APP、微信、手机QQ、移动网页端五大渠道采集和分析店铺与行业的流量、销量、客户、商品等数据。

5. 八爪鱼采集器

这是一款通用网页数据采集器，使用简单，完全可视化操作；功能强大，任何网站的数据均可采集，数据可导出为多种格式。可以用来采集商品的价格、销量、评价、描述等内容。

6. 火车采集器

这是一个供各大主流文章系统、论坛系统等使用的多线程内容采集发布程序。对于数据的采集其可分为两部分：一是采集数据；二是发布数据。借助火车采集器可以根据采集需求在目标数据源网站采集相应数据并整理成表格或以文本格式导出。

任务三　商务数据采集的种类

一、市场数据采集

1. 行业发展数据采集

行业发展数据的采集及分析通常会涉及行业总销售额、增长率等数据指标，行业发展数据来源主要依托于国家统计局、行业协会、数据公司发布的行业统计数据、行业调查报告等。如图2-1所示。

图 2-1　行业发展数据

（1）市场需求数据采集。市场需求数据分析通常会涉及需求量变化、品牌偏好等数据指标，除了可以通过行业调查报告获取外，还可以通过对用户搜索指数的变化趋势分析，把握用户的需求变化和品牌偏好。如图2-2所示，即为所采集的2011—2019年国内手机市场需求的数据。

（2）目标客户数据采集。目标客户数据通常会涉及目标客户的地域分布、性别占比、年龄结构占比、职业领域占比等数据指标（图2-3），可以借助行业调查报告、指数工具等对整个行业的目标客户数据进行采集。

2. 竞争数据采集

竞争数据是对在电子商务业务中彼此存在竞争关系的商家、品牌、产品（即竞争对手）的各项运营数据的总称。在电子商业企业经营过程中，对竞争对手进行分析，可以帮助决策者和管理层了解竞争对手的发展势头，为企业战略策略制定、调整提供数据支持。竞争数据采集内容包括：商品结构、畅销商品、商品销量、交易额、销售价格、客单价、活动信息、活动内容、活动周期、商品评价、服务政策、店铺流量、搜索排名。

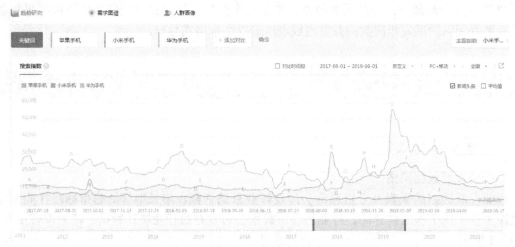

图 2-2 市场需求数据

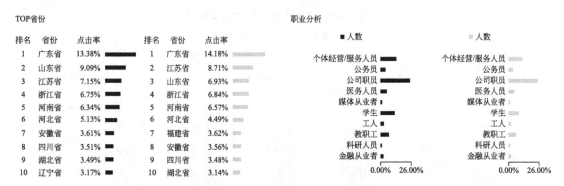

图 2-3 目标客户的地域分布、职业领域占比

虽然进行竞争数据采集可以借助一些工具，如采集淘宝、天猫平台竞争对手数据可以采用升业绩、店侦探等数据采集工具，但平台规则不断变化和限制，经常会遇到历史数据无法采集或采集异常的情况。

二、运营数据采集

1. 客户数据采集

客户数据采集指根据企业各部门对于客户数据的需求，通过可靠的数据源，采用合适的采集方式获得客户的各种操作、行为、属性等数据信息，为后续客户数据分析提供数据支持。

（1）客户画像数据。与客户购买行为相关的，能够反映或影响客户行为的相关信息数据即称为客户画像数据。具体包括客户性别、年龄、地址、品牌偏好、购物时间偏好、位置偏好、商品评价偏好等。通过调用客户在网站注册资料中填写的相关信息内容来实现数据采集。生意参谋【品类 360】板块可以查看客户画像数据，包括搜索人群画像、店铺访问人群、店铺支付人群画像，涵盖数据指标包括新老客户、年龄、性别、偏好等。对于行业客户画像数据，还可以通过百度指数搜索行业相关关键词进行采集。

（2）客户行为数据。客户的商品消费记录数据即为客户行为数据。具体包括商品名称、数量、购买次数、购买时间、支付金额、评价、浏览量、收藏量等。在生意参谋【品类】栏目下【品类 360】板块数据可查看到商品的浏览量、加购人数、加购件数等客户行为数据；滑动指标还可以看到商品收藏量、支付买家数等其他客户行为数据。

（3）数据采集表制作及数据采集。信息采集的过程就是在电子商务网站、网店后台将相应的数据填写到数据采集表格当中。如表2-4所示。

表2-4 客户信息采集表

客户基本信息				购买行为信息							联系信息			
ID	用户名	姓名	所在地区	产品	类型	数量	价格	下单时间	支付金额	收货地址	QQ	微信	手机号	邮箱

2. 推广数据采集

在电子商务平台中，推广工具通常都会提供相应的数据报表。采集推广数据，可通过具体的推广工具进行整理摘录。推广效果数据指标包括点击量、展现量、点击率、宝贝收藏量、店铺收藏量、成交量等。

推广渠道自有数据的采集，即通过淘宝后台进入直通车，首页将显示直通车当天推广的重要数据指标；电子商务独立站点，即多数情况下只能采集邮件的发送量，而对于邮件的链接点击率、转化率等都无法直接采集。在第三方统计工具中通过筛选各种邮箱地址来源的数据即可采集邮件营销的访客量，在邮件发送时设置"邮件打开提醒"可以采集展现数据，再通过访客的详细访问路径，查看是否有在支付成功页面停留的记录可以采集访客的购买数据。

对推广数据进行有效分析，可以帮助企业找到网店推广中的优势与不足，从而优化调整相关推广策略和内容，提升推广效果。网店推广的核心目标是商品销售，但推广的方式却千差万别，不同推广方式往往也有不同的推广侧重点。

3. 销售数据采集

销售数据指标有：交易数据（订单量、成交量、销售量）和服务数据（响应时长、咨询客户数、询单转化率）。

（1）交易数据采集：即根据需求及所分析出的指标，制作网店销售数据采集表（表2-5）。

表2-5 销售数据采集表

订单日期	订单号	商品名称	商品规格	商品单价	商品数量	折扣率	实际收款	交易状态	买家ID	收件人	联系电话	收件地址	快递

进入网店后台点击【交易管理】中的【已卖出的宝贝】即可查看网店的订单数据（图2-4）。

图 2-4 在"已卖出的宝贝"中查看订单数据

数据采集人员可以通过应用筛选功能筛选所需订单,如"等待买家付款"订单,或者具体某个时间段的订单信息。

(2)服务数据采集。以生意参谋为例,在【服务】板块接待响应、客服销售等项目可进行响应市场、接待咨询人数、咨询转化率等数据采集(图 2-5)。

图 2-5 生意参谋的【服务】板块内容

4. 供应链数据采集

供应链是指围绕核心企业,从配套零件开始,制成中间产品以及最终产品,最后由销售网络把产品送到消费者手中的生产、交易全链条。供应链管理的经营理念是从消费者的角度出发,通过企业间的协作,谋求供应链参与者利益最大化。

(1)采购数据采集。采购数据包括:产品供应商、产品名称、产品规格、采购数量、采购单价、产品生产周期、产品周期内供货量、运输配送期间的坏损率、销售过程中的退换货率。

(2)库存数据采集。此项工作主要是分析库存数据、帮助网店在经营过程中合理地制定销售策略,也有利于提升仓库的使用率。库存数据指标包括产品库存、发货量、库存周转率、残次库存比,可以通过对商品出入库数据进行监控记录来获取。如表 2-6 所示。

表2-6 月商品库存统计表

品名	规格	单位	当月出库总数	月初库存量	月末库存量	残次商品量	库存周转率	目标值

5. 物流数据采集

物流是电子商务的重要环节，在交易过程中扮演着将商品送达买家手中的重要角色。物流服务的优劣，关系到用户对于品牌、产品、卖家的印象。对于物流数据进行分析，选择更优质的物流合作伙伴是卖家提升自身形象、更好服务买家的有效手段。物流数据包括物流时效、物流异常量、物流服务满意度等，可通过售后客服人员对客户反馈的异常数据进行记录或相关监控人员通过物流公司提供的物流查询系统对订单物流信息进行采集获取。

三、产品数据采集

1. 产品行业数据采集

采集产品行业数据的核心目的是了解该产品的市场需求变化情况。

（1）产品搜索指数采集。产品搜索指数是用户搜索相关产品关键词热度的数据化体现，从侧面反映用户对产品的关注度和兴趣度。如图2-6所示，即为产品搜索指数的具体应用。

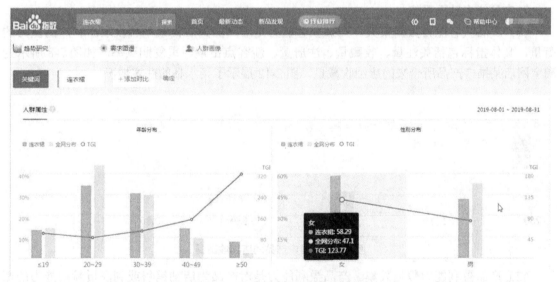

图2-6 购买连衣裙的年龄和性别

观察某个关键词一段时间内搜索指数的涨跌态势，可以解读出相关产品客户关注程度变化，同时还可以分析关注这些关键词的客户群特征，帮助卖家优化营销方案。

通过百度指数搜索产品关键词即可查看到相应产品关键词在该平台的搜索指数数据。数据采集人员通过选择时间段、地域等指标查看采集相应时间段和地域的产品搜索指数。

数据采集人员在产品搜索指数采集过程中一般需要使用多组关键词进行数据查询和采集，以提高数据的精准度。此外，通过同一产品不同关键词的搜索指数趋势的变化也可以分析出用户对于产品需求和喜好的变化。

（2）产品交易指数采集。产品交易指数是产品在平台交易热度的体现，是衡量店铺、产品受欢迎程度的一个重要指标（图2-7），即交易指数越高该产品越受消费者欢迎。对该项数据的采集可通过市场排行、店铺交易指数获得。

图2-7　不同时间段连衣裙的交易指数

2. 产品能力数据采集

（1）产品获客能力数据采集。产品获客能力是对产品为店铺或平台获取新客户的能力的衡量，具体指标包括关注量、收藏量、注册量、新客点击量、重复购买率。如图2-8所示为淘宝网店某推广产品所带来的店铺收藏量，图2-12展示了某水杯的获客情况。

图2-8　某推广产品的店铺收藏量

（2）产品盈利能力数据采集。产品盈利能力是对产品为店铺销售或利润贡献的能力的衡量，主要指标包括客单件、毛利率、成本费用利润率等。该类型的数据一般无法直接获取，需要通过计算获取。

确定数据采集渠道：在产品运营过程，通过站点后台追踪记录或借助第三方采集工具即可获取销售额、销售量及订单数等；指标数据来源于企业的ERP软件、进价表、损益表等，通过下载导出或复制粘贴即可获取，包括采购成本、推广费用、物流费用等。

通过不同渠道完成指标数据采集，数据清洗后根据公式计算出结果，得到客单件、毛利率、成本费用利润率等数据，完成产品盈利能力及获客能力数据的采集。

【任务小结】

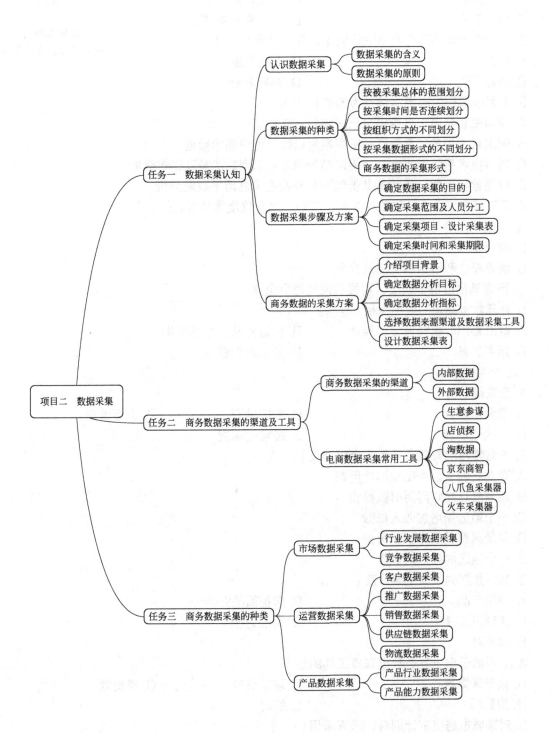

【课后练习】

一、单项选择题

1. 以下哪种调查的报告单位与调查单位是一致的（　　）。
   A. 工业普查　　　　　　　　　B. 工业设备调查
   C. 职工调查　　　　　　　　　D. 未安装设备调查

2. 对家用电器的平均寿命进行调查，应该采用（　　）。
   A. 普查　　　　　　　　　　　B. 重点调查
   C. 典型调查　　　　　　　　　D. 抽样调查

3. 下列采集行为属于违法行为的是（　　）。
   A. 使用生意参谋工具导出自己店铺的运营数据
   B. 使用百度指数工具获取关键词搜索指数及用户画像数据
   C. 通过技术手段进入竞争对手网站数据库获取网站流量及销售数据
   D. 使用数据采集工具采集其他网站公开数据信息用于数据分析

4. 调查某市工业企业职工的工种、工龄、文化程度等情况，（　　）。
   A. 填报单位是每个职工
   B. 调查单位是每个企业
   C. 调查单位和填报单位都是企业
   D. 调查单位是每个职工，填报单位是每个企业

5. 外部数据渠道一般不包括（　　）。
   A. 政府部门、机构协会、媒体　　B. 权威网站、数据机构
   C. 指数工具　　　　　　　　　D. 店铺后台数据

二、多项选择题

1. 普查是一种（　　）。
   A. 非全面调查　　　B. 专门调查　　　C. 全面调查
   D. 一次性调查　　　E. 经常性调查

2. 下面哪些现象适宜采用非全面调查（　　）。
   A. 企业经营管理中出现的新问题
   B. 某型号日光灯耐用时数检查
   C. 一个地区新增加的人口数
   D. 某地区森林的木材积蓄量
   E. 一个地区的死亡人口数

3. 竞争数据的采集主要涉及（　　）。
   A. 热销产品　　　　　　　　　B. 店铺商品结构
   C. 店铺员工学历　　　　　　　D. 商品评价
   E. 都不对

4. 下列属于电子商务数据采集工具的是（　　）。
   A. 火车采集器　　　B. 京东商智　　　C. 梨视频
   D. 淘数据　　　　　E. 都对

5. 对某城市居民家计调查，适宜采用（　　）。
   A. 全面调查　　　　B. 经常性调查　　C. 抽样调查
   D. 采访法　　　　　E. 统计报表制度

三、判断题

1. 观察法可获得大量真实的第一手资料，但要花费大量的人力、物力、财力和时间。（ ）
2. 一览表是指一份表格上只体现一个调查单位的情况表。（ ）
3. 由于样本的随机性，抽样调查的误差是不可能消除的。（ ）
4. 客户的性别、年龄、地址、品牌偏好、购物时间偏好、位置偏好、商品评价偏好等属于客户的行为数据。（ ）
5. 销售数据采集的指标包括订单量、销售量、展现量、点击量、成交量等。（ ）

四、简答题

简述电子商务数据采集的种类。

【实操训练】

如何进行市场行情数据采集

【背景】在电商项目立项之后，企业需要对所经营产品进行商品结构规划和价格体系建设以及商品卖点挖掘等工作。某网店准备销售智能家居类商品智能门锁，要求数据分析岗位的小王对淘宝网智能家居类产品智能门锁市场数据进行采集，对智能门锁近三年的市场趋势进行分析，以此来确定是否进行智能门锁产品的销售。

【分析】市场交易额（量）的变化反映了一定时期内某产品的市场销售趋势，但对于一些小类目的产品而言，往往很难采集到这部分数据。因此可以通过产品相应关键词的搜索指数变化来反映用户对于该类产品的关注度及产品的年度交易额数据。

【实操步骤】市场行情数据采集，其操作步骤和关键节点展示如下。

步骤 1：确定数据来源。

百度搜索和 360 搜索是目前国内用户量比较大的两个平台。以百度为例，作为全球最大的中文搜索引擎，其提供的指数工具是依据百度搜索数据所得，因此该数据参考度较高，可以将智能门锁相关关键词的百度指数数据作为数据采集源。如图 2-9 所示。

图 2-9　百度指数—智能锁

步骤 2：确定采集指标。

此任务中数据指标为相关关键词的搜索指数，而指数数据是按日期进行展现。因此，按照全面和精选原则，此处须对关键词指数及对应日期两项指标进行采集。

步骤 3：确定采集范围。

任务要求采集近三年的市场趋势数据，因此在采集时根据采集时间前推三年开始采集，如图 2-10、图 2-11 所示。

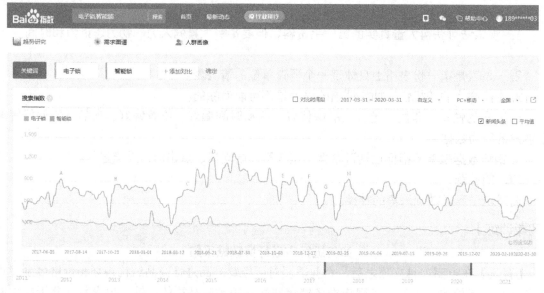

图 2-10　近三年的市场趋势数据

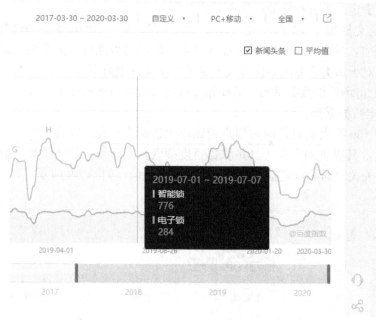

图 2-11　相关关键词查找

步骤 4：导出截图。

在百度指数分别搜索相关关键词（如智能锁、电子锁等），选择时间段，获取相应数据，并将截图粘贴至文档中。

日期	推广计	宝贝名	宝贝类	商品id	花费(分	点击率	平均点	千次展	宝贝收	店铺收	总收藏数	投入产	直接购	间接购	总购物
2019/7/13	马克杯	创意个性	宝贝推广	5.9176E+11	1355	0.47	169.38	791.93	5	1	6	0	1	0	1
2019/7/13	1.22E+09	创意个性	宝贝推广	5.9149E+11	937	0.13	117.13	150.57	8	1	9	0	1	0	1
2019/7/15	马克杯	你的名字	宝贝推广	5.9159E+11	986	0.21	140.86	295.21	1	0	1	0	1	0	1
2019/7/15	hubo123	创意个性	宝贝推广	5.9176E+11	2905	0.22	152.89	339.57	1	3	4	0	2	0	2
2019/7/15	马克杯	创意个性	宝贝推广	5.9176E+11	5307	0.52	241.23	1253.13	2	0	2	0	2	0	2
2019/7/15	马克杯	创意个性	宝贝推广	5.9176E+11	7201	3.51	313.09	10977.13	9	3	3	0	1	0	1

图 2-12　某水杯的获客情况

【知识延伸】

国家统计数据主要通过哪些渠道发布

为满足不同用户群体获取统计数据的需求,国家统计局采用多种方式发布统计数据,分别是国家统计局官方网站、国家统计局数据发布库、《中国统计年鉴》等统计出版物、新闻发布会和"两微一端"(即微博、微信和手机客户端)。

1. 国家统计局官方网站

国家统计局官方网站的"最新发布与解读"栏目严格按照国家统计局主要统计信息发布日程发布统计数据。

2. 国家统计局数据发布库

国家统计局数据发布库可以通过官方网站"本网头条"位置右下方的"数据查询"处进入。就月度和季度数据而言,在官方网站发布主要指标后,更多结构或细项指标通过数据发布库发布。

3. 统计出版物

国家统计局每年5月份出版综合性简明统计资料《中国统计摘要》,收录我国上一年社会经济主要指标数据,主要数据多为初步统计数;9月份出版综合统计资料《中国统计年鉴》,收录的指标更全面,数据更权威;11月份以后出版各类专业统计年鉴,如《中国工业统计年鉴》《中国固定资产投资统计年鉴》《中国人口和就业统计年鉴》等。反映农业普查、经济普查和人口普查等各类普查结果的统计资料一般在普查时点后的两年内出版。此外,国家统计局主管的《中国信息报》及时发布数据新闻稿;每月月末国家统计局信息景气中心出版的《中国经济景气月报》提供各领域、千余项反映中国国情国力的基本统计指标数据。

4. 新闻发布会

国家统计局在国务院新闻办举行月度、季度、年度国民经济运行情况新闻发布会或重大国情国力普查结果发布会,由国家统计局新闻发言人等发布国民经济和社会发展主要指标数据或普查主要成果,并回答中外记者的提问。月度新闻发布会一般在次月14日左右召开,季度新闻发布会一般在季后17日左右召开,年度新闻发布会在次年1月20日左右召开。

项目三

数据整理

【学习目的】
1. 明确数据整理的概念、意义、内容；
2. 掌握数据分组的原则、方法和作用；
3. 掌握商务数据处理流程；
4. 熟悉统计图表的构成、设计的原则和方法；
5. 使用 Excel 进行数据分类、汇总、排序，制作数据透视图表；
6. 具备统计数据整理的基本操作的能力。

【案例导入】

某工序加工活塞直径，公差为 $\Phi 50_{-0.035}^{-0.01}$ mm，经过实际测量得到以下 100 个数据。活塞直径的实测值如下（测量单位：u）。

19 14 26 20 15 22 25 19* 11 13 21 27 18 24 28 20 17 21 27 20 16 25 21 9 19 30 22 29 16 18 24 31 17 20 26 18 24 13 22 19 13 19 30 23 35 22 17 21 26 15 23 26 18 21 27 16 23 24 18 20 16 22 28 10 23 21 19 32 19 17 26 18 20 24 16 25 21 17 20 25 21 29 15 28 22 19 27 24 16 22 23 12 19 21 17 26 14 20 23 18

提出问题：该工序的加工质量如何？如何从一堆零星分散的原始数据中寻找其规律和特点？

【任务分解】

任务一　数据整理认知

一、认识数据整理

1. 数据整理的含义

数据整理是指根据统计研究的目的与要求，对所收集到的大量、零星分散的数据资料进行科学加工与综合，使之系统化、条理化、科学化，为统计分析提供反映事物总体综合特征资料的工作过程。数据整理不是单纯的数字汇总，而是要运用科学的理论和方法对调查资料进行分类和综合。

2. 数据整理的作用

数据整理是整个统计工作和研究过程的中间环节，起着承前启后的作用。数据整理既是数据采集的深化,又是数据分析的基础,还是积累历史资料的必要手段。电子商务数据整理影响着数据分析的输出价值,是实现数据驱动决策的有效凭证。

(1)集中、系统地反映客观实际。电子商务运营过程中,行为与反馈均可通过数据量化。通过数据分类与处理,可以更加清晰地了解当前状况,更加有效地监控运营过程和目标。

(2)确保数据的内容完善和格式统一。更高质量的数据意味着更精准、有效的决策。在数据分析之前,对收集到的数据进行清洗和加工、关联和聚合,一方面确保数据的内容完整、准确、有效,另一方面对数据格式化,使其形成适合数据分析的类型或样式。

(3)发现规律,实现深度挖掘。数据本身是杂乱且无意义的,只有通过分类与处理,才能呈现出一定的规律,挖掘出行为背后潜在的巨大价值。数据分类与处理的维度越多,展示给数据分析的范围就越广,提取到的有用信息也就越丰富。

3. 数据整理的原则

(1)客观性原则。坚持用数据说话的基本原则,分类与处理结果应准确、可靠并且客观,应能如实反映企业运营现状。

(2)完整性原则。数据分类与处理不是单个数据的整理活动,而是具有相当体量、相互关联、需要进行引用的数据库集成,这一阶段越完整,下一步的数据分析就越全面、越深入。同时,完整性原则还体现在对数据表中字段属性的约束,包括字段的值域、字段的类型和字段的有效规则等。

(3)针对性原则。针对性原则要求紧贴电子商务数据处理方案的要求,依据数据加工的目标,针对不同类型数据的复杂程度、难易程度,选择合适的方法,使结果符合实际需求。

(4)严谨性原则。严谨性原则的重要性在于,数据分类与处理是整个数据分析过程中最占时间和精力的环节,同时也由于数据的庞大、烦琐而让这一过程显得枯燥乏味,出错的概率较大。所以,在进行数据分类与处理时更应秉持严谨的态度。

(5)便捷性原则。数据分类与处理的结果应便于观察、对比、分析,能简单快速调用,易于发现规律。

4. 数据整理的流程

数据整理的全过程包括对统计资料的审核、分组、汇总和编制图表等环节,需要按照一定的步骤进行:数据预处理—数据分组—排序汇总—计算指标—数据审核—数据展示。在整个统计数据的整理过程中,正确编制统计资料整理方案,是保证数据整理有计划、有组织进行的依据。其中,审核是数据整理的前提,统计分组是数据整理的基础,统计汇总是数据整理的中心内容,统计图表是数据整理的有效表现形式,各环节紧密相连,缺一不可,共同构成数据整理的内容。

二、数据分组与汇总

1. 数据预处理

采集误差是经过调查所获得的统计数值与被调查对象实际数值之间的差别。误差是客观存在的、绝对的,对数据采集取得的资料,要进行准确性、及时性、完整性三个方面的审核。预处理也叫数据清洗,是将数据表中多余、重复的数据筛选出来并删除,将缺失、不完整的数据补充填补,将内容、格式错误的数据纠正或剔除的操作行为。如发现有缺报、缺份和缺项等情况,应及时催报、补报;如有不正确之处,则应根据不同情况继续订正处理。

2. 数据分组

（1）统计分组。统计分组指根据社会经济现象总体内在的特点和统计研究的目的要求，按照某个标志（或几个标志）把总体划分为若干不同性质的组或类型。从分组的性质来看，分组兼有分和合双重含义。对于现象总体而言，是"分"，即把总体分为性质相异的若干部分；而对于总体单位而言，又是"合"，即把性质相同的许多单位结合为一组。"合"体现了组内各单位的同质性，"分"体现了组与组之间的差异性。

（2）统计分组的意义

① 划分社会现象的不同类型特征或质的差别；

② 揭示社会现象总体的内部结构和特征；

③ 分析社会现象之间的依存关系。

以上统计分组的三个作用并不是彼此孤立的，而往往是相互联系、相互补充的，在分析某个具体问题时，可以结合起来运用。

（3）统计分组的原则

① 穷尽原则。即总体中的每一个单位都应有组可归，或者说各分组的空间足以容纳总体所有的单位。例如，从业人员按文化程度分组，可分为小学毕业、中学毕业(含中专)和大学毕业三组，那么，那些文盲或识字不多的以及大学以上学历者则无组可归。如果将分组适当调整为文盲及识字不多、小学程度、中学程度、大学及大学以上，就可以包括全部从业人员各种不同层次的文化程度，符合了分组的穷尽原则。

② 互斥原则。即在特定的分组标志下，总体中的任何一个单位只能归属于某一组，而不能同时或可能归属于几个组。例如，某商场把服装分为男装、女装、童装三类，这不符合互斥原则，因为童装也有男、女装之分。若先把服装分为成年与儿童两类，然后每类再分为男女两组，这就符合互斥原则了。

（4）统计分组的种类。按分组标志的多少，可分为简单分组和复合分组；按分组的作用和任务不同，可分为类型分组、结构分组和分析分组；按分组标志的性质不同，分为品质分组与数量分组。

（5）统计分组的方法。分为按品质标志分组和按数量标志分组，其中按数量标志分组又可分为单项式分组和组距式分组。组距式分组按组限是否连续，可分为间断组距式分组与连续组距式分组；按组距是否相等，可分为等距分组和不等距（或称异距）分组。

3. 数据汇总

统计汇总的组织形式也称纵向汇总方式，是指按一定的统计管理体制，将统计资料自下而上进行汇总的方式。常用的统计汇总形式有逐级汇总、集中汇总、综合汇总。

（1）逐级汇总。按照一定的统计管理机制，将数据采集资料自下而上逐级汇总并逐级上报，直至最高机构，即称为逐级汇总。我国现行的统计报表制度主要采用这种汇总形式，一些专门调查也常采用这种形式，这种组织形式的优点是：统计资料在满足上级需要的同时，也能满足地方各部门的需要，而且便于就地审核和订正原始资料；缺点是，汇总的中间环节多，耗费时间长，发生差错的可能性较大。

（2）集中汇总。将数据采集资料直接集中到组织数据采集的最高机构或某一级的统计机构统一汇总，即称为集中汇总。具体可分为：越级汇总和超级汇总。越级汇总，是指在自下而上的汇总过程中，越过一定中间层次而进行的汇总，介于逐级汇总和超级汇总之间；超级汇总，是在自下而上的汇总过程中，越过一切中间层次，将数据采集资料由基层直接上报到组织数据采集的最高机构统一汇总。这种组织形式的优点是，可以省去中间环节，大大缩短整理汇总的时间，便于按整理方案的要求统一部署，有利于计算机汇总技术的采用；缺点是，汇总工作量大，对原始资料的审核与订正难度较大。这种汇总形式，比较适合对时效性要求较高的快速普查和对汇总要求较高的一些重要的调查，如海关进行的进出口贸易统计。

（3）综合汇总。逐级与集中汇总两种形式结合使用的方式，即将各级所需要的最基本的统计指标实行超级汇总，同时又将全部原始资料集中到最高机构超级汇总，即称为综合汇总。如把各地区需要的资料进行逐级汇总，对全国的总数据和其他一些需要在全国范围内加工的资料，则集中到国家统计部门汇总，这种汇总形式既可满足各级、各地对统计资料的需要，又有利于节省时间。

4. 数据审核

（1）复计审核：对所有统计指标数值的复核计算。

（2）表表审核：不同统计表上重复出现的同一指标数值是否一致的审核。

（3）对照审核：统计、会计、生产、销售等业务之间的指标进行对照检查，以便从中发现可能出现的差错，及时更正。

（4）表实审核：对汇总得到的指标数值，与调查了解到的实际情况进行比较、分析，以验证资料的真实性，发现的差错及时更正。

三、数据分布与分布数列编制

1. 频数分布

（1）频数分布的概念。频数分布也叫次数分布、分配数列、分布数列，是在统计分组的基础上，通过对零乱的、分散的原始资料进行有次序的整理，形成一系列反映总体各组之间单位分布状况的数列。频数分布是数据整理的一种重要形式。

根据分组标志特征的不同，频数分布可分为两类：按品质标志分组所形成的数列，即品质频数分布，亦称品质数列；按数量标志分组所形成的数列，即变量频数分布，亦称变量数列。频数分布可分为单项式频数分布与组距式频数分布；组距式频数分布又可分为等距式分布和异距式分布。

（2）频数分布的构成。由两个要素构成：一个是总体按某标志所分的组别，一般用 x 表示；另一个是各组所出现的单位数，即频数，亦称次数、权数，一般用 f 表示。各组的单位数与总体单位总数之比叫频率。频率具有如下两个性质：

① 各组频率都是介于 0 和 1 之间的一个分数；

② 各组频率之和等于 1。

对于异距分组，由于各组次数的多少还受到组距不同的影响，各组的频数可能会随着组距的扩大而增加，随着组距的缩小而减少。为消除异距分组所造成的这种影响须计算频数密度（或称次数密度），频数密度=频数/组距。

2. 分布数列（频数分布）的种类与编制

首先应弄清变量的性质是离散变量还是连续变量。由于离散型变量只表现为整数，可以一一列举，如果变量值的项数不多，可以采用单项式变量数列的形式编制；如果变量值较多或变量的变动幅度较大，总体的单位数又较多时，就应编制组距式变量数列。对离散型变量既可编制单项式变量数列，又可编制组距式变量数列；对连续型变量只能编制组距式变量数列。

（1）单项式变量数列。即变量数列中每个组只用一个变量值来表示的变量数列，简称单项式数列。编制步骤：

① 将变量值由小到大依次排列；

② 按变量值分组；

③ 整理各组出现的次数和计算频率；

④ 填制图表，便可明显地反映变量值的分布特征。

(2) 组距式变量数列。即以变量值表示的一定范围为组的变量数列，简称组距式数列。编制步骤：

① 找出变量值的最大值和最小值；

② 计算全距 R，全距是数据资源中的最大值与最小值之差，$R=x_{max}-x_{min}$，它是确定组数的依据；

③ 确定组距 h 和组数 n；

④ 确定组限和组中值；

⑤ 设计表头、整理汇总；

⑥ 用统计图、统计表表示变量数列。

四、统计图与统计表

1. 统计表的定义和结构

(1) 统计表。对数据采集所获得的原始资料进行整理，得到说明社会现象特征及其发展过程规律的数据，把这些数据按一定的顺序排列在表格上，就形成了统计表，也叫数据表。广义的统计表包括统计工作各个阶段中所用的一切表格；狭义的统计表专指分析表和容纳各种统计指标的表格，也就是通常所说的统计表，它清楚地、有条理地显示统计资料，直观地反映统计分布特征，是统计分析的一种重要工具。

(2) 统计表的特点。条理性强、简明易懂、有利于统计的计算和分析、便于检查和改正错误。

(3) 统计表的结构。可以从以下3个方面来认识：

① 从形式上看，一个实用的统计表，一般由表头、表体、表脚3部分构成；

② 从表的内容上看，统计表由主词栏和宾词栏两个部分组成；

③ 从格式上看，统计表是由纵横交叉的线条组成的表格，包括总标题、横行标题、纵栏标题和指标数值4个部分。总标题是统计表的名称，它扼要地说明该表的基本内容，并指明时间和范围，它置于统计表格的正上方；横行标题是横行的名称，一般放在表格的左方；纵栏标题是纵栏的名称，一般放在表格的上方，横行标题和纵栏标题共同说明填入表格中的统计数字所指的内容；指标数值列在横行和纵栏的交叉处，用来说明总体及其组成部分的数量特征，它是统计表格的核心部分。

2. 统计表的种类

(1) 按作用的不同划分

① 调查表，用于登记、搜集原始资料的表格；

② 汇总表，用于调查资料整理、汇总的表格；

③ 分析表，用于对比、分析数据汇总结果（统计指标）的表格。

(2) 按所反映的时空性质不同划分

① 空间数列表，用于反映现象总体在同一时间不同空间数据分布状态的表格，也称静态统计表；

② 时间数列表，用于反映现象总体在不同时间上数据变动状态的表格，也称动态统

计表。

(3) 按主词是否分组和分组的程度划分

① 简单表，即主词未经任何分组的统计表，也称一览表，即主词罗列各单位的名称；

② 分组表，即主词只按一个标志进行分组形成的统计表，也称简单分组表；

③ 复合表，即主词按两个或两个以上标志进行分组的统计表，也称复合分组表。

在复合分组表中设计横行标题时，应在第一次分组的各组组别下退一或二字填第二次分组的组别，此时第一次分组的组别就成为第二次分组的各组小计。若需再进行第三、四次分组，均可按此类推。如表 3-1 所示。

表 3-1 2019 年年末人口数及其构成

指标	年末数 / 万人	比重 /%
全国总人口	140005	100.0
其中：城镇	84843	60.60
乡村	55162	39.40
其中：男性	71527	51.10
女性	68478	48.90
其中：0—15 岁（含不满 16 周岁）	24977	17.80
16—59 岁（含不满 60 周岁）	89640	64.00
60 周岁及以上	25388	18.20
其中：65 周岁及以上	17603	12.60

（资料来源：中华人民共和国 2019 年国民经济和社会发展统计公报.）

(4) 按宾词设计分类划分

① 宾词简单排列，即宾词不进行任何分组，按一定顺序排列在统计表上；

② 宾词分组平行排列，即宾词栏中各分组标志彼此分开，平行排列，如表 3-2 所示就是宾词分组平行排列表；

③ 宾词分组层叠排列，即统计指标同时有层次地按两个或两个以上标志分组，各种分组层叠在一起，宾词的栏数等于各种分组的组数连乘积。例如表 3-3 中，各地区从业人员先按三次产业分为 3 组，再按性别分为 2 组，另加"小计"栏，则复合分组设计的宾词栏数共有 3×3=9 栏（不包括总计栏）。

表 3-2 各地区社会商品零售总额   单位：亿元

按地区分组	按商品性质和用途分组		按城乡分组		按经济类型分组			
	消费品零售总额	农业生产资料销售额	城镇	乡村	国有	集体	个体	其他
北京								
天津								
河北								
...								
合计								

表 3-3　各地区从业人员分布表（2019 年年底数）　　　　　　　　　单位：万人

地区	合计	三　次　产　业								
		第一产业			第二产业			第三产业		
		小计	男	女	小计	男	女	小计	男	女
北京										
天津										
河北										
…										
总计										

统计表的主词分组与宾词分组是有区别的：主词分组的结果使总体分成许多组成部分，它们需要用统计指标（宾词）来描述。宾词分组的结果并不增加统计总体的各组成部分，仅仅是比较详细地描述总体已有的各个组成部分。由此可见，主词分组具有独立的意义，而宾词分组从属于主词的要求，是为更详细地描述主词的数量特征而设计的。

3. 统计表的制作要求

（1）统计表的制作总体要求：简练、明确、实用、美观，便于比较。制作统计表的具体要求见如下事项。

（2）线条的绘制：表的上下端应以粗线绘制，表内纵横线以细线绘制，表格的左右两端一般不划线，采用"开口式"。

（3）合计栏的设置：统计表各纵列若需合计时，一般应将合计列在最后一行，各横行若需要合计时，可将合计列在最前一栏或最后一栏。

（4）标题设计：统计表的总标题，横栏、纵栏标题应简明扼要，以简练而又准确的文字表述统计资料的内容、资料所属的空间和时间范围。

（5）指标数值：表中数字应该填写整齐，对准位数；当数字小可略而不计时，可写上"0"；当缺某项数字资料时，可用符号"…"表示；不应有数字时用符号"—"表示。

（6）计量单位：统计表必须注明数字资料的计量单位，当全表只有一种计量单位时，可以把它写在表头的右上方，如果表中各格的指标数值计量单位不同，可在横行标题后添一列计量单位。

（7）注解或资料来源：必要时，在统计表下应加注解或说明以便查考。

4. 统计图

如果说统计表能够集中、有序地表现统计资料，统计图则能够将统计资料展示得更为生动具体，便于人们直观地认识事物的特征。随着计算机技术不断发展，电脑制图功能日益强大，使得统计图的制作更加方便和精确。主要图形有如下几类。

（1）条形图。条形图是用宽度相同的条形的高度或长度来表示数据变动的图形。条形图可以横置也可以纵置，当各类别放在纵轴时，称为条形图（图3-1）；当各类别放在横轴时，称为柱形图。

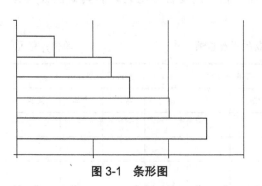

图 3-1　条形图

（2）直方图。直方图也叫矩形图，是用矩形的宽度和高度来表示频数分布的图形，在平面直角坐标中，横轴表示数据分组，即各组组限，纵轴表示频数（一般标在左方）或频率（一般标在右方），若没有频率的直方图只保留左侧的频次数。如图3-2所示。

（3）圆形图。又称为饼图，是用圆形和圆内扇形的面积来表示数值大小的图形，主要用于表示总体中各组成部分所占的比例，对研究结构性问题十分有用。在绘制圆形图时，总体中各部分所占的百分比用圆内的各个扇形面积表示，这些扇形的中心角度是按各部分百分比占360°的相应比例确定的。如图3-3所示。

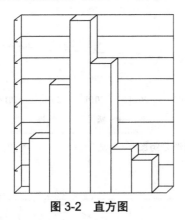

图 3-2　直方图

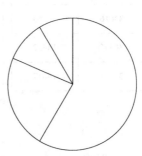

图 3-3　圆形图

（4）折线图和曲线图。折线图可以在直方图的基础上，把直方图顶部的中点用直线连接而成，也可以用组中值与频数求坐标连接而成。当对数据所分的组数很多时，组距会越来越小，这时所绘制的折线图就会越来越光滑，逐渐形成一条平滑的曲线，这就是频数分布曲线。如图3-4、图3-5所示。

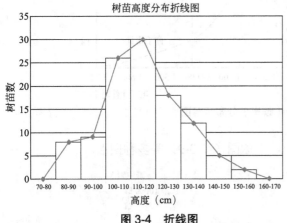

图 3-4　折线图

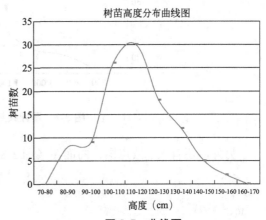

图 3-5　曲线图

（5）描述时间序列的线形趋势图。线图是在平面坐标上用折线表现数量变化特征和规律的统计图，线图主要用于显示时间序列数据，以反映事物发展变化的规律和趋势。如图3-6所示，即为以线形趋势图表示的2013—2018年我国城乡居民家庭的人均收入情况。

（6）累计曲线图。累计频数（频率）分布图作为一种累计曲线图，分为向上累计频数（频率）分布图和向下累计频数（频率）分布图。不论是向上累计或向下累计，均以分组变量为横轴，以累计频数（频率）为纵轴。在直角坐标系上将各组组距的上限与其相应的累计频数（频率）构成坐标点，依次用折线（或光滑曲线）相连，即是向上累计曲线。对于向下累计频数分布图，在直角坐标系上将各组组距下限与其相应累计频数（频率）构成坐标点，依次用折线（或光滑曲线）相连，即是向下累计分布曲线图。如图3-7所示为累计频数（频率）分布示意图。

年份	城镇	农村
2013	26467	9430
2014	28844	10489
2015	31195	11422
2016	33616	12363
2017	36396	13432
2018	39251	14617

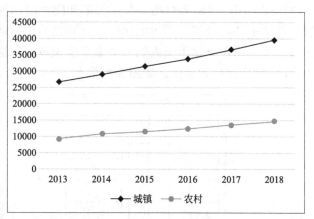

图 3-6　线形趋势图

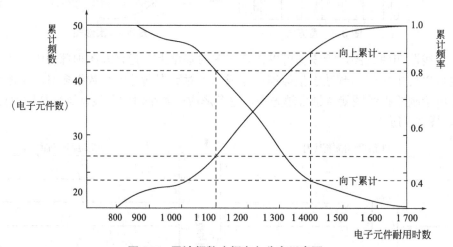

图 3-7　累计频数（频率）分布示意图

另外，还有 XY 散点图、曲面图（图 3-8）、雷达图（图 3-9）等多种图形。

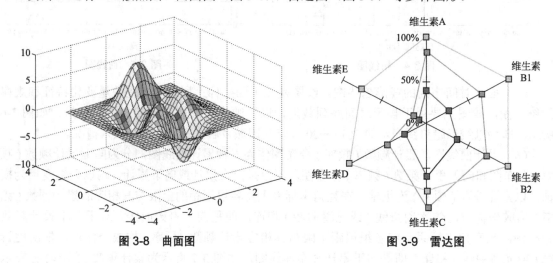

图 3-8　曲面图　　　　　　　　图 3-9　雷达图

任务二 商务数据处理

一、数据清洗

数据清洗是指将数据表中多余、重复的数据筛选出来并删除,将缺失、不完整的数据补充填补,将内容、格式错误的数据纠正或剔除的操作行为。数据清洗是对数据进行重新审查和校验的过程,目的在于提升数据的质量,确保数据的准确性、完整性和一致性。

1. 缺失值清洗

缺失值产生的原因:有些信息无法获取,如在收集顾客婚姻状况和工作信息时,未婚人士的配偶、未成年儿童的工作单位等都是无法获取的信息;人为原因导致的某些信息被遗漏或删除了;数据收集或者保存失败造成数据缺失,如数据存储的失败、存储器损坏、机械故障等。所以,应对这几类的缺失值进行清洗。

2. 空值清洗

(1)打开原始数据表格,选中数据区域,在"开始"选项卡下的"编辑"功能组中单击"查找和选择"按钮,点击"定位条件"命令,在弹出的"定位条件"对话框中,选中"空值",点击"确定"后,所有的空值即可被一次性选中。如图3-10、图3-11所示。

图3-10 定位条件

(2)定位到空白值后,可以选择"数据补齐""删除记录"或者"不处理"。如需数据补齐,则直接输入需要补充的内容,按"Ctrl+Enter"快捷键,进行批量填充。如图3-12所示。

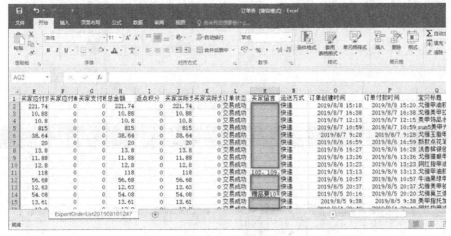

图3-11 数据空白

3. 错误标识符清洗

以下为几种较常见的错误标识符。

#####:单元格中的数据超出了该单元格的宽度,或者单元格中的日期时间公式产生了一个负值。

#VALUE!:进行公式运算时,除数使用了数值零、指向了空单元格或包含零值单元格的引用,如图3-13所示。

（1）将鼠标定位在"I12"单元格中，在公式编辑栏中，修改原公式"=H12/E12"为"=IFERROR(H12/E12,"/")"，如图3-14所示。

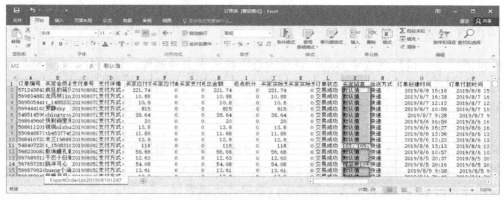

图3-12 补充空白效果

图3-13 错误标识符

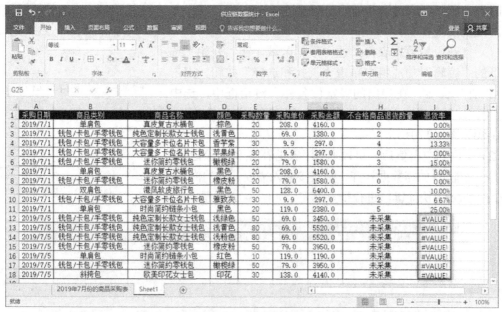

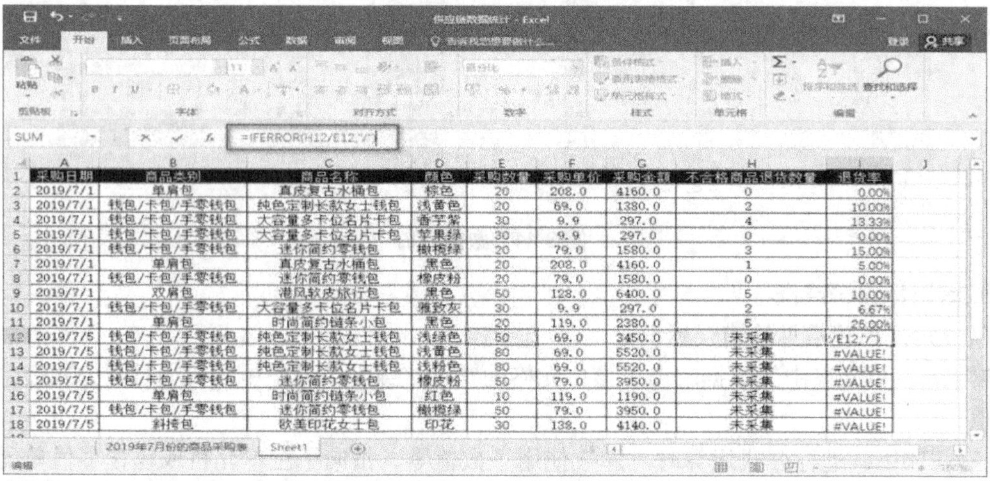

图3-14 公式编辑栏显示公式

（2）确认输入后，I12 单元格中的"#VALUE!"被修改为"/"，然后拖动 I12 单元格的填充柄，将其他发生错误的单元格进行填充修改，如图 3-15 所示。

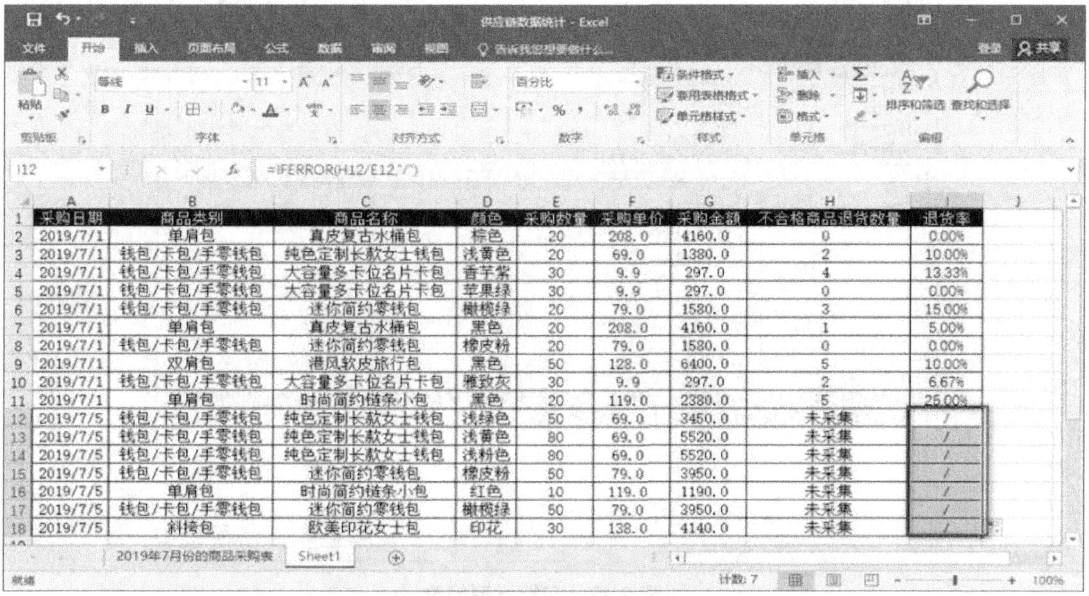

图 3-15　使用填充柄进行填充修改

4. 格式内容清洗

由于系统导出渠道或人为输入习惯的原因，整合而来的原始数据往往不能做到格式统一，内容上也容易出现空格。如图 3-16 所示，"订单创建时间"列就出现了 4 种不同的表达方式，"物流公司"列的字符前面或中间存在空格，需要将其修正。

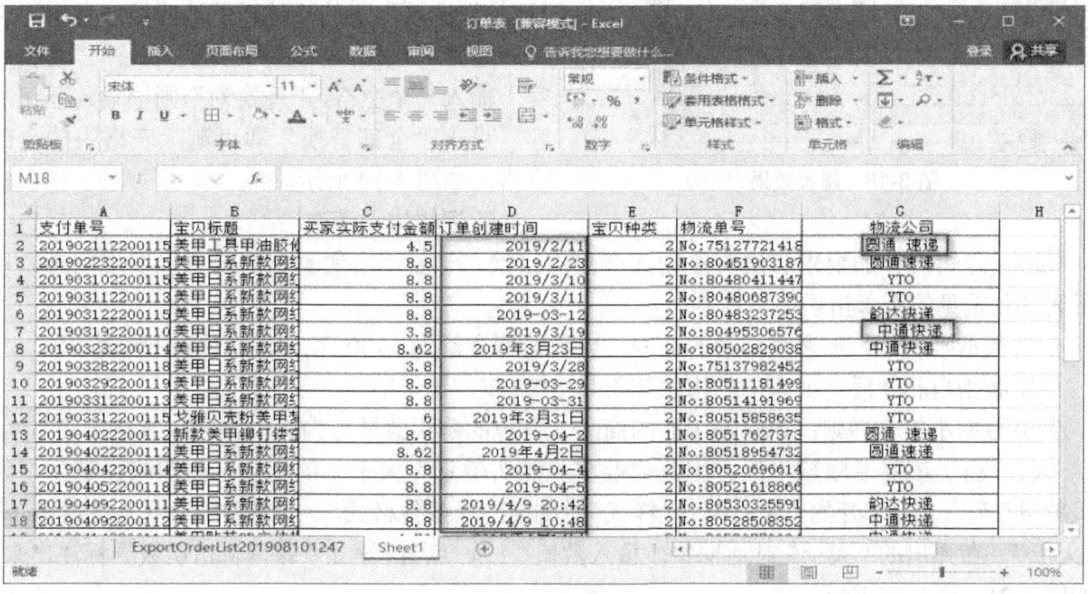

图 3-16　"订单创建时间"列

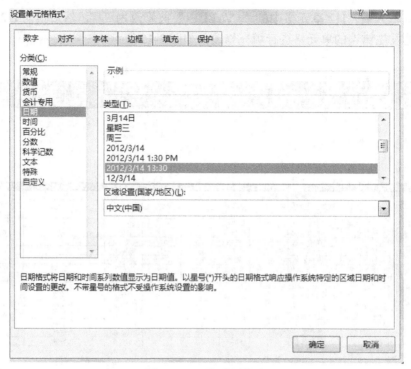

图 3-17 日期类型修改

（1）选中“订单创建时间”整列，右键打开弹出式菜单，点击“设置单元格格式”选项，在弹出的“设置单元格格式”对话框中，选择“数字”选项卡，点击“日期”将其类型修改为如图 3-17 所示的样式，点击“确定”完成，如图 3-18 所示。

订单创建时间	宝贝种类	物流单号	物流公司
2019/2/11 16:40	2	No:75127721418	圆通 速递
2019/2/23 19:56	2	No:80451903187	圆通速递
2019/3/10 20:31	2	No:80480411447	YTO
2019/3/11 12:08	2	No:80480687390	YTO
2019/3/12 9:58	2	No:80483237253	韵达快递
2019/3/19 16:39	2	No:80495306576	中通快递
2019/3/23 22:23	2	No:80502829038	中通快递
2019/3/28 21:37	2	No:75137982452	YTO
2019/3/29 3:02	2	No:80511181499	YTO
2019/3/31 9:42	2	No:80514191969	YTO
2019/3/31 21:12	2	No:80515858635	YTO
2019/4/2 11:53	1	No:80517627373	圆通 速递
2019/4/2 17:34	2	No:80518954732	圆通速递
2019/4/4 11:38	2	No:80520696614	YTO
2019/4/5 6:20	2	No:80521618866	YTO
2019/4/9 20:42	2	No:80530325591	韵达快递
2019/4/9 10:48	2	No:80528508352	中通快递

图 3-18 修改效果

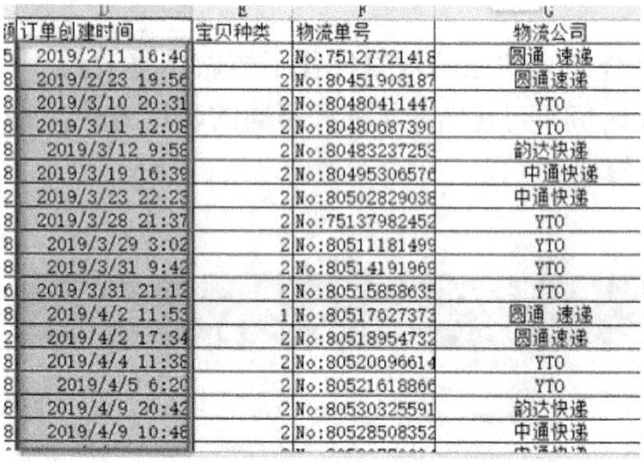

（2）“物流公司”列数据中的空格可以使用“替换”一次性批量去除。选中数据区域，在“开始”选项卡下的“编辑”功能组中单击“查找和选择”按钮，点击“替换”命令，“查找内容”输入一个空格，“替换为”则不输入任何内容，点击“全部替换”即可删除表格中的全部空格，如图 3-19 所示。

5. 逻辑错误清洗

违反逻辑规律的要求和逻辑规则而产生的错误，一般使用逻辑推理就可以发现问题。以下为几种常见的逻辑错误。

① 数据不合理：如客户年龄 500 岁，或者消费金额为 −100 元，明显不符合客观事实。

② 数据自相矛盾：如客户的出生年份是 1980 年，但年龄却显示 18 岁。

③ 数据不符合规则：如限购 1 件的商品，客户的购买数量却为 3。如图 3-20 所示。

（1）由于该商品限购 1 件，因此需要将“购买数量”大于 1 的记录标注出来。选中“购买数量”列，选择“开始”选项卡—“样式”功能组—“条件格式”—“突出显示单元格规格”—“大于”，在弹出的“大于”对话框中，填入数值“1”，点击“确定”即可将错误数据标注出来。如图 3-21、图 3-22 所示。

项目三 数据整理 49

图 3-19 "物流公司"替换

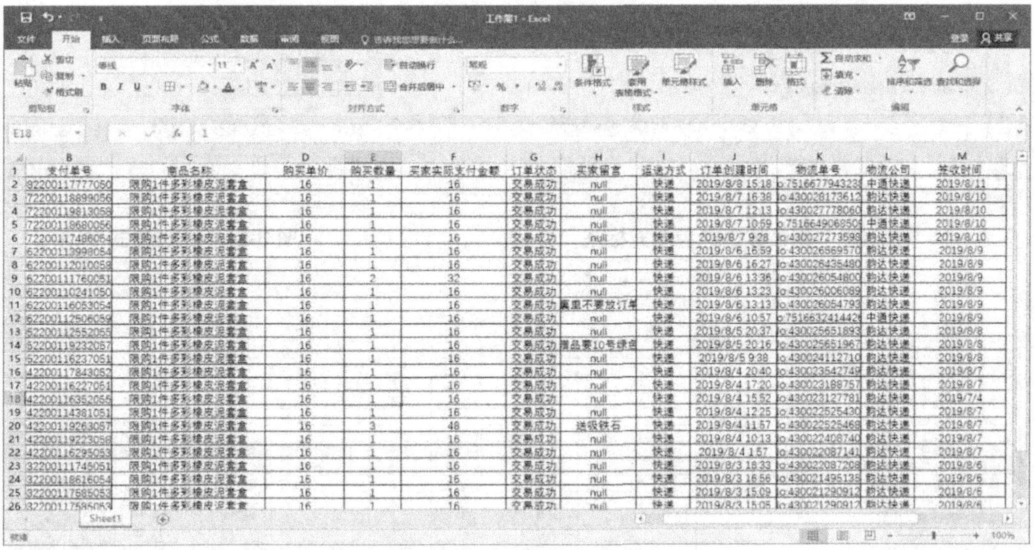

图 3-20 "多彩橡皮泥套盒"商品的订单表

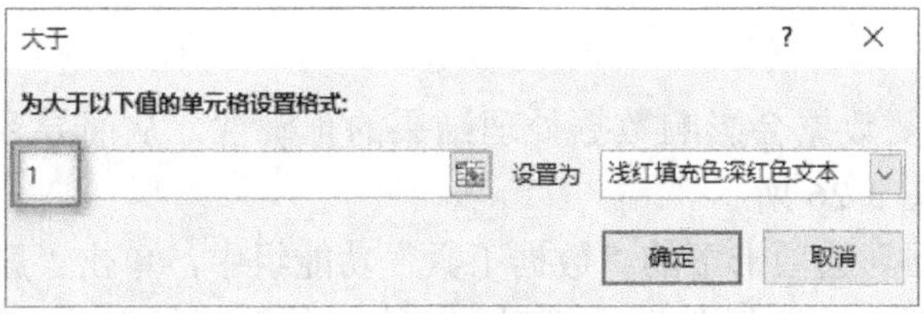

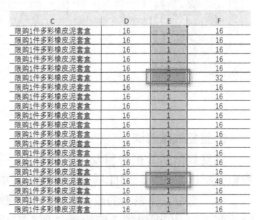

图 3-21 条件格式   图 3-22 错误数据标注

（2）同理，条件格式选择"小于"即可将"买家实际支付金额"列的错误数据标注出来，如图 3-23 所示。

（3）"签收时间"应晚于"订单创建时间"，否则该条记录便属于异常。选中"签收时间"列，选择"开始"选项卡—"样式"功能组—"条件格式"—"突出显示单元格规格"—"其他规则"，在弹出的"新建格式规则"中，规则类型选择"使用公式确定要设置格式的单元格"，编辑规则为"=M2＞J2=False"，设置格式为背景色黄色，点击"确定"即可将错误数据标注出来。如图 3-24、图 3-25 所示。

图 3-23　错误数据绿色填充标注

图 3-24　新建格式规则

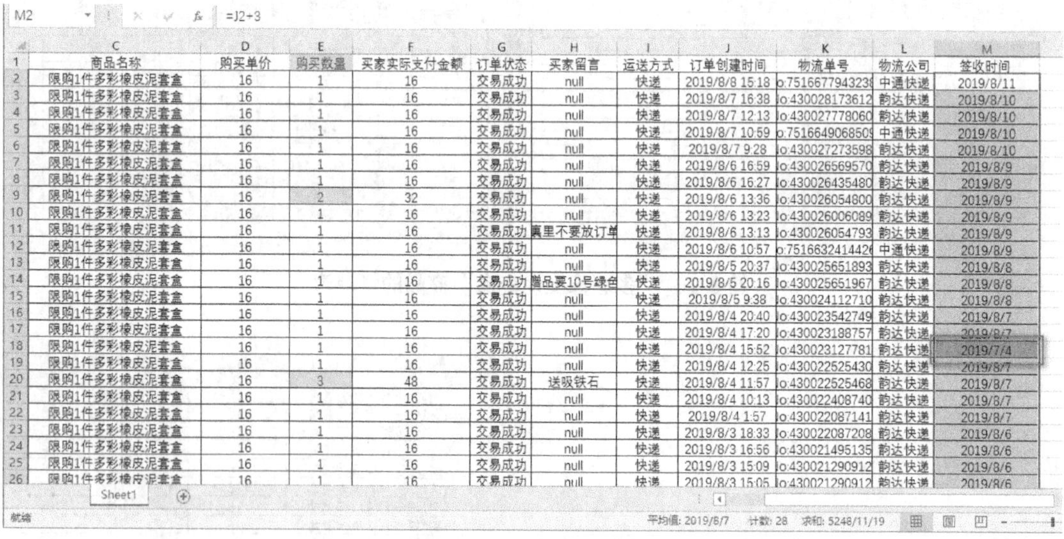

图 3-25　错误数据标注

6. 重复数据清洗

重复数据指数据被重复、多次记录。重复数据会影响数据处理结果的正确性，从而导致数据分析出现偏差，因此需要将其删除。如图 3-26 所示。

（1）选中工作表中的数据区域，在"数据"选项卡下的"数据工具"功能组中，单击"删除重复项"，在弹出的"删除重复项"对话框中，选择要删除的列，注意"统计日期""一级类目""二级类目""叶子类目"应同时选中，否则会产生误删。如图 3-27、图 3-28 所示。

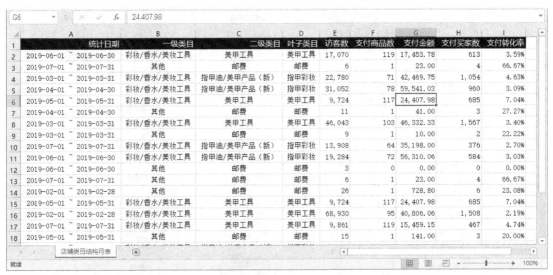

图 3-26　数据被重复、多次记录

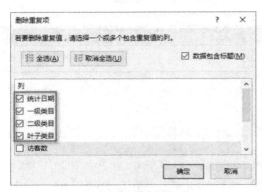

图 3-27　"删除重复项"

图 3-28　"删除重复项"提示

（2）单击"确定"按钮完成重复项删除，Excel 将显示一条消息，指出有多少重复值被删除、多少唯一值被保留。

7. 无价值数据清洗

对本次数据统计或数据分析没有产生作用的数据，直接删除对应的字段即可。但通常情况下，并不建议删除。如果数据表过大，在汇报展示时用不到又影响操作，可以考虑备份后将其删除。

二、数据转化

对数据的格式或结构进行转换，是数据处理的前期准备。数据转化包括数据表的行列互换、文本数据提炼等。

1. 数据表的行列互换

（1）打开 Excel 数据表，选中目标内容，按住"Ctrl+C"组合键进行复制。如图 3-29 所示。

（2）选中要进行数据复制的单元格，点击"开始"选项卡，在"剪贴板"功能组中单击"粘贴""转置"按钮，即可让选中的内容进行行列互换，得到新数据表。使用键盘快捷方式，按"Ctrl+Alt+V"快捷键会弹出对话框，勾选"转置"复选框，即可实现转置粘贴。如图 3-30、图 3-31 所示。

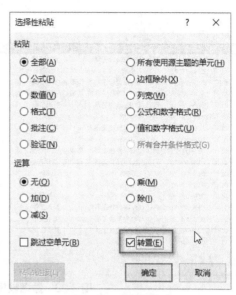

图 3-29 原数据表　　　　图 3-30 转置粘贴

图 3-31 实现转置粘贴

2. 文本数据提炼

在导入文本数据时，有时多项数据会显示在同一单元格中，需要对数据进行提炼，使相同属性的数据位于同一列中。可运用文本函数完成文本数据的提炼。

① LEFT 函数：用于获取字符串左边指定个数的字符。

LEFT 函数的语法为：=LEFT（text，[num_chars]），其中"text"为要取得给定值的文本数据源，"num_chars"表示需要从左开始算提取几个字符数，其中每个字符按 1 计数。

② RIGHT 函数：用于获取字符串右边指定个数的字符。

RIGHT 函数的语法为：=RIGHT（text，[num_chars]），其中"text"为要取得给定值的文本数据源，"num_chars"表示需要从右开始算提取几个字符数，其中每个字符按 1 计数。

③ MID 函数：用于获取字符串从指定位置开始指定个数的字符。

MID 函数的语法为：=MID(text，start_num，num_chars)，其中“text”为要取得给定值的文本数据源，“start_num”表示指定从第几位开始提取，“num_chars”表示需要从指定位置开始算提取几个字符数，其中每个字符按 1 计数。

【例 3-1】如图 3-32 所示，将表格中的客户资料按要求提炼出来。

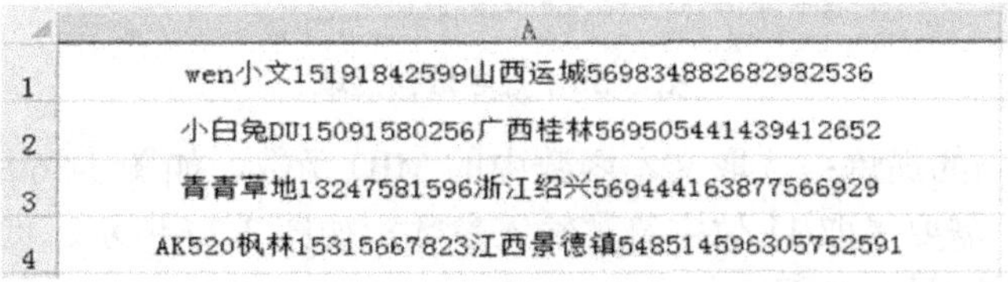
A
1
wen小文15191842599山西运城569834882682982536
2
小白兔DU15091580256广西桂林569505441439412652
3
青青草地13247581596浙江绍兴569444163877566929
4
AK520枫林15315667823江西景德镇548514596305752591

图 3-32　客户资料提炼

① 提取客户姓名：选定客户姓名要放置的单元格，随后点击插入函数“fx”，选择文本函数，从中选取 LEFT 函数，如图 3-33 所示。随后分别输入文本源和数值，如提取 A1 单元格中，从左开始的 5 个字符数，如图 3-34 所示。点击“确定”，完成姓名提取，如图 3-35 所示。

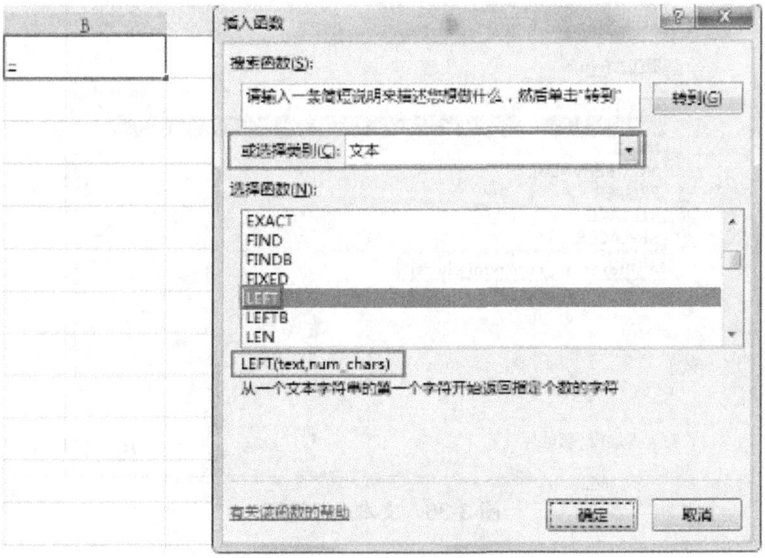
B
=
插入函数
搜索函数(S):
请输入一条简短说明来描述您想做什么，然后单击“转到”
转到(G)
或选择类别(C): 文本
选择函数(N):
EXACT
FIND
FINDB
FIXED
LEFT
LEFTB
LEN
LEFT(text,num_chars)
从一个文本字符串的第一个字符开始返回指定个数的字符
有关该函数的帮助
确定
取消

图 3-33　文本函数选取

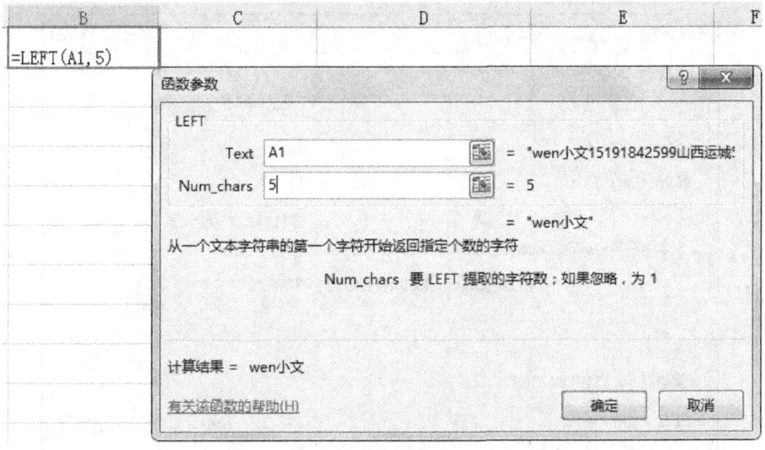
B
C
D
E
F
=LEFT(A1,5)
函数参数
LEFT
Text
A1
= "wen小文15191842599山西运城!
Num_chars
5
= 5
= "wen小文"
从一个文本字符串的第一个字符开始返回指定个数的字符
Num_chars 要 LEFT 提取的字符数；如果忽略，为 1
计算结果 = wen小文
有关该函数的帮助(H)
确定
取消

图 3-34　函数参数输入

图 3-35　姓名数据提取

② 完成电话号码的提炼：选取文本函数中的 MID 函数，如图 3-36 所示。电话号码是从第 6 位字符开始的，需要提取 11 位字符，输入参数，如图 3-37 所示。点击"确定"，即可完成电话号码的提炼，如图 3-38 所示。

图 3-36　文本函数选取

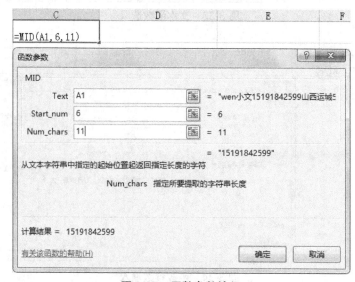

图 3-37　函数参数输入

图 3-38 电话号码提炼

③ 提取订单号：选取文本函数中的 RIGHT 函数，订单号为从右开始的 18 个字符，输入函数参数，如图 3-39 所示。点击"确定"，即可完成订单号的提炼，如图 3-40 所示。

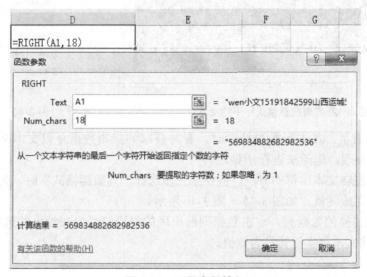

图 3-39 函数参数输入

3. 数据类型的转换

（1）数值转字符。在 Excel 输入数据的时候，会默认使用数值型数据；若是数字太长，会变成科学计数法，不利于查看数据。

① 在 Excel 中打开数据表，选择要转换的数字所在的单元格，随后单击"数据"选项卡中的"分列"按钮，在文本分列向导中，使用默认设置，连续点击下一步，完成第 1 步和第 2 步的设置。如图 3-41 所示。

图 3-40 订单号提炼　　　　　　　　图 3-41 数字所在的单元格

② 进入"文本分列向导"第 3 步，单击"列数据格式"下的文本，点击"完成"即可完成设置。如图 3-42 所示。

③ 设置完成后，返回 Excel 数据表，数据前有小三角符号，代表已转换成功，如图 3-43 所示。

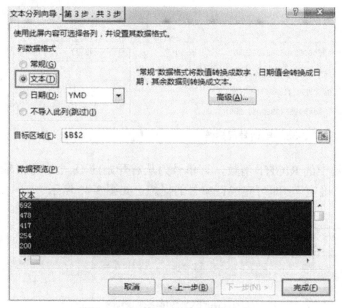

图 3-42 "列数据格式"下的文本　　　　图 3-43 转换成功

（2）字符转数值。在进行数据统计时，有时获取的原始数据是以文本字符形式展现的，虽然不影响数据展现，但无法进行计算。

可以参考数值转文本字符的方法，但在第三步选择"列数据格式"时，勾选"常规"，点击"完成"即可完成转换。如图 3-44～图 3-46 所示。

直接选中要转换的数据列，点击数据列前出现的提醒符号，在给出的选项中点击"转换为数字"，即可将文本型字符转换为数值。

图 3-44 文本字符形式

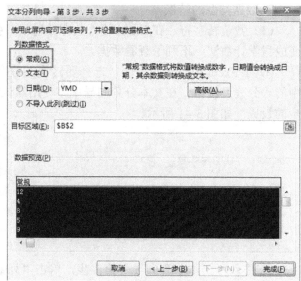

图 3-45 勾选"常规"

项目三 数据整理 57

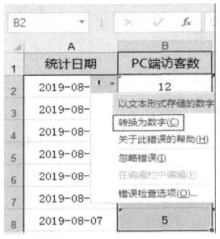

图 3-46 "转换为数字"

(3) 文本日期转标准日期

① 在 Excel 中打开数据列表，选中为文本格式的日期信息，随后单击"数据"选项卡中的"分列"，在"文本分列向导"中，使用默认设置，连续点击下一步，完成第 1 步和第 2 步的设置，进入第 3 步后，在"列数据格式"选择"日期"，在其下拉列表中选择"YMD"选项，如图 3-47 所示。点击"完成"后，即可完成标准日期的转换，如图 3-48 所示。

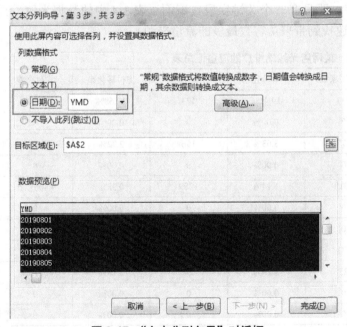

图 3-47 "文本分列向导"对话框　　图 3-48 完成标准日期的转换

② 转换后的月份和日期都是单数显示，想要转换成双数，可以打开"设置单元格格式"对话框，在设置页面选择分类为"自定义"，右面的类型设置为"yyyy/mm/dd"，设置完成后点击"确定"按钮，即可完成日期双数的设置。如图 3-49、图 3-50 所示。

图 3-49　选择分类为"自定义"　　　　图 3-50　完成日期双数的设置

三、数据排序

1. 简单排序

针对单列数据进行的快速排序，即只有一个关键字段。下面以表 3-4 中的数据为例，采用从高到低（即降序）的方式，快速找到带来访客数最多的流量来源。

表 3-4　某网店无线端推广的流量汇总表

流量来源	访客数	下单买家数	下单转化率	支付买家数	支付转化率	支付金额
手淘消息中心	690	137	19.41%	123	17.68%	7459.76
百度	2	0	0.00%	0	0.00%	0
手淘首页	9136	177	3.03%	156	2.72%	7647.73
阿里体育-红包赛	23	0	0.00%	0	0.00%	0
智钻	136950	2018	1.14%	1789	0.98%	44061.35
淘外网站其他	8	0	0.00%	0	0.00%	0
超级推荐	1	0	0.00%	0	0.00%	0
淘宝客	3727	531	14.25%	499	13.39%	18494
手淘找相似	706	25	3.29%	24	3.18%	571.23
其它来源	1	0	0.00%	0	0.00%	0
搜狗	1	0	0.00%	0	0.00%	0
聚划算	2	0	0.00%	0	0.00%	0
手淘扫一扫	13	1	4.17%	1	4.17%	642.2
Facebook.com	2	0	0.00%	0	0.00%	0
直通车	87831	1264	1.55%	1158	1.43%	44257
手淘淘金币	10287	97	1.13%	81	0.93%	3249.15

续表

流量来源	访客数	下单买家数	下单转化率	支付买家数	支付转化率	支付金额
手淘社区	44	4	11.67%	4	11.67%	131.3
每日好店	31	0	0.00%	0	0.00%	0
手淘拍立淘	1320	80	6.03%	74	5.58%	3271.31
我的淘宝	26233	3811	14.77%	3495	13.54%	190434
WAP 淘宝	54	4	7.64%	3	5.56%	110.89

（1）选中需要排序的列"访客数"，在"数据"选项卡下的"排序和筛选"功能组中单击"降序"按钮，在弹出的"排序提醒"对话框中选择排序依据，这里选择"扩展选定区域"，如图 3-51 所示。

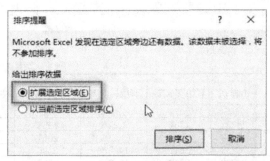

图 3-51 "排序提醒"

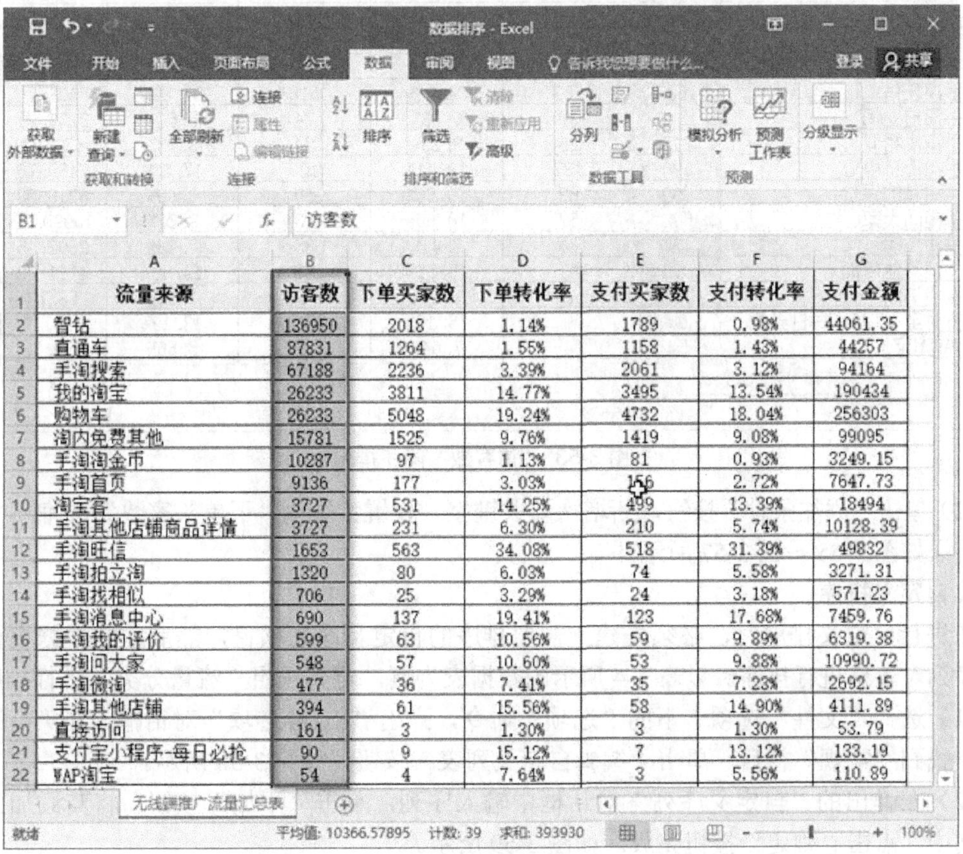

图 3-52 排序完成

(2) 排序完成,即可得到该网店无线端推广的效果排行,如图 3-52 所示。从表中数据可以得出,"智钻"引流效果最好。

2. 高级排序

引入第二关键字:即修改"某网店无线端推广的流量汇总表"的排序条件为按"访客数"降序排列,在"访客数"相同的情况下按"下单买家数"降序排列。

(1) 在"排序"对话框中,"主要关键字"选择"访客数","排序依据"选择"数值","次序"选择"降序"。如图 3-53、图 3-54 所示。

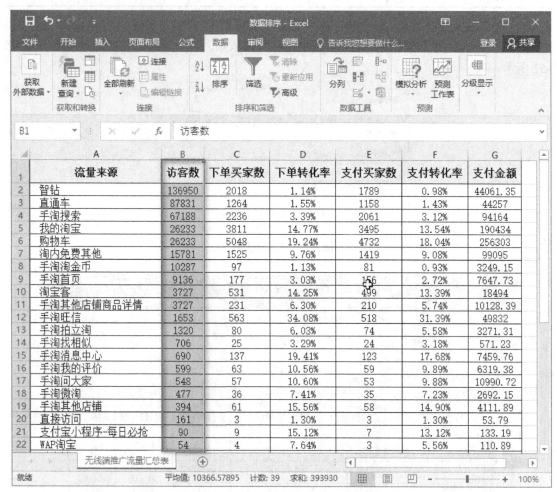

图 3-53 "访客数"降序排列

(2) 单击"添加条件"按钮,新增次要关键字,设置参数为"下单买家数""数值""降序"排序结果如图 3-55 ~ 图 3-57 所示。

3. 自定义排序

在进行自定义排序时,必须先建立需要排序的自定义序列项目,然后才能根据设置的自定义序列对表格进行排序。以表 3-4 所示的数据表为例,对其按照"流量分类"进行排序。

(1) 选择"文件"选项卡下的"选项"命令,弹出"Excel 选项"对话框,在"高级"标签下,找到"常规"栏目,单击"编辑自定义列表"按钮。如图 3-58 所示。

(2) 在弹出的"自定义序列"对话框中输入序列,单击"添加"按钮,将其添加到自定义序列中,点击"确定"按钮完成。如图 3-59 所示。

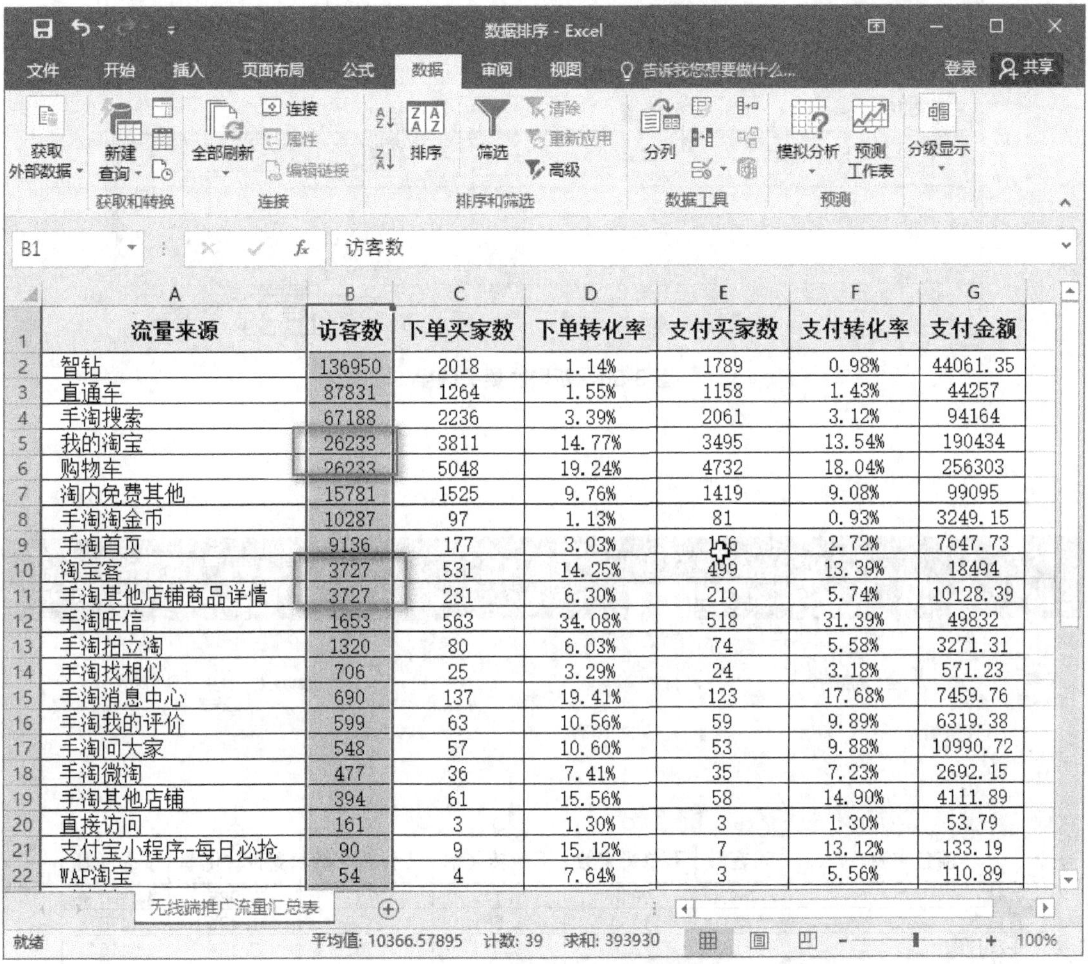

图 3-54 "访客数"的相同数值

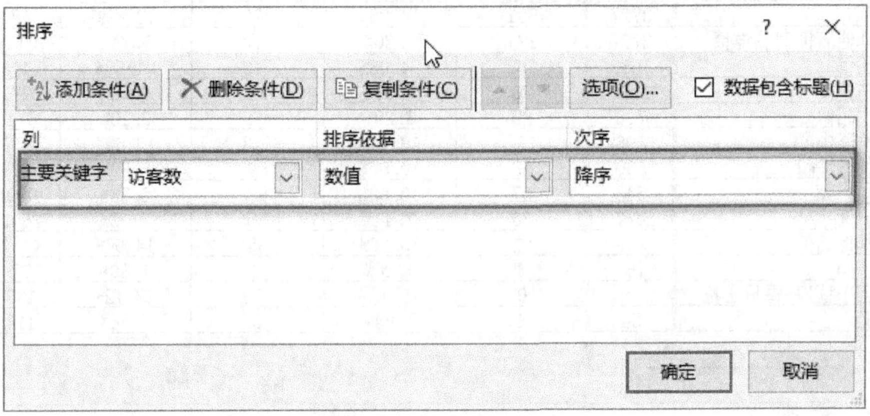

图 3-55 "添加条件"

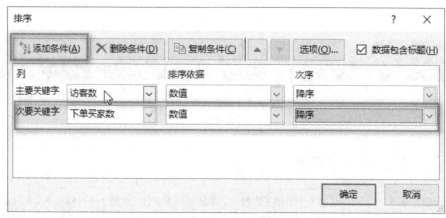

图 3-56 新增次要关键字

流量来源	访客数	下单买家数	下单转化率	支付买家数	支付转化率	支付金额
智钻	136950	2018	1.14%	1789	0.98%	44061.35
直通车	87831	1264	1.55%	1158	1.43%	44257
手淘搜索	67188	2236	3.39%	2061	3.12%	94164
购物车	26233	5048	19.24%	4732	18.04%	256303
我的淘宝	26233	3811	14.77%	3495	13.54%	190434
淘内免费其他	15781	1525	9.76%	1419	9.08%	99095
手淘淘金币	10287	97	1.13%	81	0.93%	3249.15
手淘首页	9136	177	3.03%	156	2.72%	7647.73
淘宝客	3727	531	14.25%	499	13.39%	18494
手淘其他店铺商品详情	3727	231	6.30%	210	5.74%	10128.39
手淘旺信	1653	563	34.08%	518	31.39%	49832
手淘拍立淘	1320	80	6.03%	74	5.58%	3271.31
手淘找相似	706	25	3.29%	24	3.18%	571.23
手淘消息中心	690	137	19.41%	123	17.68%	7459.76
手淘我的评价	599	63	10.56%	59	9.89%	6319.38
手淘问大家	548	57	10.60%	53	9.88%	10990.72
手淘微淘	477	36	7.41%	35	7.23%	2692.15
手淘其他店铺	394	61	15.56%	58	14.90%	4111.89
直接访问	161	3	1.30%	3	1.30%	53.79
支付宝小程序-每日必抢	90	9	15.12%	7	13.12%	133.19
WAP淘宝	54	4	7.64%	3	5.56%	110.89

图 3-57 设置完成后的排序结果

图 3-58 "编辑自定义列表"

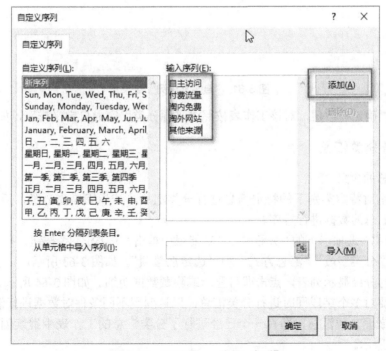

图 3-59 "添加"—"输入序列"

（3）返回 Excel 文档中，在"数据"选项卡下的"排序和筛选"功能组中单击"降序"按钮，弹出"排序"对话框，"主要关键字"选择"来源分类"，"排序依据"选择"数值"，"次序"选择"自定义序列"。如图 3-60 所示。

图 3-60 "排序"—"自定义序列"

（4）在弹出的"自定义序列"对话框中，选择已经定义好的序列。如图 3-61 所示。

图 3-61 "自定义序列"结果

（5）单击"确定"按钮，对该工作表按照"来源分类"完成自定义排序，如图 3-62 所示。

四、数据分类汇总

1. 分类汇总的含义

分类汇总是对特定类别下的特定信息进行分类汇总，其步骤是先分类，后汇总，因此汇总前必须先对汇总的数据进行排序。

（1）在"数据"选项卡下的"分级显示"功能组中单击"分类汇总"按钮，打开"分类汇总"对话框，选择"分类字段""汇总方式"和"选定汇总项"。如图 3-63 所示。

（2）左侧为分级显示列表，点击即可显示或隐藏数据明细。如图 3-64 所示。

（3）当需要对多个字段同时进行分类汇总，以达到用不同条件对数据进行汇总的目的时，可以选择使用嵌套分类汇总，即在一个已经进行了分类汇总的工作表中继续创建其他分类汇总。如图 3-65 所示。

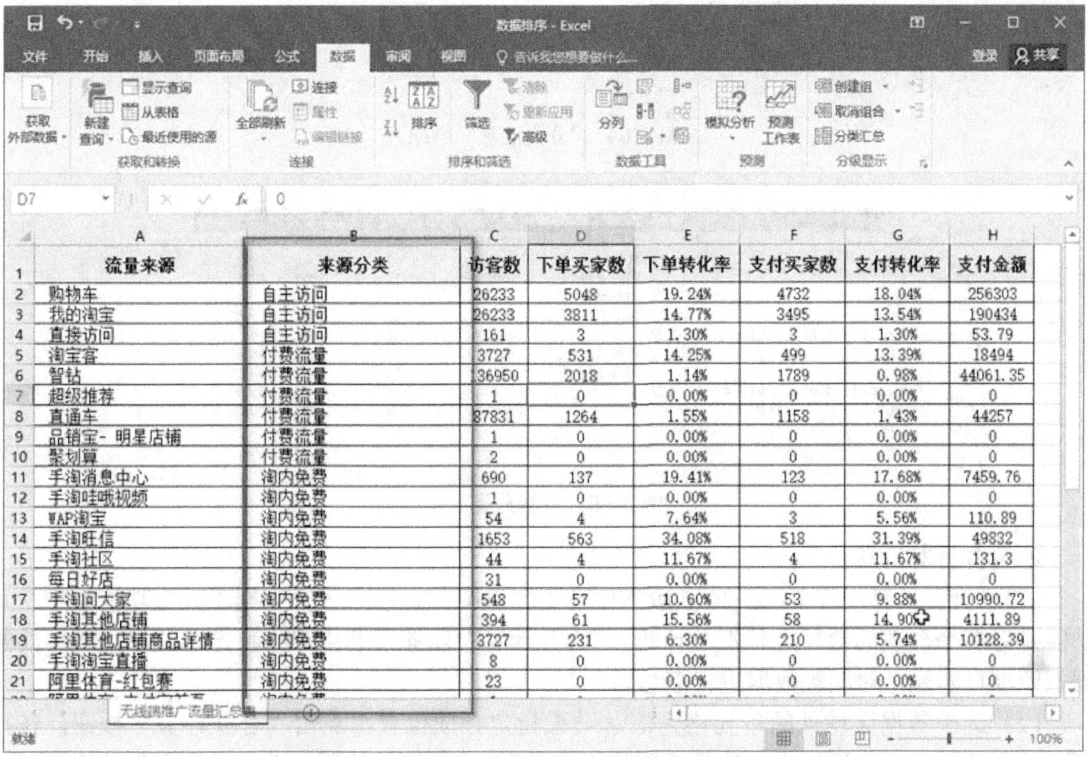

图 3-62　完成自定义排序

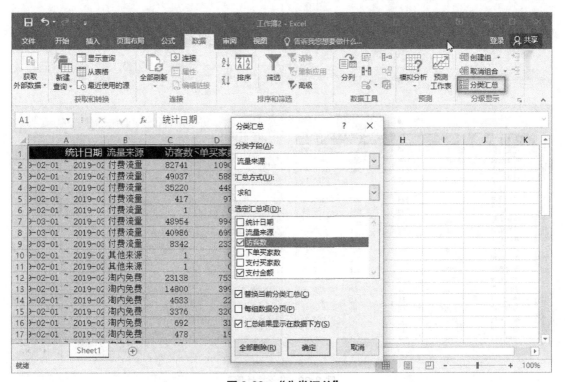

图 3-63　"分类汇总"

图 3-64 "分类汇总"结果

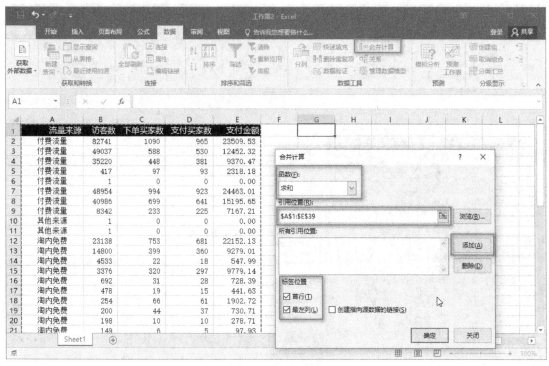

图 3-65 嵌套分类汇总

2. 合并计算汇总

(1)"合并计算"在 Excel 2016 版本中位于"数据"选项卡下"数据工具"功能组中,其功能是对多个分散的数据进行汇总计算。"合并计算"能够帮助用户将特定单元格区域中的数据按照项目匹配,对同类数据进行汇总。

(2)选中数据区域外的单元格为汇总结果指定存放位置,点击"合并计算"按钮,在打开的"合并计算"对话框中,选择所需的"函数",指定引用位置,单击"添加"按钮,多个表格合并计算时,需要多次添加,然后在标签位置对"首行"和"最左列"打勾,以便显示标签行和标签列。如图 3-66 所示。

图 3-66 "合并计算"

（3）“合并计算”结果如图 3-67 所示。

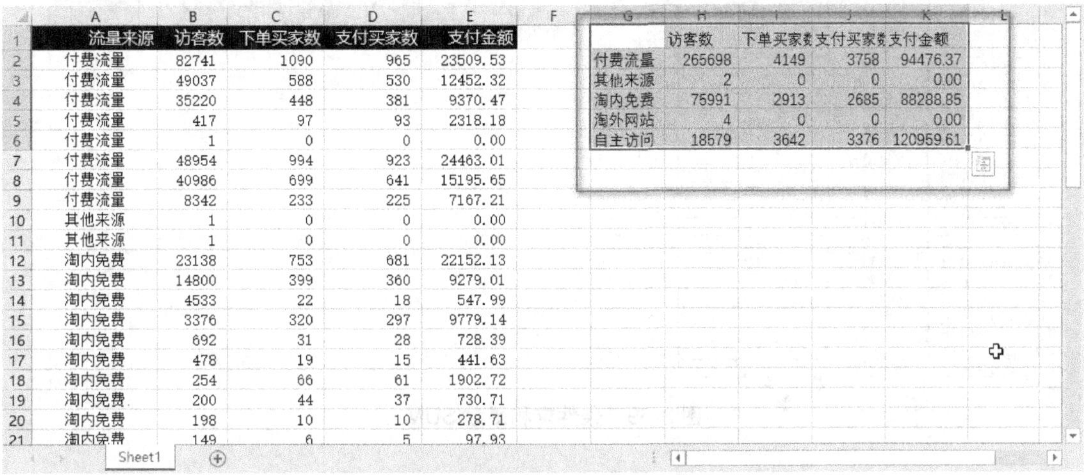

	A	B	C	D	E
1	流量来源	访客数	下单买家数	支付买家数	支付金额
2	付费流量	82741	1090	965	23509.53
3	付费流量	49037	588	530	12452.32
4	付费流量	35220	448	381	9370.47
5	付费流量	417	97	93	2318.18
6	付费流量	1	0	0	0.00
7	付费流量	48954	994	923	24463.01
8	付费流量	40986	699	641	15195.65
9	付费流量	8342	233	225	7167.21
10	其他来源	1	0	0	0.00
11	其他来源	1	0	0	0.00
12	淘内免费	23138	753	681	22152.13
13	淘内免费	14800	399	360	9279.01
14	淘内免费	4533	22	18	547.99
15	淘内免费	3376	320	297	9779.14
16	淘内免费	692	31	28	728.39
17	淘内免费	478	19	15	441.63
18	淘内免费	254	66	61	1902.72
19	淘内免费	200	44	37	730.71
20	淘内免费	198	10	10	278.71
21	淘内免费	149	6	5	97.93

G	H	I	J	K
	访客数	下单买家数	支付买家数	支付金额
付费流量	265698	4149	3758	94476.37
其他来源	2	0	0	0.00
淘内免费	75991	2913	2685	88288.85
淘外网站	4	0	0	0.00
自主访问	18579	3642	3376	120959.61

图 3-67 “合并计算”结果

3. 函数计算汇总

函数是 Excel 预先定义好的特殊公式，在执行数据统计、数据计算、数据分析等任务中功能强大。函数通常是由函数名称、左括号、参数、半角逗号和右括号构成。

（1）求和函数 SUM。

格式：SUM（number1，number2，…）

功能：返回参数表中所有参数之和。

说明：number1，number2…是 1 ～ 255 个需要求和的参数。

对 E2 和 F2 单元格求和，结果存放在 I2 单元格中。如图 3-68 所示。

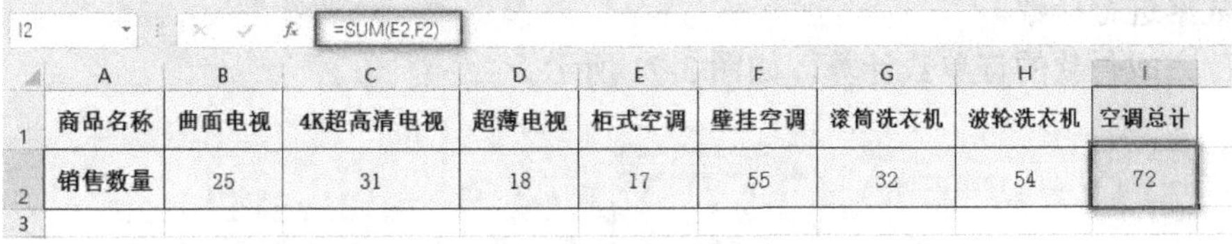

	A	B	C	D	E	F	G	H	I
1	商品名称	曲面电视	4K超高清电视	超薄电视	柜式空调	壁挂空调	滚筒洗衣机	波轮洗衣机	空调总计
2	销售数量	25	31	18	17	55	32	54	72
3									

图 3-68 求和函数 SUM

（2）条件求和函数 SUMIF。

格式：SUMIF（range，criteria，sum_range）

功能：根据指定条件对若干单元格求和。

说明：参数 range 用于条件判断的单元格区域，即求和的原始区域；参数 criteria 是进行累加的单元格应满足的条件，用于筛选哪些单元格满足求和条件，其形式可以为数字、表达式或文本；参数 sum_range 指求和的实际单元格，如果省略该参数，则直接对 range 中的单元格求和。

例如：销售数量条件求和，如图 3-69 所示。

（3）算术平均值函数 AVERAGE。

格式：AVERAGE（number1，number2，…）

功能：求其参数的算数平均值。

说明：number1，number2…是 1 ～ 255 个需要求平均值的参数。

例如：月平均销售额计算，如图 3-70 所示。

F2 =SUMIF(B2:B21,"电视",C2:C21)

	A	B	C	D	E	F	G	H	I
1	日期	商品	销售数量		商品合计	电视	冰箱	空调	洗衣机
2	2019/8/1	电视	14		销售数量	60	59	63	72
3	2019/8/1	冰箱	13						
4	2019/8/1	空调	15						
5	2019/8/1	洗衣机	10						
6	2019/8/2	电视	13						
7	2019/8/2	冰箱	10						
8	2019/8/2	空调	15						
9	2019/8/2	洗衣机	16						
10	2019/8/3	电视	13						
11	2019/8/3	冰箱	10						
12	2019/8/3	空调	7						
13	2019/8/3	洗衣机	17						
14	2019/8/4	电视	14						
15	2019/8/4	冰箱	13						
16	2019/8/4	空调	12						
17	2019/8/4	洗衣机	15						
18	2019/8/5	电视	6						
19	2019/8/5	冰箱	13						
20	2019/8/5	空调	14						
21	2019/8/5	洗衣机	14						

图 3-69 条件求和函数 SUMIF

H2 =AVERAGE(B2:G2)

	A	B	C	D	E	F	G	H
1	月份	1	2	3	4	5	6	月平均销售额
2	销售额	44431	36986	48365	39556	41365	34691	40899

图 3-70 算术平均值函数 AVERAGE

（4）计数函数 COUNT。

格式：COUNT（value1，value2，…）

功能：计算参数中包含数字的单元格的个数。

说明：value1，value2…是 1 ～ 255 个参数，可以包含或引用各种不同类型的数据，但只对数字型数据进行计数。

例如：完成付款的订单数计算，如图 3-71 所示。

E19 =COUNT(E2:E17)

	A	B	C	D	E
1	订单编号	买家会员名	购买数量	总金额	买家实际付款金额
2	171243842174096821	疯狂的贝贝	1	221.74	221.74
3	169834882682982136	龙林lin	1	10.88	10.88
4	169101441439412612	t_0714	2	110.88	110.88
5	169444163877166929	静静sky	1	815	订单异常
6	148114196301712191	ching1111	1	38.64	38.64
7	168649661443777127	快到山里来mz000	1	20	20
8	168611201319161331	nishuyuwoi	2	113.8	113.8
9	110848877612110009	tb锐锐45377452	1	11.88	11.88
10	168410722761016672	米兰888892	1	12.8	12.8
11	148407239807992897	tbyu_1508318994	1	118	118
12	168230082704448642	看浮华落尽y	2	56.68	56.68
13	167689312847446082	小白狐	2	88.1	88.1
14	167617281727168379	洋and可心	2	54.08	54.08
15	166870624001002910	小huang	3	183.6	183.6
16	166418048061798212	我爱星星04201	1	12.8	12.8
17	166189376848186430	ying2030503	1	60.75	60.75
18					
19				买家完成付款的订单数	15

图 3-71 计数函数 COUNT

（5）条件计数函数 COUNTIF。

格式：COUNTIF（range，criteria）

功能：计算某个区域中满足给定条件的单元格数目。

说明：参数 range 是要计算其中非空单元格数目的区域；参数 criteria 是进行计数的单元格应满足的条件，其形式可以为数字、表达式或文本。

例如：完成付款且金额大于 100 的订单数计算，如图 3-72 所示。

E19　=COUNTIF(E2:E17,">100")

	A	B	C	D	E
1	订单编号	买家会员名	购买数量	总金额	买家实际付款金额
2	171243842174096821	疯狂的贝贝	1	221.74	221.74
3	169834882682982136	龙林lin	1	10.88	10.88
4	169101441439412612	t_0714	2	110.88	110.88
5	169444163877166929	静静sky	1	815	订单异常
6	148114196301712191	chingl111	1	38.64	38.64
7	168649661443777127	快到山里来mz000	1	20	20
8	168611201319161331	nishuyuwoi	2	113.8	113.8
9	110848877612110009	tb锐锐45377452	1	11.88	11.88
10	168410722761016672	米兰888892	1	12.8	12.8
11	148407239807992897	tbyu_1508318994	1	118	118
12	168230082704448642	看浮华落尽y	2	56.68	56.68
13	167689312847446082	小白狐	2	88.1	88.1
14	167617281727168379	洋and可心	2	54.08	54.08
15	166870624001002910	小huang	3	183.6	183.6
16	166418048061798212	我爱星星04201	1	12.8	12.8
17	166189376848186430	ying2030503	1	60.75	60.75
18					
19	买家完成付款且金额大于100的订单数				5

图 3-72　条件计数函数 COUNTIF

（6）最大值 MAX/ 最小值 MIN 函数。

格式：MAX（number1，number2，…）

MIN（number1，number2，…）

功能：返回一组数值中的最大值 / 最小值。

说明：number1，number2…是准备从中求取最大值 / 最小值的 1 ～ 255 个数值、空单元格、逻辑值或文本数值。

例如：完成付款金额最大值 / 最小值，如图 3-73 所示。

E19　=MAX(E2:E17)

	A	B	C	D	E
1	订单编号	买家会员名	购买数量	总金额	买家实际付款金额
2	171243842174096821	疯狂的贝贝	1	221.74	221.74
3	169834882682982136	龙林lin	1	10.88	10.88
4	169101441439412612	t_0714	2	110.88	110.88
5	169444163877166929	静静sky	1	815	订单异常
6	148114196301712191	chingl111	1	38.64	38.64
7	168649661443777127	快到山里来mz000	1	20	20
8	168611201319161331	nishuyuwoi	2	113.8	113.8
9	110848877612110009	tb锐锐45377452	1	11.88	11.88
10	168410722761016672	米兰888892	1	12.8	12.8
11	148407239807992897	tbyu_1508318994	1	118	118
12	168230082704448642	看浮华落尽y	2	56.68	56.68
13	167689312847446082	小白狐	2	88.1	88.1
14	167617281727168379	洋and可心	2	54.08	54.08
15	166870624001002910	小huang	3	183.6	183.6
16	166418048061798212	我爱星星04201	1	12.8	12.8
17	166189376848186430	ying2030503	1	60.75	60.75
18					
19	付款金额最多				221.74
20	付款金额最少				10.88

图 3-73　最大值 MAX/ 最小值 MIN 函数

4. 透视表计算汇总

数据透视表是一种交互式的表，是计算、汇总和分析数据的强大工具，它不但可以进行数据计算，还可以动态地改变版面布置，任意组合字段，而且在每一次改变版面布置时，数据透视表会立即按照新的布置重新计算数据。

（1）选中数据源。在"插入"选项卡下的"表格"功能组中单击"数据透视表"按钮，弹出"创建数据透视表"对话框，选择要分析的数据和放置数据透视表的位置。如图 3-74 所示。

（2）单击"确定"后，Excel 自动创建一个空白的数据透视表框架，同时在其右侧展开"数据透视表字段"列表窗格。将需要汇总的字段拖动至相应的"筛选器""行""列""值"区域，生成报表。如图 3-75 所示。

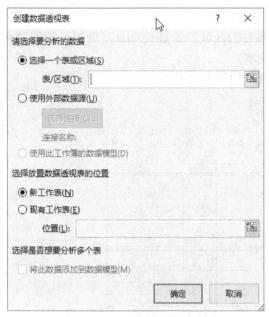

图 3-74 "创建数据透视表"

图 3-75 右侧展开"数据透视表字段"列表窗格

（3）单击数值汇总区域中需要调整的字段，选择"值字段设置"命令，根据需求修改汇总方式。如图 3-76 所示。

五、数据指标计算

电子商务环境下常见的数据计算类型，如表 3-5 所示。

表 3-5 数据计算的形式一览表

序号	形式	示例
1	包含常量运算的公式计算	=20*3+25*2
2	包含单元格引用的公式计算	=A1*3+B1*2
3	包含函数的计算	=sum（A1:A10)
4	包含名称的公式	=销售单价*销售量
5	包含数组运算的公式	{=A1:A10+B1:B20}

1. 常规计算

常规计算包括公式计算与函数计算，大多数的电子商务数据均可通过常规计算完成计算处理。如表 3-6 所示，某网店经营女装和男装两大类的商品，现需统计出某一时间段女装的销量情况，并将结果存放在 G2 单元格中。

表 3-6　某网店女装和男装销售数量

商品名称	女士连衣裙	女士半身裙	女士衬衣	男士衬衣	男士牛仔裤	女装统计
销售数量（件）	110	89	142	88	79	

在 G2 单元格中输入公式"=B2+C2+D2"，通过单元格引用完成计算，结果如图 3-77 所示；在 G2 单元格中输入函数"=SUM（B2:D2）"，同样也可以完成计算，结果如图 3-78 所示。

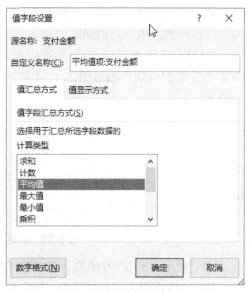

图 3-76　"值字段设置"

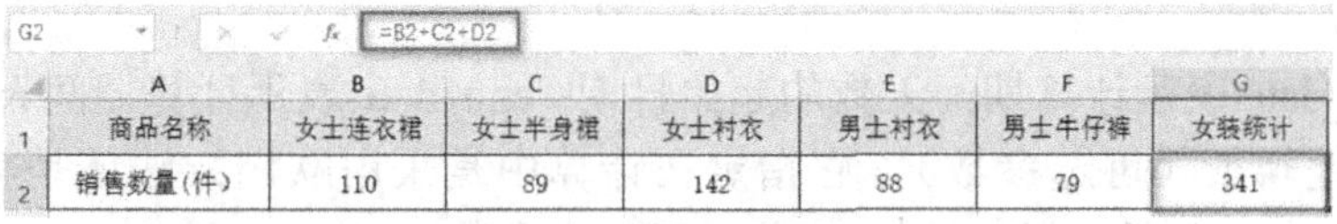

图 3-77　输入公式"=B2+C2+D2"

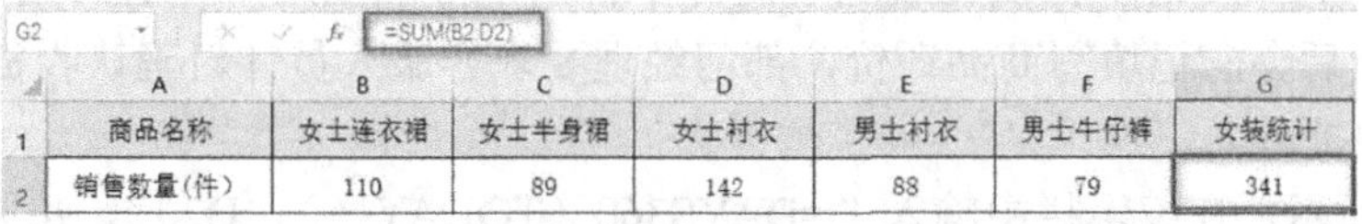

图 3-78　输入函数"=SUM（B2:D2）"

2. 日期计算

日期与时间本身就属于数字范畴，即可以执行计算操作，如两个日期相减、日期时间和数值的四则运算等。Excel 中还提供了一些特殊的日期函数，这些函数可以根据需要计算日期返回特定的值，如间隔的年、月、日、工作日等。以 DATEDIF 函数和 DAYS360 函数为例来说明。

（1）利用 DATEDIF 函数计算日期差值。

格式：DATEDIF（date1，date2，code）

功能：用于计算两个日期之间相差的年数、月数或天数。

说明：date1 表示起始日期；date2 表示结束日期；code 表示要返回两个日期的参数代码："Y"表示两个日期相差的年数，"M"表示两个日期相差的总月数，"D"表示两个日期相差的总天数，"YM"表示两个日期一年内相差的月数，"YD"表示两个日期一年内相差的天数，"MD"表示两个日期一个月内相差的天数。

如图 3-79 所示，统计企业会员从首次下单至最近一次下单之间的间隔时长，在编辑栏中输入"=DATEDIF（C2，D2，

图 3-79　输入"=DATEDIF（C2，D2，"M"）"

"M"）",按回车键后即在 E2 单元格中返回第一位会员的间隔时长,该时长以月为单位,用同样的方法得到其他会员的间隔时长。

DATEDIF 函数共有 3 个参数,前两个参数即参与计算的两个日期。需要注意的是,第 2 个参数的日期序列号要大于第 1 个参数的日期序列号,否则 Excel 会返回错误值,如图 3-80 所示。

客户编号	会员ID	首次下单时间	最近下单时间	间隔时长
QL001	张先生kay	2016/3/18	2019/10/1	#NUM!
QL002	MM2019	2017/1/19	2018/11/11	21
QL003	啊cat	2019/1/3	2019/7/12	6
QL004	Lucas	2015/11/11	2016/12/12	13

图 3-80　前两个参数即参与计算的两个日期

（2）利用 DAYS360 函数计算日期差值。

格式：DAYS360（start_date，end_date，[method]）

功能：按照一年 360 天的算法（每个月以 30 天计,一年共计 12 个月）,用于返回两个日期间相差的天数。

说明：start_date 表示计算期间天数的起始日期；end_date 表示计算期间天数的终止日期；method 是一个逻辑值（可选参数）,它指定在计算中是采用欧洲方法还是美国方法。如果 start_date 在 end_date 之后,则 DAYS360 将返回一个负数。

如：某线下实体店初步尝试转战电子商务平台,十分注重用户体验和用户评价。由于部分用户确认收货后会忘记填写商品评价,部门经理要求客服人员针对确认收货 10 天仍未评价的用户进行站内提醒。

如图 3-81 所示,在编辑栏中输入 "=DAYS360（TODAY（），D2）",按回车键后即在 E2 单元格中返回第一位会员的评价超时天数,其中 TODAY（）表示提取当前日期。用同样的方法可以得到其他会员的评价超时天数。

订单编号	会员名	订单付款时间	确认收货时间	评价超时天数
6574307866644103618	张先生kay	2019/10/1	2019/10/7	-5
5574307866646587541	MM2019	2019/9/28	2019/10/1	-11
6986554898575444228	啊cat	2019/10/3	2019/10/9	-3
6576067866689954850	Lucas	2019/10/1	2019/10/5	-7

图 3-81　输入 "=DAYS360（TODAY（），D2）"

3. 加权计算

加权计算不是简单的数据相加,需要通过数与权的乘积来计算,"加权"是指"乘以权重",即"乘以系数"的意思。利用 SUMPRODUCT 函数加权计算。

格式：SUMPRODUCT（array1，array2，array3，…）

功能：返回相应数组或区域乘积的和。

说明：array1，array2，array3，…为 2～255 个数组,其相应元素需要进行相乘并求和。

例如：某电商企业在年中大促前选择了多种不同的推广渠道,同时进行了活动宣传,推广效果各有不同。衡量不同渠道的推广效果,需要考虑多个指标,且各指标的权重不同。该企业详细划分了评估指标,给出了指标权重,并分别对其进行了打分。如图 3-82 所示。

	A	B	C	D	E	F	G	H	I	J	K	L
1	推广渠道	指标1	指标2	指标3	指标4	综合得分		指标	指标1	指标2	指标3	指标4
2	A	8	3	3	3			权重	10%	20%	40%	30%
3	B	5	6	6	10							
4	C	10	2	4	7							
5	D	6	10	10	1							

图 3-82　推广指标权重

（1）使用加权计算法，在 F2 单元格中输入“=SUMPRODUCT(B2:E2，I$2:L$2) ”按回车键后即在 F2 单元格中返回推广渠道 A 的综合得分，其中“I$2:L$2”用到了绝对引用 $，表示引用的单元格固定不变，这样有利于使用填充柄进行向下填充，完成其他推广渠道的综合得分计算，如图 3-83 所示。

F2　=SUMPRODUCT(B2:E2,I$2:L$2)

	A	B	C	D	E	F	G	H	I	J	K	L
1	推广渠道	指标1	指标2	指标3	指标4	综合得分		指标	指标1	指标2	指标3	指标4
2	A	8	3	3	3	3.5		权重	10%	20%	40%	30%
3	B	5	6	6	10							
4	C	10	2	4	7							
5	D	6	10	10	1							

图 3-83　输入“=SUMPRODUCT（B2：E2，I$2：L$2）”

（2）使用常规计算方法，在 F2 单元格中输入“=B2*I2+C2*J2+D2*K2+E2*L2”，将各指标得分与指标权重的乘积相加，同样也可以得到推广渠道 A 的综合得分，如图 3-84 所示。

F2　=B2*I2+C2*J2+D2*K2+E2*L2

	A	B	C	D	E	F	G	H	I	J	K	L
1	推广渠道	指标1	指标2	指标3	指标4	综合得分		指标	指标1	指标2	指标3	指标4
2	A	8	3	3	3	3.5		权重	10%	20%	40%	30%
3	B	5	6	6	10							
4	C	10	2	4	7							
5	D	6	10	10	1							

图 3-84　输入“=B2*I2+C2*J2+D2*K2+E2*L2”

据此观察，SUMPRODUCT 函数在维度较多的计算中使用比较方便。

六、数据可视化

1. 数据透视表

数据透视表（Pivot Table）是一种交互式的表，可以进行计算，如求和与计数等。所进行的计算与数据跟数据透视表中的排列有关。之所以称为数据透视表，是因为可以动态地改变它们的版面布置，以便按照不同方式分析数据，也可以重新安排行号、列标和页字段。每一次改变版面布置时，数据透视表会立即按照新的布置重新计算数据。另外，如果原始数据发生更改，则可以更新数据透视表。

（1）选中数据源，单击工具栏的【插入】→【表格】→【数据透视表】选项，从弹出的菜单中选择“数据透视表”选项，如图 3-85 所示。

图 3-85　【插入】→【表格】→【数据透视表】

（2）如图 3-86 所示为科源有限公司销售情况表，打开如图 3-87 所示的“创建数据透视表”对话框。

（3）在“请选择要分析的数据”选项组中选中“选择一个表或区域”单选按钮，然后在工作表中

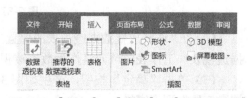

选择要创建数据透视表的数据区域“销售原始数据”。如图 3-86 所示。

科源有限公司(2018年第二季度)销售情况表

序号	订单号	销售部门	销售员	销售地区	CPU	内存条	主板	硬盘	显示器
1	2018040001	销售1部	张松	成都	8288	51425	66768	18710	26460
2	2018040002	销售1部	李新亿	上海	19517	16259	91087	62174	42220
3	2018040003	销售2部	王小伟	武汉	13566	96282	49822	80014	31638
4	2018040004	销售2部	赵强	广州	12474	8709	52583	18693	22202
5	2018040005	销售3部	孙超	合肥	68085	49889	59881	79999	41097
6	2018040006	销售3部	周成武	西安	77420	73538	34385	64609	99737
7	2018040007	销售4部	郑卫西	昆明	42071	19167	99404	99602	88099
8	2018040008	销售1部	张松	成都	53674	63075	33854	25711	92321
9	2018040009	销售1部	李新亿	上海	71698	77025	14144	97370	92991
10	2018040010	销售2部	王小伟	武汉	29359	53482	3907	99350	4495
11	2018040011	销售2部	赵强	广州	8410	29393	31751	14572	83571
12	2018050001	销售3部	孙超	合肥	51706	38997	56071	32459	89328
13	2018050002	销售3部	周成武	西安	65202	1809	66804	33340	35765
14	2018050003	销售4部	郑卫西	昆明	57326	21219	92793	63128	71520
15	2018050004	销售1部	张松	成都	17723	56595	22205	67495	81653
16	2018050005	销售1部	李新亿	上海	96637	23486	15642	74709	68262
17	2018050006	销售2部	王小伟	武汉	16824	67552	86777	66796	45230
18	2018050007	销售2部	赵强	广州	31245	63061	74979	45847	63020
19	2018050008	销售3部	孙超	合肥	70349	54034	70650	42594	78449
20	2018050009	销售3部	周成武	西安	75798	35302	95066	77020	10116
21	2018060001	销售4部	郑卫西	昆明	72076	76589	95283	45520	11737
22	2018060002	销售1部	张松	成都	59656	82279	68639	91543	45355
23	2018060003	销售1部	李新亿	上海	27160	75187	73733	38040	39247
24	2018060004	销售2部	王小伟	武汉	966	25580	69084	13143	68285
25	2018060005	销售2部	赵强	广州	4732	59736	71129	47832	36725
26	2018060006	销售3部	孙超	合肥	45194	91768	5819	82756	55287
27	2018060007	销售3部	周成武	西安	73064	50697	95780	1907	43737
28	2018060008	销售4部	郑卫西	昆明	14016	47497	8214	32014	90393
29	2018060009	销售1部	张松	成都	24815	57002	6686	46001	6326

销售原始数据

图 3-86 科源有限公司销售情况表

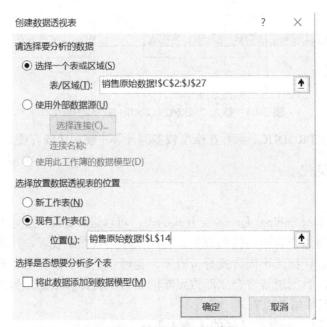

图 3-87 “创建数据透视表”

（4）在“选择放置数据透视表的位置”选项组中选中“现有工作表”单选按钮，并选定“数据透视表”工作表的单元格作为数据透视表的起始位置。如图 3-87 所示。

（5）单击“确定”按钮，产生如图 3-88 所示的默认数据透视表，并在右侧显示“数据透视表字段”列表窗格。

（6）在“数据透视表字段”窗格中将“销售地区”字段拖至“行”标签框中，成为行标题；

依次拖动"CPU""内存条""主板""硬盘""显示器"字段至"∑数值"框,再将默认产生在"列"标签框中的"∑数值"项拖至"行"标签框中,如图3-88所示。将数据透视表中的"行"标签修改为"销售地区"。

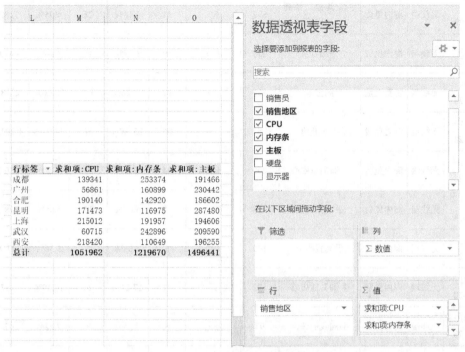

图3-88 生成的"默认数据透视表"

(7)根据图3-88所示,单击"行"标签或"列"标签对应的下拉按钮,可以选择需要的数据进行查看,达到数据透视的目的。

【例3-2】某电商平台商家2019年2月的推广数据如表3-7所示。

表3-7 2019年2月的推广数据

统计日期	终端类型	流量来源	来源明细	访客数	人均停留时长/秒	下单买家数	下单转化率	支付买家数	支付转化率	支付金额/元	UV价值
2019-02-01~2019-02-28	无线端	付费流量	直通车	49,037	90	588	1.20%	530	1.08%	12,452.32	0.25
2019-02-01~2019-02-28	无线端	付费流量	智钻	35,220	100	448	1.27%	381	1.08%	9,370.47	0.27
2019-02-01~2019-02-28	无线端	淘内免费	手淘搜索	14,800	80	399	2.70%	360	2.43%	9,279.01	0.63
2019-02-01~2019-02-28	无线端	自主访问	购物车	5,293	120	1,256	23.73%	1,175	22.20%	42,588.49	8.05
2019-02-01~2019-02-28	无线端	自主访问	我的淘宝	4,694	120	835	17.79%	762	16.23%	25,112.04	5.35
2019-02-01~2019-02-28	无线端	淘内免费	手淘淘金币	4,533	80	22	0.49%	18	0.40%	547.99	0.12
2019-02-01~2019-02-28	无线端	淘内免费	淘内免费其他	3,376	120	320	9.48%	297	8.80%	9,779.14	2.9

续表

统计日期	终端类型	流量来源	来源明细	访客数	人均停留时长/秒	下单买家数	下单转化率	支付买家数	支付转化率	支付金额/元	UV价值
2019-02-01～2019-02-28	无线端	淘内免费	手淘其他店铺商品详情	692	80	31	4.48%	28	4.05%	728.39	1.05
2019-02-01～2019-02-28	无线端	淘内免费	手淘首页	478	120	19	3.97%	15	3.14%	441.63	0.92
2019-02-01～2019-02-28	无线端	付费流量	淘宝客	417	70	97	23.26%	93	22.30%	2,318.18	5.56
2019-02-01～2019-02-28	无线端	淘内免费	手淘旺信	254	70	66	25.98%	61	24.02%	1,902.72	7.49
2019-02-01～2019-02-28	无线端	淘内免费	手淘消息中心	200	120	44	22.00%	37	18.50%	730.71	3.65
2019-02-01～2019-02-28	无线端	淘内免费	手淘拍立淘	198	70	10	5.05%	10	5.05%	278.71	1.41
2019-02-01～2019-02-28	无线端	淘内免费	手淘找相似	149	100	6	4.03%	5	3.36%	97.93	0.66
2019-02-01～2019-02-28	无线端	淘内免费	手淘其他店铺	122	90	21	17.21%	20	16.39%	1,407.66	11.54
2019-02-01～2019-02-28	无线端	淘内免费	手淘我的评价	97	80	8	8.25%	7	7.22%	207.46	2.14
2019-02-01～2019-02-28	无线端	淘内免费	手淘微淘	89	80	8	8.99%	7	7.87%	303.91	3.41
2019-02-01～2019-02-28	无线端	淘内免费	手淘问大家	86	90	10	11.63%	9	10.47%	403.27	4.69
2019-02-01～2019-02-28	无线端	淘内免费	支付宝小程序-每日必抢	27	80	3	11.11%	2	7.41%	59.94	2.22
2019-02-01～2019-02-28	无线端	淘内免费	WAP淘宝	12	90	0	0.00%	0	0.00%	0	0
2019-02-01～2019-02-28	无线端	淘内免费	阿里体育—红包赛	11	90	0	0.00%	0	0.00%	0	0
2019-02-01～2019-02-28	无线端	淘内免费	手淘社区	6	100	1	16.67%	1	16.67%	38.26	6.38
2019-02-01～2019-02-28	无线端	自主访问	直接访问	5	80	0	0.00%	0	0.00%	0	0
2019-02-01～2019-02-28	无线端	淘内免费	手淘淘宝头条	3	80	0	0.00%	0	0.00%	0	0

① 选择数据源与要存放的位置。打开"创建数据透视表"对话框，正确选中数据区域，然后勾选"新工作表"，若选择的是"现有工作表"，则需要在当前工作表中为其指定放置位置。如图 3-89 所示。

项目三 数据整理 77

图 3-89 选择数据源与要存放的位置

② 生成报表。在生成的空白数据透视表框架中，将"统计日期"字段拖动至"筛选器"，将"流量来源""来源明细"字段拖动至"行"区域，将"访客数""下单买家数""支付买家数""支付金额""人均停留时长"字段拖动至"值"区域，报表随之同步生成。如图 3-90 所示。

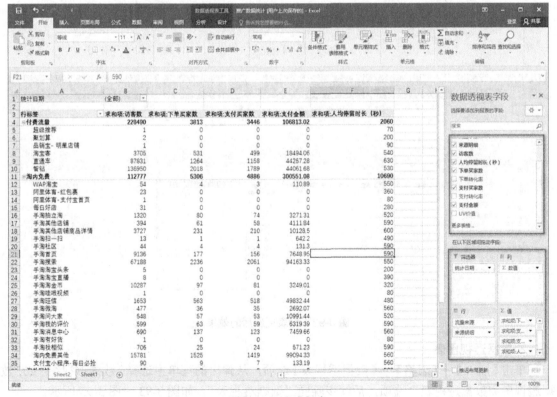

图 3-90 生成报表

③ 值字段设置。检查各字段的汇总方式，需要将"人均停留时长"的"求和"统计修改为"求平均值"统计。在"值"区域内，点击"求和项：人均停留时长（秒）"的下拉三角按钮，选择"值字段设置"，打开其设置对话框（图 3-91），将汇总方式修改为"平均值"，单击"确定"完成，报表随之更新。如图 3-92 所示。

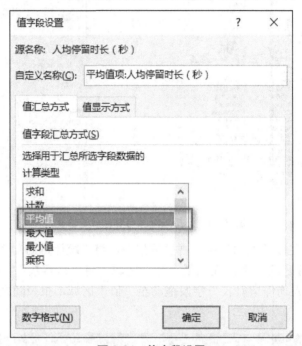

图 3-91　值字段设置

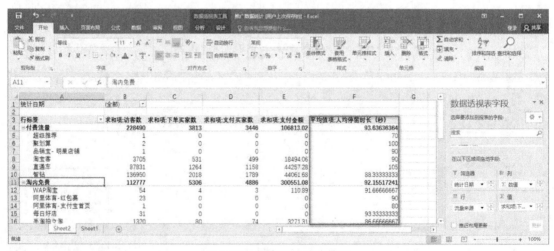

图 3-92　报表更新后的效果

2. 数据透视图表

单击【插入】→【表格】→【数据透视表】选项，从弹出的菜单中选择"数据透视图"或"数据透视图和数据透视表"选项，后续步骤同"数据透视表"。如图 3-93～图 3-95 所示。

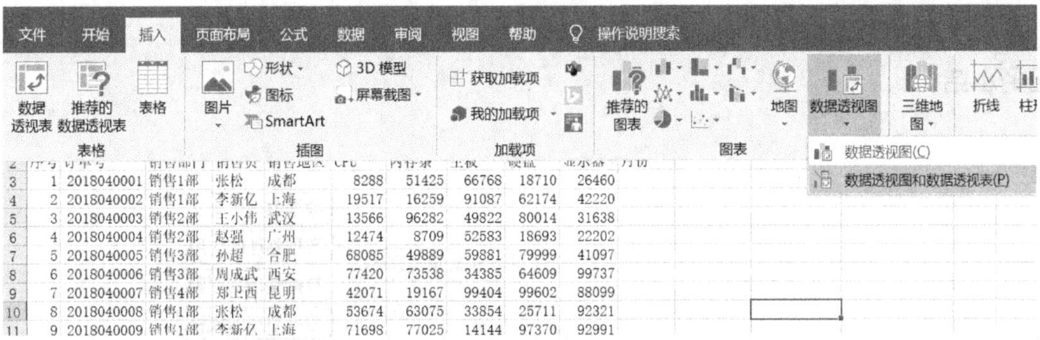

项目三 数据整理

图 3-93 "数据透视图和数据透视表"

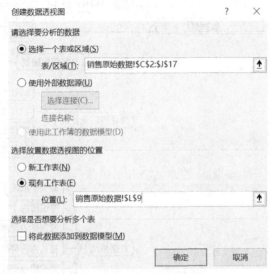

图 3-94 选择的是"现有工作表"

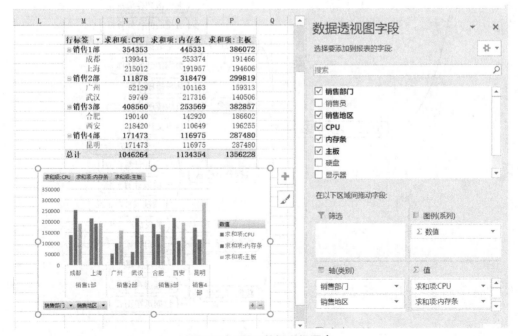

图 3-95 显示数据透视图表

【任务小结】

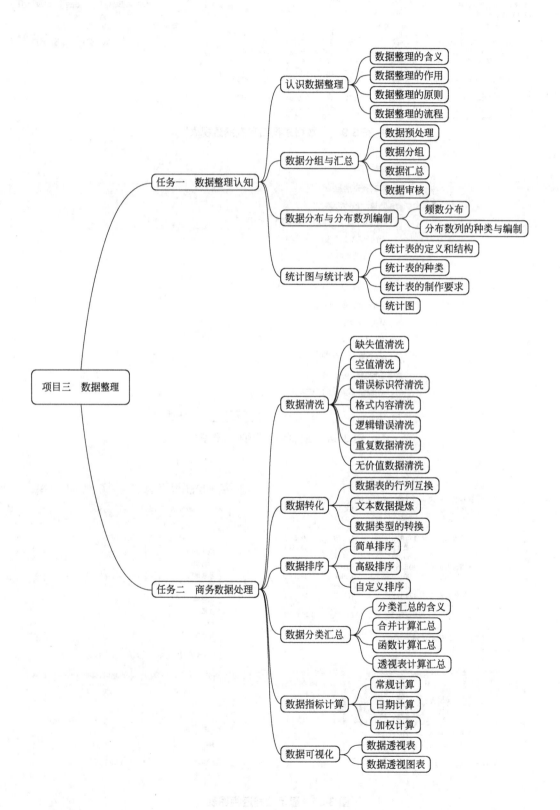

【课后练习】

一、单项选择题

1. 统计分组的关键问题是（　　）。
A. 确定分组标志和划分各组界限
B. 确定组距和组数
C. 确定组距和组中值
D. 确定全距和组距

扫描二维码
继续练习，夯实基础

2. 对企业先按经济类型分组，再按企业规模分组，这样的分组，属于（　　）。
A. 简单分组 　　　　　　　　　　　　B. 平行分组
C. 复合分组 　　　　　　　　　　　　D. 再分组

3. 在频数分布中，频率是指（　　）。
A. 各组频数之比 　　　　　　　　　　B. 各组频率之比
C. 各组频数与总频数之比 　　　　　　D. 各组频数与各组次数之比

4. 多指标的图示方法是（　　）。
A. 直方图 　　　　　　　　　　　　　B. 条形图
C. 环形图 　　　　　　　　　　　　　D. 雷达图

5. 在分组后，若某一组的变量值正好等于相邻组的上限时，一般应将其归在（　　）。
A. 上限所在组 　　　　　　　　　　　B. 下限所在组
C. 任意一组均可 　　　　　　　　　　D. 另设新组

二、多项选择题

1. 统计分组的作用在于（　　）。
A. 区分现象的类型 　　　　　　　　　B. 反映现象总体的内部结构变化
C. 比较现象间的一般水平 　　　　　　D. 分析现象的变化关系
E. 研究现象之间数量的依存关系

2. 指出下列分组哪些是属性分组（　　）。
A. 人口按性别分组 　　　　　　　　　B. 企业按产值多少分组
C. 家庭按收入水平分组 　　　　　　　D. 就业人口按文化程度分组
E. 宾馆按星级分组

3. 按主词是否分组，统计表可分为（　　）。
A. 单一表 　　　　B. 简单表 　　　　C. 分组表
D. 复合表 　　　　E. 综合表

4. 数据分类与处理的作用主要表现在（　　）。
A. 集中、系统地反映客观实际 　　　　B. 确保数据的内容完善和格式统一
C. 发现规律，实现深度挖掘 　　　　　D. 总结客户购物偏好
E. 都对

5. 在进行数据分类汇总时，可设置的内容有（　　）。
A. 分类字段 　　　　　　　　　　　　B. 汇总方式（如：求和）
C. 汇总项 　　　　　　　　　　　　　D. 汇总结果显示在数据下方
E. 都对

三、判断题

1. 统计数据整理就是对原始资料的整理。　　　　　　　　　　　　　　　　（　　）

2. 统计分组的关键是正确选择分组标志和划分各组的界限。（   ）
3. 次数密度表示单位组距上分布的次数。（   ）
4. 异距数列是各组组距不都相等的组距数列。（   ）
5. 在进行分类汇总时一定要先排序。（   ）

四、简答题

1. 简述统计资料整理的任务。
2. 简答统计表有哪几种分类。

五、分析题

如何理解权数的意义？在何种情况下，应用简单算术平均数和加权算术平均数计算的结果是一致的？

【实操训练】

销售数据分类和处理

【背景】企业运营做得好不好，销售数据来说话。某企业营销儿童推车，实施完一次年中大促活动后产生了大量的运营数据，及时对其中的销售数据进行分析诊断，可以客观地评价运营效果，得到问题反馈，从而指导企业有针对性地进行优化，进而实现运营效益最大化。对本次活动所产生的销售数据进行分类和处理，可以为之后的运营数据分析和业绩考核提供依据。

【分析】销售数据处理的核心指标包括浏览量、访客数、成交客户数、支付件数、商品单价、各种渠道发放并被使用的优惠券金额、销售额及销售成本等。根据以上相关指标，收集到本次年中大促的销售数据表入表，然后通过分类整理，查看各商品的销量情况，并通过数据计算，得到各商品的成交转化率和毛利率。

【操作步骤】

步骤1：数据获取。使用 Excel 工具打开企业本次年中大促的销售数据表，效果如图 3-96 所示。

商品ID	商品分类	商品名称	浏览量	访客数	成交客户数	支付件数	商品单价	优惠金额	销售额	销售成本
20190030	其他	偏远地区邮费补拍	5571	4058	3663	20778	1.00	0.00	20,778.00	20,778.00
20190031	四轮推车	高景观婴儿推车可坐可躺四轮宝宝伞车	17812	14950	4252	4933	538.00	246,650.00	2,407,304.00	947,802.00
20190032	四轮推车	轻便折叠橡胶大轮婴儿车童车	15575	13529	5030	5664	208.00	56,640.00	1,121,472.00	431,130.00
20190033	四轮推车	超轻便携单手折叠避震儿童手推车	9017	6877	1808	2020	336.80	40,400.00	639,936.00	329,926.00
20190034	四轮推车	简易小巧单手秒收实用儿童婴儿手推车	10334	8259	2173	2381	296.00	23,810.00	680,966.00	295,910.00
20190035	四轮推车	便携式简易折叠大口袋双向儿童推车	15920	12960	5511	6312	299.00	63,120.00	1,824,168.00	644,490.00
20190036	三轮推车	儿童三轮脚踏车1-2-3-4岁轻便溜娃神器	14309	12877	5243	5284	258.00	52,840.00	1,310,432.00	507,930.00
20190037	四轮推车	豪华避震新生儿伞车手推车	15043	13379	3322	3974	468.00	79,480.00	1,780,352.00	922,634.00
20190038	三轮推车	溜娃神器手推车轻便折叠简易	18794	15979	7481	8102	136.50	40,510.00	1,068,653.80	519,194.00
20190039	三轮推车	轻便折叠可上飞机儿童婴儿手推车	17373	14459	4468	4713	148.00	23,565.00	673,959.00	335,289.00

图 3-96　销售数据表

步骤2：数据清洗。销售数据加工处理旨在对本次活动中各个商品的实际销售情况和盈利情况进行分析总结，用于偏远地区邮费补拍的商品不计入此项，因此作为无价值数据清洗掉。如图3-97所示。

步骤3：数据排序。查看各商品的销量情况，快速找到销量最高和最低的商品，可对"支付件数"字段进行排序，如图3-98所示。

	商品ID	商品分类	商品名称	浏览量	访客数	成交客户数	支付件数	商品单价	优惠金额	销售额	销售成本
1											
2	20190031	四轮推车	高景观婴儿推车可坐可躺四轮宝宝伞车	17812	14950	4252	4933	538.00	246,650.00	2,407,304.00	947,802.00
3	20190032	四轮推车	轻便折叠橡胶大轮婴儿车童车	15575	13529	5030	5664	208.00	56,640.00	1,121,472.00	431,130.00
4	20190033	四轮推车	超轻便携单手折叠避震儿童手推车	9017	6877	1808	2020	336.80	40,400.00	639,936.00	329,926.00
5	20190034	四轮推车	简易小巧单手秒收实用儿童婴儿手推车	10334	8259	2173	2381	296.00	23,810.00	680,966.00	295,910.00
6	20190035	四轮推车	便携式简易折叠大口袋双向儿童推车	15920	12960	5511	6312	299.00	63,120.00	1,824,168.00	644,490.00
7	20190036	三轮推车	儿童三轮脚踏车1-2-3-4岁轻便溜娃神器	14309	12877	5243	5284	258.00	52,840.00	1,310,432.00	507,930.00
8	20190037	四轮推车	豪华避震新生儿伞车手推车	15043	13379	3322	3974	468.00	79,480.00	1,780,352.00	922,634.00
9	20190038	三轮推车	溜娃神器手推车轻便折叠简易	18794	15979	7481	8102	136.90	40,510.00	1,068,653.80	519,194.00
10	20190039	三轮推车	轻便折叠可上飞机儿童婴儿手推车	17373	14459	4468	4713	148.00	23,565.00	673,959.00	335,289.00

图3-97 无价值数据清洗

	商品ID	商品分类	商品名称	浏览量	访客数	成交客户数	支付件数	商品单价	优惠金额	销售额	销售成本
1											
2	20190038	三轮推车	溜娃神器手推车轻便折叠简易	18794	15979	7481	8102	136.90	40,510.00	1,068,653.80	519,194.00
3	20190035	四轮推车	便携式简易折叠大口袋双向儿童推车	15920	12960	5511	6312	299.00	63,120.00	1,824,168.00	644,490.00
4	20190032	四轮推车	轻便折叠橡胶大轮婴儿车童车	15575	13529	5030	5664	208.00	56,640.00	1,121,472.00	431,130.00
5	20190036	三轮推车	儿童三轮脚踏车1-2-3-4岁轻便溜娃神器	14309	12877	5243	5284	258.00	52,840.00	1,310,432.00	507,930.00
6	20190031	四轮推车	高景观婴儿推车可坐可躺四轮宝宝伞车	17812	14950	4252	4933	538.00	246,650.00	2,407,304.00	947,802.00
7	20190039	三轮推车	轻便折叠可上飞机儿童婴儿手推车	17373	14459	4468	4713	148.00	23,565.00	673,959.00	335,289.00
8	20190037	四轮推车	豪华避震新生儿伞车手推车	15043	13379	3322	3974	468.00	79,480.00	1,780,352.00	922,634.00
9	20190034	四轮推车	简易小巧单手秒收实用儿童婴儿手推车	10334	8259	2173	2381	296.00	23,810.00	680,966.00	295,910.00
10	20190033	四轮推车	超轻便携单手折叠避震儿童手推车	9017	6877	1808	2020	336.80	40,400.00	639,936.00	329,926.00

图3-98 销量排序

步骤4：数据计算。添加新的字段"成交转化率"和"毛利率"，利用公式计算各商品的成交转化率和毛利率，计算结果如图3-99所示。

	商品ID	商品分类	商品名称	浏览量	访客数	成交客户数	支付件数	商品单价	优惠金额	销售额	销售成本	成交转化率	毛利率
1													
2	20190038	三轮推车	溜娃神器手推车轻便折叠简易	18794	15979	7481	8102	136.90	40,510.00	1,068,653.80	519,194.00	46.82%	51.42%
3	20190035	四轮推车	便携式简易折叠大口袋双向儿童推车	15920	12960	5511	6312	299.00	63,120.00	1,824,168.00	644,490.00	42.52%	64.67%
4	20190032	四轮推车	轻便折叠橡胶大轮婴儿车童车	15575	13529	5030	5664	208.00	56,640.00	1,121,472.00	431,130.00	37.18%	61.56%
5	20190036	三轮推车	儿童三轮脚踏车1-2-3-4岁轻便溜娃神器	14309	12877	5243	5284	258.00	52,840.00	1,310,432.00	507,930.00	40.72%	61.24%
6	20190031	四轮推车	高景观婴儿推车可坐可躺四轮宝宝伞车	17812	14950	4252	4933	538.00	246,650.00	2,407,304.00	947,802.00	28.44%	60.63%
7	20190039	三轮推车	轻便折叠可上飞机儿童婴儿手推车	17373	14459	4468	4713	148.00	23,565.00	673,959.00	335,289.00	30.90%	50.25%
8	20190037	四轮推车	豪华避震新生儿伞车手推车	15043	13379	3322	3974	468.00	79,480.00	1,780,352.00	922,634.00	24.83%	48.18%
9	20190034	四轮推车	简易小巧单手秒收实用儿童婴儿手推车	10334	8259	2173	2381	296.00	23,810.00	680,966.00	295,910.00	26.31%	56.55%
10	20190033	四轮推车	超轻便携单手折叠避震儿童手推车	9017	6877	1808	2020	336.80	40,400.00	639,936.00	329,926.00	26.29%	48.44%

图3-99 数据计算

步骤5：分类统计。按"商品分类"对商品的销量和销售额进行汇总统计，利用分类汇总的方法统计结果如图3-100所示，利用数据透视表的方法统计，结果如图3-101所示。

商品ID	商品分类	商品名称	浏览量	访客数	成交客户数	支付件数	商品单价	优惠金额	销售额
	三轮推车 汇总					18099			3,053,044.80
	四轮推车 汇总					25284			8,454,198.00
	总计					43383			11,507,242.80

图3-100 分类汇总统计结果

行标签	求和项:支付件数	求和项:销售额
三轮推车	18099	3053044.8
四轮推车	25284	8454198
总计	43383	11507242.8

图3-101 数据透视表统计结果

步骤6：数据整理。检查数据处理结果并进行表格美化，包括行高列宽、字体、边框、字体颜色、填充颜色等。

【知识延伸】

生产性服务业统计分类表

代码			名称	国民经济行业分类代码（2017）
类	中类	小类		
01			研发设计与其他技术服务	
02			货物运输、通用航空生产、仓储和邮政快递服务	
	021		货物运输服务	
		0211	铁路货物运输	5320
		0212	道路货物运输	543
		0213	水上货物运输	552
		0214	航空货物运输	5612
		0215	管道运输业	57
	022		货物运输辅助服务	
	024		仓储服务	
		0241	谷物、棉花等农产品仓储	595
		0242	通用仓储	5920
		0243	低温仓储	5930
		0244	危险品仓储	594
		0245	中药材仓储	5960
		0246	其他仓储业	5990
	025		搬运、包装和代理服务	
		0251	生产性装卸搬运	5910
		0252	生产性包装服务	7292
		0253	货物运输代理服务	5810
	026		国家邮政和快递服务	
		0261	生产性邮政服务	6010
		0262	生产性快递服务	6020
		0263	其他生产活动寄递服务	6090
03			信息服务	
	031		信息传输服务	
		0311	生产性固定电信服务	6311
		0312	生产性移动电信服务	6312
		0313	其他生产活动电信服务	6319
	032		信息技术服务	
		0321	生产性互联网接入及相关服务	6410
		0322	生产性互联网信息服务	642
		0323	其他互联网服务	6490

续表

代码			名 称	国民经济行业分类代码（2017）
类	中类	小类		
03	033		电子商务支持服务	
		0331	互联网生产服务平台	6431
		0332	互联网科技创新平台	6433
		0333	互联网安全服务	6440
		0334	互联网数据及云计算服务	6450
		0335	信息处理和存储支持服务	6550
		0336	其他互联网平台	6439
		0337	生产性互联网销售	5292
		0338	生产性非金融机构支付服务	6930
04			金融服务	
	041		货币金融服务	
	042		资本市场服务	
	043		生产性保险服务	
	044		其他生产性金融服务	
05			节能与环保服务	
06			生产性租赁服务	
07			商务服务	
08			人力资源管理与职业教育培训服务	
09			批发与贸易经纪代理服务	
10			生产性支持服务	

项目四

数据分析

【学习目的】

1. 熟悉静态描述、动态趋势、综合指数的含义、类型;
2. 掌握各种指标的计算方法;
3. 掌握利用 Excel 进行商务数据统计分析;
4. 熟悉掌握电子商务日常运营数据分析的技能;
5. 具有实际工作中解决问题的能力。

【案例导入】

1. 如何衡量土地的肥沃?

甲、乙两个自然村的播种面积与总产量资料如下表。

按地势分组	甲村		乙村	
	播种面积/亩	平均亩产/斤	总产量/斤	平均亩产/斤
旱地	210	630	120000	600
水田	90	1300	375000	1250
合计	300	—	495000	—

(注:1 亩 =0.0667 公顷;1 斤 =0.5 千克)

提出问题:哪个村的土地更肥沃?为什么?

2. 2020 年 8 月份能源生产情况

8 月份,规模以上工业原煤生产降幅收窄,原油、电力生产增速加快,天然气生产有所放缓。其中,原煤、原油和天然气生产及相关情况:原煤生产降幅收窄,8 月份,生产原煤 3.3 亿吨,同比下降 0.1%,降幅比上月收窄 3.6 个百分点。日均产量 1051 万吨,环比增加 25 万吨。1—8 月份,生产原煤 24.5 亿吨,同比下降 0.1%。煤炭进口降幅继续扩大,8 月份,进口煤炭 2066 万吨,环比减少 544 万吨,同比下降 37.3%,降幅比上月扩大 16.7 个百分点。1—8 月份,进口煤炭 2.2 亿吨,同比增长 0.2%。港口煤炭综合交易价格持续下跌,8 月 28 日,秦皇岛港 5500 大卡、5000 大卡和 4500 大卡煤炭价格分别为每吨 551 元、497 元和 442 元,比 7 月 31 日分别下跌 4 元、6 元和 6 元。

提出问题:这些数据是什么?有什么意义?如何计算出来的?

3. 2019 年国内生产总值

2019 年国内生产总值（即 GDP）990865 亿元，比上年增长 6.1%。其中，第一产业增加值 70467 亿元，增长 3.1%；第二产业增加值 386165 亿元，增长 5.7%；第三产业增加值 534233 亿元，增长 6.9%。第一产业增加值占国内生产总值比重为 7.1%，第二产业增加值比重为 39.0%，第三产业增加值比重为 53.9%。

提出问题：为什么 2019 年国内生产总值比上年增长 6.1%？

【任务分解】

任务一　静态描述分析

数据分析就是利用统计分析法对经过加工、整理后的统计数据进行综合分析并得出结论的过程。统计分析法是通过对研究对象的规模、速度、范围、程度等数量关系的分析研究，认识和揭示事物间的相互关系、变化规律和发展趋势，借以达到对事物的正确解释和预测的一种研究方法。世间任何事物都有质和量两个方面。认识事物的本质时必须掌握事物的量的规律。统计分析法就是运用数学方式，建立数学模型，对通过调查获取的各种数据及资料进行整理和分析，形成定量的结论。统计分析方法是广泛使用的现代科学方法，是一种比较科学、精确和客观的测评方法。其具体应用方法很多，在实践中使用较多的是指标分析法。本教材重点介绍静态描述分析、动态趋势分析、指数分析等。

一、规模描述分析——总量指标

1. 总量指标的概念

总量指标是反映社会经济现象总体在一定时间、地点条件下的总规模、总水平或工作总量的统计指标。总量指标的表现形式为绝对数，因此也称为绝对数指标。如表 4-1 所示。

表 4-1　2018 年四国的国土面积与人口数

国家	国土面积/万平方公里	2018 年中人口数/万人	2018 年人口密度/（人/平方公里）
中国	960	139273	148
日本	37.8	12653	347
韩国	10.0	5164	530
美国	983.2	32717	36

（资料来源：中国统计年鉴—2019.）

总量指标是对数据采集得来的原始资料经过分组和汇总得到的各项总计数字，是数据整理的直接成果，总量指标数值的大小受总体范围大小的制约，总体范围大，指标数值大；总体范围小，指标数值相应就小。

总量指标也可表现为不同时间、不同空间条件下客观现象总体总量之间的差数。当它作为增量出现时，其数值为正；当作为减少量出现时，其数值为负。只有对有限总体才能计算总量指标，总量指标的计量单位都是有名数，所以也叫有名数指标。例如：2018 年各项税收总额为 156402.86 万元，2017 年各项税收总额为 144369.87 万元，2018 年比 2017 年各项税收总额增加 12032.99 万元；再如，2018 年国家财政收入总额为 183359.84 万元，支出总额为 220904.13 万元，收支总差额为 −37544.29 万元。

2. 总量指标的作用

总量指标是社会经济统计中最常用和最基本的统计指标，在实际统计工作中应用十分广泛。

（1）总量指标常用来反映一个国家的国情和国力，反映一个地区、部门或单位的规模、水平、基本经济情况和经济实力。例如，一个企业的职工人数、固定资产总值、增加值、利税总额等，反映了该企业人、财、物力的基本情况和生产经营活动的成果。

（2）总量指标是制定政策、编制计划、进行科学管理的重要依据。例如，一个国家的资源存储量、人口数、生产力水平、消费水平等总量指标是该国资源开发、利用和管理的重要参考依据。

（3）总量指标是计算相对指标和平均指标的基础。相对指标和平均指标一般是由两个有联系的总量指标对比计算出来的，是总量指标的派生指标。例如，人口性别比例关系是男性人口数与女性人口数之比，单位面积产量是总产量除以播种面积的商等。

3. 统计总量指标的分类

统计总量指标的具体分类如图 4-1 所示。

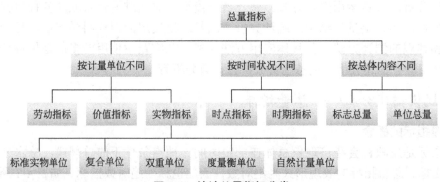

图 4-1　统计总量指标分类

（1）总量指标按其反映总体内容的不同，分为总体单位总量和总体标志总量。

总体单位总量简称单位总量，它表示总体本身规模的大小，是反映总体中全部单位数的总量指标。总体标志总量简称标志总量，它是反映总体中各单位某一数量标志值总和的总量指标。单位总量和标志总量的地位随着统计研究目的的不同和研究对象的变动而变化。当工业企业为总体时，职工人数是标志总量；当以全部职工为总体时，职工人数则是单位总量。显然，只有正确确定某一研究目的下的统计总体和总体单位，才能正确区分总体单位总量和总体标志总量。同时，明确总体单位总量和总体标志总量之间的差别，对于计算和区分相对指标和平均指标具有重要意义。

（2）总量指标按其反映的时间状况不同，分为时期指标和时点指标。

时期指标是反映现象总体在一段时期内发展过程的总量指标，即流量，例如企业产品的产量、产值、超市商品的销售额、年人口出生数等。时点指标是反映现象总体在某时刻（或瞬间）上状况的总量指标，即存量，例如全国人口数、企业职工人数、工厂设备台数、商品库存量等。时期指标和时点指标都是总量指标，这是它们的共同点。但它们又各具不同的特点：时期指标的数值是连续登记得到的，可以连续计数，而时点指标的数值是不能连续计数的；时期指标的各期数值直接相加可以说明社会经济现象总体在较长的时期内所发生的总量，而时点指标的数值直接相加没有实际意义；时期指标数值的大小与时期的长短有直接关系，而时点指标数值的大小与时点间的间隔长短没有直接关系。

（3）总量指标按其采用的计量单位不同，分为实物指标、价值指标和劳动指标。

实物指标是根据实物的属性和特点采用自然物理计量单位的总量指标，有自然计量单位、度量衡单位、双重单位、复合单位和标准实物计量单位等；价值指标是以货币为单位计算的总量指标，又叫货币指标，例如，国内生产总值、固定资产投资额、社会商品零售额等；劳动指标是以劳动时间为单位计算的总量指标，如出勤工日、实际工时、定额工时等。劳动指标主要在企业范围内使用，是企业编制和检查计划以及制定劳动定额的重要依据。不同类型、不同经营水平企业的劳动指标不能直接相比。

4. 总量指标的计算原则

总量指标的计算方法有直接计算法和间接推算法两种。直接计算法，就是在全面调查的基础上逐步汇总而得到总量指标。间接推算法，是根据非全面资料或各种关系推算出总量指标。例如采用平衡关系推算法、因素关系推算法、比例关系推算法等，在一定条件下都可以推算出总量指标。在计算总量指标时应遵循以下原则。

（1）科学性。计算总量指标时应以科学的理论确定总量指标的含义、范围和计算方法。总量指标数值的计算不同于单纯的数字加总，每一个总量指标都有其确定的具体的社会经济内容，都是具有固定值的数量表现，因此必须正确地确定总量指标所表现的各种社会经济现象的概念、构成、范围和计算方法。特别是实物指标，它是直接反映产品的使用价值和经济内容的，是由现象的性质和用途决定的，不同质的现象不能简单地相加汇总，只有性质相同的现象才能汇总计算其实物总量指标。

（2）可比性。计算总量指标时应注意历史条件变化对指标内容和范围的影响，使不同时期的总量指标具有可比性。

（3）统一性。总量指标的计算口径，即计算的范围、计算方法、计量单位要统一，如在计算实物指标时，不同实物单位代表不同类现象，若计量单位不统一，就容易造成统计上的差错或混乱。所以重要的总量指标的实物单位，应采用全国统一规定的指标目录中的计量单位。

二、对比描述分析——相对指标

1. 相对指标的含义

（1）相对指标。相对指标是指运用对比的方法，来反映某些相关事物之间数量联系程度的综合指标，如国民经济的部门构成、积累与消费的比例、经济发展速度、人口密度、资金利税率等。

（2）相对指标的作用。相对指标作为一种与总量指标相互联系又相互补充的综合指标，在经济生活中得到了广泛的应用。其主要作用如下：利用相对指标可以鲜明、深刻地说明总量指标揭示不了的信息，如，某企业2019年的总产值为750万元，这只说明该企业2019年的产值总量和发展水平，不能说明这个成果的大小、水平高低，如将这个产值与上年实际产值对比，计算出相对指标就可以知道该企业2019年的生产经营状况；利用相对指标可以清楚地反映现象内部结构和现象之间的数量对比程度；相对指标是进行经济管理和考核企业经济活动成果的重要指标，如资金利税率、成本利润。

(3) 统计相对数的计量形式。相对指标主要用相对数表示,其表现有两种形式,即有名数和无名数。

有名数:主要用来表示强度相对指标的数值,它是以相对指标中分子与分母指标数值的双重计量单位来表示的。如人口密度用"人/平方千米"表示,城市人口拥有公共汽车用"辆/万人"或"客位/万人"表示等。

无名数:当对比的两个指标的计量单位相同,相对数表现为无名数。它是一种抽象值,常以系数、倍数、百分数、千分数、翻番数、成数、百分点等表示。

(4) 统计相对指标的种类。按统计研究任务的不同,对比基础的不同,相对指标通常分为计划完成相对指标、结构相对指标、比例相对指标、比较相对指标、强度相对指标、动态相对指标6种。

2. 计划完成程度相对指标

计划完成程度相对指标,又称计划完成程度相对数,是某一时期实际完成的指标数值与计划规定的指数数值对比的结果,它是用来检查、监督计划执行程度的相对指标。计划完成程度相对指标是现象的实际完成数与其计划任务数之比。计算公式为:

$$计划完成程度相对指标 = 实际完成数/计划任务数$$

【例4-1】某化肥厂2020年每吨化肥计划成本为200元,实际成本为180元,该化肥厂2020年计划完成情况如何?

【解】

$$K = \frac{\overline{X}_{实}}{\overline{X}_{计}} = \frac{180}{200} \times 100\% = 90\%$$

计算结果表明:该厂化肥单位成本实际比计划降低了10%,平均每吨化肥节约生产费用20元。

【例4-2】某企业劳动生产率计划规定2020年比2019年提高5%,年底核算实际提高了8.5%,则该企业劳动生产率完成程度如何?

【解】

$$K = \frac{1 + 8.5\%}{1 + 5\%} \times 100\% = 103.3\%$$

计算结果表明,该企业劳动生产率超额3.3%完成计划任务,实际比计划多提高3.5个百分点。

3. 结构相对指标

结构相对指标,是指在分组的基础上,将分组指标与总体指标对比,反映总体部分数值占总体全部数值的比重,也称比重指标。计算公式为:

$$结构相对指标 = 部分数量/总体数量$$

结构相对指标一般用百分数或系数表示,其计算公式的分子和分母既可以是总体单位总量指标,也可以是总体标志总量指标。总体各部分所占比重之和等于100%。结构相对指标主要是用来反映现象的结构、比例关系及其发展变化规律的。具体来说,结构相对指标有如下两个主要作用:利用结构相对指标,对事物的内部构成进行分析,不仅可以说明事物的性质和特征,还能够反映事物发展的不同阶段和量变引起质变的过程;利用结构相对指标,可以反映事物总体的质量或工作的质量特征，反映人力、物力和财力的利用程度。

4. 比例相对指标

比例相对指标是指总体内部各个组成部分之间存在着一定的联系和协调关系，是反映总体中各组成部分之间数量联系程度、协调平衡状况及比例关系的相对指标。计算公式为：

$$比例相对指标 = 总体中部分数量 / 总体中另一部分数量$$

比例相对指标能够反映事物内部各部分之间的数量联系程度和比例关系；社会经济生活中的许多重大比例关系，诸如人口的性别比例关系、积累与消费的比例关系、农轻重比例关系等，都可以通过计算比例相对指标来反映。经常不断地研究和分析这些比例关系有利于发现社会经济发展的规律。例如出生人口性别比是反映一定时期内出生人口男女比例的人口指标，正常范围是 103～107。

5. 比较相对指标

客观事物的发展是不平衡的，彼此间因各种因素影响往往存在着不同程度的差异。比较相对指标，是同一时期同类现象在不同地区、部门、单位之间的对比，用来表明同类事物在不同空间条件下的数量对比关系。如：中美粮食产量比、甲乙店铺销量比。计算公式为：

$$比较相对指标 = 总体数量 / 另一总体同质数量$$

比较相对指标的特点如下。

（1）比较相对指标可以揭示现象之间的差异程度。根据分析说明的目的和方式不同，比较相对指标的子项和母项可以互换位置。

（2）比较相对指标所对比的指标可以是总量指标，也可以是相对指标或平均指标。它既可用于不同国家、地区、单位之间的比较，也可用于先进与落后的比较，还可用于和标准水平或平均水平的比较，通过对比可以揭示同类现象之间先进与落后的差异程度，但时间、口径、单位必须一致。

6. 强度相对指标

强度相对指标，又称强度相对数，是两个性质不同但有一定联系的总体总量指标对比，用来反映现象强度、密度、普遍程度的综合指标。计算公式为：

$$k_{强度} = \frac{某一总量指标值}{有联系但性质不同的另一总量指标值} \times 100\%$$

强度相对指标数值的表现形式一般为复合单位，它是由分子指标和分母指标原有的计量单位组成的双重单位。如人均国内生产总值用"元/人"，人口密度用"人/平方千米"来表示，等等。有的强度相对指标的数值用次数、倍数、系数、百分数或千分数表示，如：高炉利用程度用高炉利用系数表示，货币流通速度用货币流通次数表示，流通费用率用百分数表示，人口出生率用千分数表示，等等。

上述五种相对指标的对比详见表 4-2。

表 4-2 五种相对指标对比表

同一时期比较				
不同现象比较	同类现象比较			
强度相对指标	不同总体比较	同一总体中		
	比较相对指标	比例相对指标	结构相对指标	计划完成程度相对指标

三、集中描述分析——平均指标

1. 平均指标含义

平均指标是指经济现象在一定时间、地点条件下总体内各单位的数量标志值的平均数。如：某企业全体员工的平均年龄、平均工资，是通过对每个员工的年龄、工资额（一系列标志数值）的总和除以总人数（单位数量）得来的。它是描述同质总体分布的一般水平或集中趋势的数值，也是反映总体分布的重要特征值之一。

平均指标是认识社会经济现象总体特征的重要手段和基本方法。因为总体各单位受多种因素交错作用的影响会使其数量标志发生变异，同时个别因素对总体各单位产生不同的影响，共同因素对各单位实际作用的结果也不一样，但在同质总体内，共同因素的作用是基本的，各总体单位标志值的差异总是有一定的限度，因此，平均指标是以一个抽象化、代表性的数值，在一定条件下反映大量社会经济现象总体的一般水平，它代表着总体各单位某种数量标志值的具体表现的集中趋势。所谓集中趋势，是在变量数列的分配中，接近平均数的标志值较多，远离平均数的标志值较少，而且正负离差大体相等，整个变量数列呈现出以平均数为中心左右波动的趋势。

根据各种平均数的具体代表意义和计算方式的不同，统计平均指标可分为两类：数值平均指标和位置平均指标。数值平均指标：就是以统计数列的所有各项数据来计算的平均指标，用以反映统计数列的所有各项数值的平均水平。这类平均指标的特点是，统计数列中任何一项数据的变动，都会在一定程度上影响到数值平均指标的计算结果。数值平均指标包括了算术平均指标、调和平均指标、几何平均指标。位置平均指标：是根据标志值的某一特定位置来确定的，它不是对统计数列中所有各项数据进行计算所得的结果，而是根据数列中处于特殊位置上的个别单位或部分单位的标志值来确定的，常用的位置平均指标有众数和中位数两种。

2. 算术平均指标

算术平均指标是计算总体各单位某一标志值的平均数，表明总体单位标志值的平均水平。计算公式为：

$$算术平均指标=总体标志总量/总体单位总量$$

使用上述公式应注意：平均指标是对同质总体中各单位的标志值进行平均，它要求总体标志总量和总体单位数严格地相对应，即总体标志总量必须是总体各单位标志值的总和，标志值和单位之间存在一一对应关系。例如，全国人均能源消费量指标，是全国能源消费总量与全国人口数的比率，因为每个人都有能源消费这个标志，所以人均能源消费量是个平均指标。又如，人均能源生产量指标，是全国能源总产量与全国人口数之比，但是，能源生产量并不是每个人都具有的标志，所以人均能源生产量就不是平均指标，在统计上称为强度相对指标。

（1）简单算术平均指标。已知总体各单位标志值和总体单位总数的资料，则可以用简单算术平均数的形式计算平均指标。即简单算术平均数适用于未分组的资料，用总体各单位标志值简单加总得到的标志总量，除以总体单位总量而得。计算公式为：

$$\bar{x} = \frac{\sum x_i}{n}$$

式中，$\bar{x}$ 代表算术平均指标；x_i 代表各单位标志值；n 代表总体单位数。

(2)加权算术平均指标。加权算术平均指标适用于原始资料已经分组,并得出次数分布的场合。计算各组的标志总量时,必须先将各组标志值乘以相应的次数,求得各组的标志总量。计算公式为:

$$\bar{x} = \frac{\sum xf}{\sum f}$$

$$= \sum x \frac{f}{\sum f}$$

式中,f 为各组标志值出现的频数(次数);$\frac{f}{\sum f}$ 为频率。根据组距式数列所计算的加权算术平均指标,是假定各单位的标志值在组内的分布是均匀的。但实际上,分布是不可能完全均匀的,各组的组中值与组平均数总会存在一定程度的差异。因此,组距式数列的算术平均指标是一个近似值。当以简单算术平均指标公式和以加权算术平均指标公式计算的结果不一致时,以简单算术平均指标公式计算的结果为准确值。

【例 4-3】甲、乙两个村的播种面积与平均产量资料如表 4-3 所示。

表 4-3 甲、乙两个村的播种面积与平均产量

按地势分组	甲村		乙村	
	播种面积/亩	平均亩产/斤	播种面积/亩	平均亩产/斤
旱地	210	630	200	600
水田	90	1300	300	1250
合计	300	?	500	?

(注:1 亩 =0.0667 公顷;1 斤 =0.5 千克)

【解】

$$\bar{x}_{甲} = \frac{\sum xf}{\sum f} = \frac{630 \times 210 + 1300 \times 90}{210 + 90} = 831$$

$$\bar{x}_{乙} = \frac{\sum xf}{\sum f} = \frac{600 \times 200 + 1250 \times 300}{200 + 300} = 990$$

虽然甲村旱地亩产、水田亩产,都比乙村旱地亩产、水田亩产高,但乙村平均亩产比甲村平均亩产高。所以应用组平均数补充说明总体平均数,才能全面认识事物。如表 4-4 所示。

表 4-4 算术平均指标与强度相对指标的异同

比较		算术平均指标	强度相对指标
相同点		(1)都是两个总量指标的比值; (2)计量单位也都是双重单位; (3)都有平均的意义	
不同点	性质	分子、分母是同质总体。 如:人均粮食消费量	分子分母是两个不同质的总体。 如:人均粮食产量
	作用	反映同质总体各单位标志值的一般水平	反映两现象总体间的对比强度、密度等

（3）平均指标的几个性质

① 当 $f_1=f_2=\cdots=f_n$ 时，加权算术平均式 = 简单算术平均式。

$$\bar{X}=\frac{\sum xf}{\sum f}=\frac{f\sum x}{nf}=\frac{\sum x}{n}$$

② 当 f_i 同时扩大 k 倍时，原平均指标不变。

$$\bar{X}=\frac{\sum xkf}{\sum kf}=\frac{k\sum xf}{k\sum f}=\frac{\sum xf}{\sum f}$$

③ 当 x_i 同时扩大 k 倍时，原平均数扩大 k 倍。

$$\overline{kX}=\frac{\sum kxf}{\sum f}=\frac{k\sum xf}{\sum f}=k\frac{\sum xf}{\sum f}=k\bar{X}$$

④ 当 x_i 同时增加 k 个单位时，原平均数增加 k 个单位。

$$\overline{X+k}=\frac{\sum(x+k)f}{\sum f}=\frac{\sum xf+\sum kf}{\sum f}=\frac{\sum xf}{\sum f}+k=\bar{X}+k$$

⑤ 总体中各变量值与算术平均指标的差值的和等于零。

$$\sum_{i=1}^{n}(x_i-\bar{x})=0$$

⑥ 总体中各变量值与算术平均指标的差值的平方的和，有最小值。

$$\sum_{i=1}^{n}(x-\bar{x})^2=Q_{\min}$$

社会经济现象的许多技术经济指标的平均水平都表现为总体的标志总量和总体单位总量的对比，而这种对比关系是算术平均指标的基本形式。相较于后面要讲到的调和平均指标、几何平均指标、众数、中位数，算术平均指标是计算平均指标时最常用、最基本的方法。

3. 调和平均指标

调和平均指标也称倒数平均指标，有简单调和平均指标和加权调和平均指标两种。

（1）简单调和平均指标。简单调和平均指标是各个标志值 x_i 的倒数的算术平均指标的倒数。计算公式为：

$$\bar{x}=\frac{1}{\frac{1}{n}\left(\frac{1}{x_1}+\frac{1}{x_2}+\cdots+\frac{1}{x_n}\right)}=\frac{n}{\sum\frac{1}{x}}$$

简单调和平均指标的应用场合是各标志值对应的标志总量为1个单位（或相等）。当各标志值对应的标志总量不为1个单位（或不相等）时，要用加权调和平均指标。

（2）加权调和平均指标。计算公式为：

$$\bar{x} = \frac{m_1 + m_2 + \cdots + m_n}{\frac{m_1}{x_1} + \frac{m_2}{x_2} + \cdots + \frac{m_n}{x_n}} = \frac{\sum m}{\sum \frac{m}{x}}$$

式中，m 表示各单位或各组的标志值对应的标志总量。

【例 4-4】某企业 2019 年的产品平均成本为 2240 元，2020 年 7—9 月份产品成本资料如表 4-5 所示。

表 4-5 某企业 2020 年 7—9 月份产品成本资料

月份	产品总成本/万元	单位成本/(元/台)
7	15	2500
8	12	2400
9	20	2000

【解】

$$\bar{x} = \frac{\sum m}{\sum \frac{m}{x}} = \frac{150000 \times 120000 + 200000}{\frac{150000}{2500} + \frac{120000}{2400} + \frac{200000}{2000}} = 2238.10 \text{（元/台）}$$

数据结果说明：该企业 2020 年三季度产品的单位成本，比 2019 年的每台平均成本节约了 1.9 元。

4. 几何平均指标

几何平均数（即几何平均指标），是 n 项标志值连乘积的 n 次方根，它是计算平均比率和平均发展速度最适用的一种方法。几何平均指标也有简单几何平均指标和加权几何平均指标两种。

（1）简单几何平均指标

简单几何平均数（即简单几何平均指标）就是 n 个标志值 x_i 连乘积的 n 次方根。

计算公式：

$$\bar{x} = \sqrt[n]{x_1 x_2 \cdots x_n}$$

【例 4-5】某产品需经三个车间加工，已知第一个车间加工合格率为 95%，第二个车间加工合格率为 90%，第三个车间加工合格率为 98%，求三个车间平均加工合格率。

【解】

$$\bar{x} = \sqrt[n]{x_1 x_2 \cdots x_n} = \sqrt[3]{0.95 \times 0.9 \times 0.98} = 0.94275$$

由于产品是由三个车间连续加工完成的，第二个车间加工的是第一个车间完工的合格品，第三个车间加工的又是第二个车间完工的合格品，因此，三个车间总合格品率是三个车间相应合格品率的连乘积，求平均加工合格品率就不能采用算术平均法：(95% + 90% + 98%)/3 = 94.333%，而应当用几何平均法求三个车间的平均加工合格率。

（2）加权几何平均指标。当计算几何平均数（指标）的各个标志值的次数不相同时，应采用加权几何平均指标。加权几何平均指标是各标志值的 f_i 次方的连乘积的 $\sum f$ 次方根。计算公式：

$$\bar{x} = \sqrt[\sum f]{x_1^{f_1} x_2^{f_2} \cdots x_n^{f_n}}$$

【例 4-6】 某企业从银行贷款用于基本建设项目,银行贷款期限为 8 年,年利率按复利计算并实行市场利率制,其中有 3 年为 6%,2 年为 6.5%,3 年为 7%,则其平均年利率为:

【解】

$$\bar{x} = \sqrt[\Sigma f]{x_1^{f_1} x_2^{f_2} \cdots x_n^{f_n}} = \sqrt[3+2+3]{6\%^3 \times 6.5\%^2 \times 7\%^3} = 6.486$$

5. 众数

众数是指统计总体或分布数列中出现的频数最多、频率最高的标志值,用符号 M_o 表示。在分配曲线图上,众数就是曲线的最高峰所对应的标志值。如图 4-2 所示。

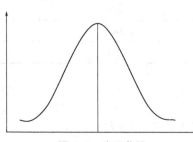

图 4-2 分配曲线

众数具有非常直观的代表性,可利用众数来表明社会现象的一般水平,也可以用它来作为某些生产决策的参考依据。例如,为了掌握农贸市场上某一农产品的价格水平,不一定要全面登记该农产品每一次成交的价格,只要调查其最普遍的成交价格即可。再如制鞋厂在制订各种尺码鞋子的生产计划时,计划产量最多的尺码就应是在市场上销售量最大(众数)的尺码。

确定众数,必须先对资料进行整理,编制分配数列。由于分组有单项式分组和组距式分组,而组距式分组又有等距分组和不等距分组之分,因而各种不同的资料条件确定众数的方法又有所不同。

(1)单项式分配数列的众数。由单项式分配数列确定众数,方法比较简单,即出现次数最多的标志值就是众数。

【例 4-7】 某村共 100 个家庭,每个家庭的成员资料如表 4-6 所示。

表 4-6 家庭的成员资料

人口数/家庭	1	2	3	4	5	6	7	合计
家庭	2	4	13	50	20	8	3	100

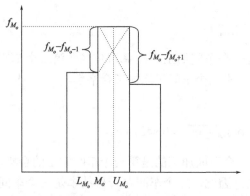

图 4-3 众数组的次数与众数组相邻的两组次数的关系

【解】 家庭人口数为 4 的家庭有 50 个为最多,家庭的成员数为"4"就是众数,所以该村平均每户家庭成员为 4 口人。

(2)组距式分配数列的众数。由组距数列确定众数,应首先确定众数组,然后再通过一定的公式计算众数的近似值。在等距分组条件下,众数组就是次数最多的那一组;在不等距分组的条件下,众数组则是频数密度或频率密度最高的那一组。众数值是依据众数组的次数与众数组相邻的两组次数的关系来近似计算的。如图 4-3 所示。

根据图 4-3 可以得到以下两个公式。

下限公式:

$$M_o = L_{M_o} + \frac{f_{M_o} - f_{M_o-1}}{(f_{M_o} - f_{M_o-1}) + (f_{M_o} - f_{M_o+1})} \times d_{M_o}$$

上限公式：

$$M_o = U_{M_o} - \frac{f_{M_o} - f_{M_o+1}}{(f_{M_o} - f_{M_o-1}) + (f_{M_o} - f_{M_o+1})} \times d_{M_o}$$

式中，M_o 代表众数；L_{M_o} 代表众数组的下限；U_{M_o} 代表众数组的上限；f_{M_o} 代表众数组的次数；f_{M_o-1} 代表众数组前一组的次数；f_{M_o+1} 代表众数组后一组的次数；d_{M_o} 代表众数组的组距。

【例 4-8】某城市 A 社区 300 户居民月人均可支配收入的资料如表 4-7 所示。要求：确定居民月人均可支配收入的众数。

表 4-7　居民月人均可支配收入资料表

月人均可支配收入 / 元	居民户数
500 以下	16
500～700	32
700～900	60
900～1100	96
1100～1300	42
1300～1500	34
1500 以上	20
合计	300

【解】

$$M_o = L_{M_o} + \frac{f_{M_o} - f_{M_o-1}}{(f_{M_o} - f_{M_o-1}) + (f_{M_o} - f_{M_o+1})} \times d_{M_o}$$

$$= 900 + \frac{96-60}{(96-60)+(96-42)} \times 200 = 980（元）$$

或：

$$M_o = U_{M_o} - \frac{f_{M_o} - f_{M_o+1}}{(f_{M_o} - f_{M_o-1}) + (f_{M_o} - f_{M_o+1})} \times d_{M_o}$$

$$= 1100 - \frac{96-42}{(96-60)+(96-42)} \times 200 = 980（元）$$

注意：如果一个分配数列没有明显的集中趋势，就不存在众数。

6. 中位数

将总体各单位某一数量标志的标志值，按大小顺序依次排列，处于数列位次中点的单位的标志值即中位数，用符号 M_e 表示。它可以代表社会经济现象总体的一般水平，也是位置平均数，不受极端变量值的影响。当统计数列中含有极大值或极小值时，可采用中位数作为代表性数值。例如，人口的平均年龄会受到一些特别长寿的人年龄的影响，使计算结果偏大，而年龄中位数往往能够较好地体现人口年龄的平均水平。

（1）未分组资料的中位数。在资料未分组的情况下，先将各总体单位的标志值按大小顺序排列，然后按位置确定中位数。

当 $\sum f$ 为奇数时，计算公式：

$$M_e = X_{\frac{n+1}{2}}$$

当$\sum f$为偶数时，计算公式：

$$M_e = \frac{X_{\frac{n}{2}} + X_{\frac{n}{2}+1}}{2}$$

例如：某商务经纪公司五名员工某月的业绩分别是 8、9、10、12、14（万元），则：中位数为第三名员工的业绩额 10 万元。如果第六名员工的业绩是 16 万元，则中位数为 11 万元。

（2）单项式分组资料的中位数。单项式分组已经将资料的标志值序列化，这时总体单位数 $n = \sum f$，确定中位数位置的方法要通过累计次数计算。具体确定中位数的方法如下。

当$\sum f$为奇数时，计算公式：

$$M_e = X_{\frac{\sum f + 1}{2}}$$

当$\sum f$为偶数时，计算公式：

$$M_e = \frac{X_{\frac{\sum f}{2}} + X_{\frac{\sum f}{2}+1}}{2}$$

（3）组距式分组资料确定中位数。当资料为组距式数列时，首先根据组距式数列的累计资料确定中位数所在的组，然后根据插补法原理按公式计算中位数的近似值。各计算公式如下。

下限计算公式：

$$M_e = L_{M_e} + \frac{\frac{\sum f}{2} - S_{M_e-1}}{f_{M_e}} \times d_{M_e}$$

上限计算公式：

$$M_e = U_{M_e} - \frac{\frac{\sum f}{2} - S_{M_e+1}}{f_{M_e}} \times d_{M_e}$$

式中，M_e 表示中位数；L_{M_e} 表示中位数所在组的下限；U_{M_e} 表示中位数所在组的上限；S_{M_e-1} 表示向上累计至中位数所在组前一组的次数；S_{M_e+1} 表示向下累计至中位数所在组后一组的次数；f_{M_e} 表示中位数所在组的次数；d_{M_e} 表示中位数所在组的组距。

【例 4-9】根据表 4-8 中的资料计算农户年均收入中位数。

表 4-8 农户年均收入中位数计算表

农户年均纯收入 / 元	户数（f）	向上累计	向下累计
4000 以下	18	18	100
4000～5000	22	40	82
5000～7000	40	80	60
7000～10000	16	96	20
10000 以上	4	100	4
Σ	100	—	—

【解】确定中位数所在组，中位数在 5000～7000 这一组。根据公式计算中位数近似值：

$$M_e = L_{M_e} + \frac{\frac{\sum f}{2} - S_{M_e-1}}{f_{M_e}} \times d_{M_e}$$

$$= 5000 + \frac{50-40}{40} \times 2000 = 5500（元）$$

或：

$$M_e = U_{M_e} - \frac{\frac{\sum f}{2} - S_{M_e+1}}{f_{M_e}} \times d_{M_e}$$

$$= 7000 - \frac{50-20}{40} \times 2000 = 5500（元）$$

四、离散描述分析——变异指标

1. 变异指标的含义

变异指标是描述总体单位标志值分布特征的另一个重要指标，它综合反映总体各单位标志值的差异程度，即反映分配数列中各标志值的变动范围或离差程度，又称标志变动度。

平均指标可用来反映现象总体各单位标志值的一般水平，却将各单位标志值的差异给抽象化了，所以平均指标只能综合反映各单位某一数量标志的共性，而不能反映它们之间的差异性。变异指标则是从另外一个侧面，概括地反映总体中各单位的离中趋势或变异状况。变异指标是用来刻画总体分布的离散程度或变异状况，变异指标值越大，表明总体各单位标志值的变异程度越大。

例如：某车间有两个小组工人的工资水平资料。甲组：500，600，700，800，900，$\bar{X}_甲$=700；乙组：600，650，700，750，800，$\bar{X}_乙$=700。

这两个小组的平均工资都是 700 元，但各组工人工资的变异程度不同，甲组工人工资每人相差 100 元，乙组只相差 50 元，700 元的平均工资掩盖了这些差异。所以仅用平均指标还不能全面描述总体标志值分布的特征，而标志变异指标正好能弥补这些不足。

变异指标的作用：用于衡量平均指标的代表性；反映社会经济活动的均衡性、生产过程的稳定性，是企业产品质量控制和评价经济管理工作的依据；反映总体各单位标志值分布的离中趋势；用于衡量统计推断效果的科学性和估算的精确性；研究总体标志值分布偏离正态的情况。

【例 4-10】某公司所属的三个企业三年来的年销售额资料如表 4-9 所示。

表 4-9　某公司三个企业的销售额资料　　　　　　　　　　　　　单位：万元

年份	年销售额		
	企业 A	企业 B	企业 C
2018	1100	200	1600
2019	1300	3000	1200
2020	1200	400	800

【解】该公司 A、B、C 三个企业，年平均销售额都是 1200 万元。但对这三个企业各年销

售额的变动情况进行分析后得出：年平均销售额1200万元对三个企业的代表性显然是不同的，对 A 企业而言，其代表性最大，C 企业次之，B 企业代表性最小。

2. 常见的变异指标

由于分布的离散程度可以从不同角度、用不同方法去考察，故描述分布离中趋势的变异指标有多种。常见的变异指标有极差、平均差、标准差、方差和变异系数。

（1）极差。极差也称全距，用 R 表示，它是最简单的变异指标，以变量数列中的两个极端的标志值之差表示，反映数列中标志值变动的范围。其计算公式：

$$极差 = 最大值 - 最小值$$

（2）平均差。平均差是指总体各单位标志值按其算术平均数离差的绝对值的平均数，用 $A \cdot D$ 表示。

对未分组的资料，可采用简单算术平均法。计算公式：

$$A \cdot D = \frac{\sum |x_i - \bar{x}|}{n}$$

对分组的资料：可采用加权算术平均法。计算公式：

$$A \cdot D = \frac{\sum |x - \bar{x}| f}{\sum f}$$

平均差弥补了全距的不足，可反映标志值的变动程度，但绝对值的计算影响并限制了进一步的运算和分析，因而，实际上应用较多的是标准差和方差。

（3）标准差与方差

① 标准差。标准差是测定标志变异程度最常用的指标，是通过离差平方和求得的标志变异指标，这种计算处理方法可以消除离差的正负号，便于进行数学处理，而且平方后，把差异扩大了，增加了指标的灵敏度，使得标准差在研究标志变异程度中被当作一种标准尺度，这就是"标准差"的由来。

具体来说，标准差是总体各单位标志值与其算术平均数离差平方的算术平均数的平方根，又称均方根差，是测定标志变异程度的一种普遍使用的标准的方法，一般用字母 σ 表示。σ 越大，离散程度越大，平均数的代表性越差；反之，σ 越小，离散程度越小，平均数的代表性越好。

对未分组的资料，计算公式：

$$\sigma = \sqrt{\frac{\sum (x - \bar{x})^2}{n}} \qquad \sigma^2 = \frac{\sum (x - \bar{x})^2}{n}$$

对分组资料，计算公式：

$$\sigma = \sqrt{\frac{\sum (x - \bar{x})^2 f}{\sum f}} \qquad \sigma^2 = \frac{\sum (x - \bar{x})^2 f}{\sum f}$$

【例 4-11】某企业抽样检查 1200 个产品，其中，420 个优级，480 个一级，280 个二级，20 个废品（表 4-10）。试问：该批产品的质量如何？

表 4-10　某企业产品抽样检查情况

产品等级	系数 x	产品数量 f
优级	1.5	420
一级	1.0	480
二级	0.5	280
废品	0	20
Σ	—	1200

【解】

$$\bar{X} = \sum x \frac{f}{\sum f} = 1.5 \times \frac{420}{1200} + 1.0 \times \frac{480}{1200} + 0.5 \times \frac{280}{1200} = 1.042$$

$$\sigma = \sqrt{\sum (x - \bar{x})^2 \frac{f}{\sum f}} = \sqrt{0.16} = 0.4$$

结果说明：该批产品的质量比一级略高，并且质量比较稳定。

② 方差。方差就是标准差的平方，也是衡量变量数列各标志值离散程度的一个常用标志变异指标。它的主要作用有以下两个方面。

a. 具有标准差的作用。方差越大，变量值的离散程度越大，其平均数的代表性越差；方差越小，变量值的离散程度越小，其平均数的代表性越好。

b. 可利用不同方差之间的关系进行有关的分析。如抽样推断中，不同的抽样组织形式正是利用了平均组内方差和组间方差的关系进行抽样设计的。

在回归分析中，利用总方差、回归方差和剩余方差之间的关系，研究相关系数与估计标准误差之间的联系等。

(4) 变异系数。极差、平均差、标准差等各种变异指标，都与它们相应的平均指标有着相同的计量单位。这些变异指标的大小不仅取决于总体的变异程度，而且还与标志值绝对水平的高低、计量单位的不同有关。所以，不宜直接用上述的变异指标对不同水平、不同计量单位的现象进行比较，应当先作无量处理后再比较。

变异系数也称离散系数，是各变异指标与其算术平均数的比值。它是反映标志变量值离散程度的相对指标。例如，将平均差与其平均数对比，得到平均差系数；将标准差与其平均数对比，得到标准差系数。最常用的变异系数是标准差系数（V）：

$$V = \frac{\sigma}{\bar{x}} \times 100\%$$

【例 4-12】某学校男子体操队 5 名队员的体重分别为 55、54、52、52、51 千克；女子体操队 6 名队员的体重分别为 46、45、44、44、43、42 千克。试比较哪个队的队员体重更均匀。

【解】

$$\sigma_{男} = \sqrt{\overline{x^2} - (\bar{x})^2} = \sqrt{2790 - 2788} = 1.47$$

$$\sigma_{女} = \sqrt{\overline{x^2} - (\bar{x})^2} = \sqrt{1938 - 1936} = 1.29$$

$$V_{男} = \frac{\sigma}{\bar{x}} \times 100\% = \frac{1.47}{52.8} = 2.78\%$$

$$V_{女} = \frac{\sigma}{\bar{x}} \times 100\% = \frac{1.29}{44} = 2.93\%$$

从标准差看,男队体重的标准差比女队的大,但男队的体重水平比女队高,所以不能直接根据标准差来判断哪个队队员的体重更均匀,必须以标准差系数来判断。根据标准差系数的计算结果表明,男队的标准差系数比女队的标准差系数更小,正确的结论应当是男队队员的体重比较均匀。

3. 标志变异指标与平均指标的异同

标志变异指标与平均指标,既有相同点,又有不同点。相同点是:两者都是反映同质总体分布特征的指标值。不同点是:

① 平均指标是把同质总体各单位某一数量标志值的差异抽象化,表明总体各单位某一数量标志值的一般水平,反映总体各单位某一数量标志的共性,说明变量数列中变量值分布的集中趋势;

② 标志变异指标表明总体各单位某一数量标志值的差异大小或离散程度,说明变量数列中变量值分布的离中趋势,从另一个方面表现总体的分布特征。

【例 4-13】已知某现象总体变量值的算术平均指标是 25,标准差系数为 12%,问现象总体的方差是多少?

【解】已知 $\bar{x} = 25$

$$v_{\sigma} = \frac{\sigma}{\bar{x}} \times 100\% = 12\%$$
$$\sigma = v_{\sigma} \times \bar{x} = 0.12 \times 25 = 3$$
$$\sigma^2 = 9$$

五、形态描述分析——偏度与峰度指标

1. 偏度

偏度是衡量统计总体中频数分布不对称的程度,及偏斜方向和程度的测度,分为正偏斜和负偏斜。

(1) 绝对偏度。绝对偏度是指算术平均数与众数的差,呈完全对称的正态分布,$\bar{x} = M_o = M_e$;非完全对称的正态分布,$\bar{x} \neq M_o \neq M_e$,差别取决于分配的偏斜程度,分布偏斜的程度越大,它们之间的差别越大。当次数分配呈右偏(正偏)时,算术平均数受极大值的影响,就有 $M_o < M_e < \bar{x}$。当次数分配呈左偏(负偏)时,算术平均数受极小值的影响,有 $\bar{x} < M_e < M_o$,中位数则总是介于众数和平均数之间。如图 4-4 所示。

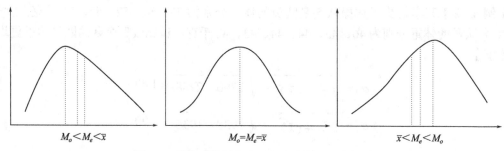

图 4-4 算术平均数与中位数和众数之间的关系

（2）偏度系数（skewness）。偏度系数是指绝对偏度与标准差的对比。计算公式：

$$SK = \frac{\bar{X} - M}{\sigma}$$

偏度系数同时也是中心动差与标准差的三次方的对比。计算公式：

$$SK = \frac{\sum (x - \bar{x})^3 f}{\sum f \cdot \sigma^3}$$

当 $SK = 0$ 时，分布呈左右完全对称；
当 $SK > 0$ 时，分布呈右偏（正偏）斜；
当 $SK < 0$ 时，分布呈左偏（负偏）斜。

2. 峰度（kurtosis）

峰度是对数据分布平峰或尖峰程度的测度。计算公式：

$$K = \frac{\sum (x - \bar{x})^4 f}{\sum f \cdot \sigma^4} - 3$$

当 $K = 0$ 时，分布呈正态峰度，
当 $K > 0$ 时，分布呈尖峰状态，
当 $K < 0$ 时，分布呈平峰状态。
具体形态如图 4-5 所示。

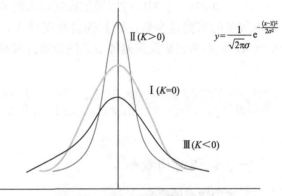

图 4-5　数据分布的峰度形式

【例 4-14】已知我国某地区农村居民家庭纯收入分组的数据如表 4-11 所示。

表 4-11　我国某地区农村居民家庭纯收入情况

纯收入分组 / 百元	组中值 x	频率 f	$(x-\bar{x})^3 f$	$(x-\bar{x})^4 f$
5 以下	2.5	2.28	-154.64	2927.15
5～10	7.5	12.45	-336.46	4686.51
10～15	12.5	20.35	-144.87	1293.53
15～20	17.5	19.52	-11.84	46.52
20～25	22.5	14.93	0.18	0.20
25～30	27.5	10.35	23.16	140.6
30～35	32.5	6.56	89.02	985.49
35～40	37.5	4.13	171.43	2755.00
40～45	42.5	2.68	250.72	5282.94
45～50	47.5	1.81	320.74	8361.98
50 以上	52.5	4.94	1481.81	46041.33
合计		100	1689.25	72521.25

【解】

$$\bar{x} = \frac{\sum xf}{\sum f} = 21.429 \qquad \sigma^3 = 12.089$$

$$SK = \frac{\sum(x-\bar{x})^3 f}{\sum f \cdot \sigma^3} = \frac{\sum(x-21.429)^3 f}{\sum f \times 12.089^3} = \frac{1689.25}{12.089^3} = 0.956$$

$$K = \frac{\sum(x-\bar{x})^4 f}{\sum f \cdot s^4} - 3 = \frac{72521.25}{12.089^4} - 3 = 3.4 - 3 = 0.4$$

$SK = 0.956$,说明农村居民家庭纯收入的分布为右偏分布,即收入较少的家庭是多数,而收入较多的家庭是少数,而且偏斜程度较大,即特别高收入的家庭还是有的,但越来越少。$K = 0.4$,说明农村居民家庭纯收入的分布为尖峰分布。

任务二 动态趋势分析

一、认识时间数列

1. 时间数列的概念

社会经济现象随着时间推移不断发展变化,关于社会经济现象的统计指标是在不同时间观察记录的。把反映某种社会经济现象的同一指标在不同时间上的指标数值,按时间(如按年、季、月、日等)先后顺序编排所形成的数列,称为时间数列或动态数列,又称时间序列(表4-12)。时间序列有两个基本要素:一是现象所属的时间,可以是年份、季度、月份或其他任何时间,称时间要素(常用 t 表示);二是统计指标在特定时间的具体指标值,可以是绝对数、相对数,也称发展水平、数据要素。

表4-12 我国若干国民经济指标时间序列

指标	2013年	2014年	2015年	2016年	2017年	2018年
国内生产总值/亿元	596923.2	641280.6	685992.9	740060.8	820754.3	900309.5
第一产业增加值/亿元	53028.1	55626.3	57774.6	60139.2	62099.5	64734.0
第一产业构成/%	8.9	8.7	8.4	8.1	7.6	7.2
人均国内生产总值/元	43684	47005	50028	53680	59201	64644
年末人口/万人	136072	136782	137462	138271	139008	139538
居民消费水平/元	16190	17778	19397	21285	22935	25002

来源:国家统计局一年度数据。

注:第一产业构成,是指第一产业增加值占国内生产总值的比重,按当年价格计算;居民消费水平,指按常住人口平均计算的居民消费支出;年末总人口,指每年12月31日24时的人口数;年度统计的全国人口总数内未包括香港、澳门特别行政区和台湾省以及海外华侨人数。

2. 时间数列的主要作用

要研究和分析现象的发展变化,必须编制时间数列,因为时间数列是时间分析的依据。

时间数列的主要作用是：它可以描述被研究现象的发展过程和结果；通过它可分析被研究现象的发展速度、趋势，探索其发展变化的规律性；利用时间数列资料可以建立经济计量模型，进行现象变动的趋势分析和预测；利用不同的但有相互联系的时间数列进行对比分析，可以研究同类现象在不同国家、地区之间发展变化的差别。

3. 时间数列的种类

时间数列按照其指标的性质，可以分为总量指标、相对指标和平均指标三种类型。

（1）总量指标时间数列。也称绝对数时间数列，它是基本的时间数列，相对指标和平均指标时间数列是在其基础上派生出来的。总量指标按其所反映的内容的不同，有总体单位总量和总体标志总量两种；总量指标按其所反映的社会经济现象性质的不同，又可分为时期指标时间数列和时点指标时间数列。

时期指标的一个显著特点是可加性，即，不同时期的总量指标可以相加，所得数值表明现象在更长一个时期的指标值。例如，月度 GDP、季度 GDP 和年度 GDP 指标所属的时间长短不同，把 1 月份、2 月份、3 月份的 GDP 加总，得到第一季度的 GDP，把一年四个季度的 GDP 加总，则得到年度的 GDP。指标值的大小与所属时间的长短有直接关系，这是由时间指标的可加性特点所决定的。一般指标所属时期越长，指标值越大。如上面所说的季度 GDP 总是大于月度 GDP，年度 GDP 也总是大于季度 GDP。指标值采用连续统计的方式获得。由于时期指标是反映现象在一段时间内的发展过程总量，因而必须在这段时间内把现象发生的数量逐一登记，并进行累计得到指标值。

时点指标的显著特点是不可加性，即不同时点的总量指标不可相加。这是因为把不同时点的总量指标相加后，无法解释所得数值的时间状态。如 2013 年年末人口数 136072 万人和 2014 年年末人口数 136782 万人相加得到 272854 万人，但 272854 万人这个数据属于哪个具体时间是无法说明的，因此也没有意义。在时点数列中，相邻两个指标所属时间的差距为时点间隔。因为时点指标的时间单位是瞬间，因而许多现象时间间隔的长短与指标值的大小没有直接联系。如企业年底的库存不一定比各月底的库存量大；企业 12 月底的职工人数也未必比 11 月底的职工人数多。但如果现象本身存在着长期变化趋势，如呈现长期增长或长期下降趋势，则指标数值的大小与时间间隔的长短就有一定关系了。例如，我国总人口变动呈现长期增长趋势，因此，时点间隔越长，指标的数值就越大。时点指标具有不连续统计的特点。因为时点指标是反映现象在某一时刻状况的数量，只需要在某一时点上进行统计，取得该时点资料，不必连续统计。例如，我国历次的人口普查就是根据联合国相关机构的有关建议和国家的有关规定，间隔一定时点进行一次。

（2）相对指标时间数列。即将相对指标按时间的先后顺序排列起来所形成的数列，反映的是被研究现象数量对比关系的发展变化过程。相对指标可以分为静态相对数和动态相对数，因此，相对指标时间数列也可分为静态相对数时间数列和动态相对数时间数列两种。

静态相对指标是由同期两个相关总量指标对比而来的，故其时间数列是两个相关总量指标时间数列相应时间上指标数值对比的比率。相对指标时间数列各期数值是不能加和的。故静态相对指标时间数列可分为：计划完成相对指标时间数列、结构相对指标时间数列、比例相对指标时间数列、比较相对指标时间数列和强度相对指标时间数列。例如，第一产业构成时间数列、城镇居民家庭恩格尔系数（%）时间数列、人均国内生产总值时间数列等，就是静态相对指标时间数列，它反映近几年来我国第一产业比重、城镇居民家庭恩格尔系数（%）、人均国内生产总值的变化过程。

动态相对指标是表明某类现象在不同时间上指标数值对比关系的相对指标,用以说明现象发展变化的方向和程度。公式为:动态相对指标＝报告期发展水平÷基期发展水平。动态相对指标按时间的先后顺序排列起来所形成的数列就叫动态相对数时间数列。如图 4-6 所示即为应用动态相对指标的图例。

(3) 平均指标时间数列。即将经济现象平均指标按时间的先后顺序排列起来所形成的数列,它反映现象平均水平的发展趋势。由于平均指标可以分为静态平均指标（一般平均数）和动态平均指标（序时平均数）,因此,平均指标时间数列也可分为静态平均指标时间数列和动态平均指标时间数列两种。

静态平均指标是总体标志总量除以总体单位总量,反映的是总体各单位某一数量标志值在一定时间上的一般水平。把总体静态平均指标在不同时间上的数值序时编排所形成的时间数列,称为静态平均指标时间数列。如表 4-13 所示,每个售货员平均商品销售额（当月商品销售额/当月平均售货员人数）,即表中最后一列,就是静态平均指标时间数列。

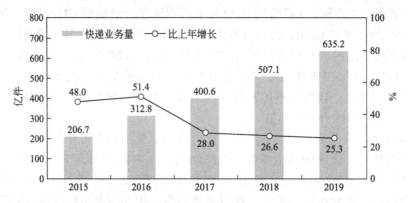

图 4-6　2015—2019 年快递业务量及其增长速度（资源来源:《中国统计年鉴（2019）》）

表 4-13　某国有商场 2018 年各月每个售货员平均商品销售额

月份	商品销售额/万元	平均售货员人数/人	每售货员平均商品销售额/万元
1	144.0	80	1.80
2	148.2	78	1.90
3	154.7	91	1.70
4	164.5	94	1.75
5	160.2	90	1.78
6	177.6	96	1.85
7	170.2	92	1.85
8	186.2	95	1.96
9	198.9	102	1.95
10	196.0	98	2.00
11	195.0	100	1.95
12	218.4	105	2.08

把反映某种现象自身在不同时期情况的若干个序时平均数的数值,按时间顺序编排所形成的时间数列,称为动态平均指标时间数列,又称为序时平均指标时间数列。如表 4-13 中的第三列平均售货员人数时间数列,它反映该国有商场各月平均售货员人数的变化。

序时平均指标与一般平均指标（静态平均指标）的区别：第一，序时平均指标是根据时间数列计算的，而一般平均指标是根据变量数列计算的；第二，序时平均指标所平均的是被研究现象本身的数量在不同时间上的差异，而一般平均指标所平均的是总体各单位某一标志值的差异；第三，序时平均指标是从时间上表明被研究现象本身在一段时间内的平均发展水平，而一般平均指标是从静态上说明总体各单位某个标志值的平均水平。

4. 时间数列的编制原则

编制时间数列的目的是要通过数列中各指标的比较，来研究社会经济现象的发展及其规律。因此，保证数列中各个指标数值的可比性，是编制时间数列的基本原则。具体有以下几点要求。

（1）时间一致。时期指标时间数列各指标值所属时期和间隔长短应一致。

（2）口径一致

① 现象总体范围应一致。无论是时期指标时间数列还是时点指标时间数列，指标值的大小都与现象总体范围有密切关系，指标的总体范围不一致，则失去比较意义。

② 计算价格应一致。价值指标有不变价、现行价，而不变价又有不同时期的不变价，编制价值指标的时间数列要保证各指标的计算价格相同，才具有比较意义。

③ 计量单位一致。实物量指标度量单位有吨、千克以及标准实物量和混合实物量等，编制实物量指标时间数列要保证各指标的计量单位相同。

④ 经济内容要一致。例如新中国成立以来，我们曾经采用过工农业总产值、社会总产值、国民收入和国内生产总值等指标反映我国的经济活动总量。

（3）计算方法一致。即名称、总体范围、计算价格和计量单位以及经济内容都一致的指标，有时因计算方法不一致，也会导致数值上的差异。如 GDP 指标，可以用生产法、分配法和支出法来计算，从理论上讲，三种方法的计算结果应一致，但由于资料来源的渠道不同，这 3 种方法计算的结果往往存在差异。因此，在编制时间序列时，应注意各指标的计算方法是否统一，以确保指标可比。

二、水平分析

时间数列虽然描述了现象的发展过程和结果，但它不能直接反映现象各期的增减数量、变动速度和规律性，为深刻揭示现象的这些方面，需运用一系列的时间分析指标。常用的时间数列分析指标有：发展水平、平均发展水平、增长量、平均增长量、发展速度、增长速度、平均发展速度和平均增长速度等。前 4 种为时间数列的水平指标，用于现象发展的水平分析；后 4 种为时间数列的速度指标，用于现象发展的速度分析。水平分析是速度分析的基础，速度分析是水平分析的深入和继续。

1. 发展水平

发展水平，是时间数列中的每个指标数值，它反映客观现象在不同时期所达到的规模和水平。发展水平一般是总量指标，也可以是相对指标或平均指标。通过不同时期发展水平的对比，可给人们以具体的印象，所以发展水平是时间分析的基础指标。发展水平根据在时间数列中所处的位置不同，可以分为最初水平、中间水平和最末水平；发展水平根据作用的不同，分为基期水平和报告水平。

2. 平均发展水平

进行时间数列分析时，为了综合说明现象在一段时期内的发展水平，需要计算平均发展水平指标。平均发展水平，是将一个时间数列中各期指标数值加以平均所得的平均数，又称序时平均指标或动态平均指标。计算序时平均指标的方法要根据时间数列指标的性质来确定。序时平均指标时间数列分为总量指标时间数列、相对指标时间数列和平均指标时间数列,计算这 3 种时间数列的序时平均指标的方法不同。

(1) 由总量指标时间数列计算平均发展水平

① 时期指标时间数列计算平均发展水平。通常采用简单算术平均指标方法计算。计算公式:

$$\bar{a} = \frac{a_1 + a_2 + a_3 + \cdots + a_n}{n} = \frac{\sum_{i=1}^{n} a_i}{n}$$

式中,$\bar{a}$ 代表序时平均指标;a_i 代表各期发展水平;n 代表时期项数。

② 时点指标时间数列计算平均发展水平。时点数列中的各项指标数值反映现象在某一时点上所达到的规模或水平。事实上不可能取得一段时间内某一现象的全部时点资料,两个相邻的时点指标之间,总是相隔一定时间。如果时点数列的资料是逐日登记且是逐日排列的,统计中将这样的时点数列视为连续时点数列,否则视为间断的时点数列。连续性时点数列和间断时点数列在计算序时平均指标时,其方法是有所不同的。

【例 4-15】某华联超市 2019 年各月末售货员人数如表 4-14 所示,华联超市 2019 年平均售货员人数是多少?

表 4-14 某华联超市 2019 年各月末售货员人数

月份	上年 12 月	1 月	2 月	3 月	4 月	5 月	6 月	7 月	8 月	9 月	10 月	11 月	12 月
月末售货员人数 / 人	85	75	81	101	87	93	99	85	105	99	97	103	107

【解】

$$\bar{a} = \frac{\frac{a_1+a_2}{2} + \frac{a_2+a_3}{2} + \cdots + \frac{a_{n-1}+a_n}{2}}{n-1} = \frac{\frac{a_1}{2} + a_2 + a_3 + \cdots + \frac{a_n}{2}}{n-1}$$

$$= \frac{\frac{85}{2} + 75 + 81 + 101 + 87 + 93 + 99 + 85 + 105 + 99 + 97 + 103 + \frac{107}{2}}{13 - 1}$$

$$= 93.4 \text{(人)}$$

假设:在表 4-14 中只有上年 12 月和当年 1、3、6、10 及 12 月末的售货员人数资料,用加权算术平均法计算华联超市 2019 年售货员平均人数则为:

$$\bar{a} = \frac{\frac{a_1+a_2}{2}f_1 + \frac{a_2+a_3}{2}f_2 + \cdots + \frac{a_{n-1}+a_n}{2}f_{n-1}}{\sum_{i=1}^{n} f_i} = \frac{\sum_{i=1}^{n-1} \frac{a_i+a_{i-1}}{2} \times f_i}{\sum_{i=1}^{n-1} f_i}$$

$$= \frac{\frac{85+75}{2} \times 1 + \frac{75+101}{2} \times 2 + \frac{101+99}{2} \times 3 + \frac{99+97}{2} \times 4 + \frac{97+107}{2} \times 2}{1+2+3+4+2}$$

$$= 96 \text{(人)}$$

（2）相对指标时间数列序时平均指标。相对指标可分为静态相对指标和动态相对指标，相应地，就有静态相对指标时间数列和动态相对指标时间数列。这两类相对指标时间数列的性质不同，因而，它们序时平均数（指标）的计算方法也不大一样。这里仅介绍静态相对指标时间数列序时平均数（指标）的计算，静态相对指标时间数列序时平均数（指标），不能直接由相对指标时间数列计算，而应用构成该相对指标时间数列的两个总量指标时间数列的序时平均数（指标）对比得到。

① 两个相关的总量指标时间数列均为时期数列。例如，一个是某经济指标的实际数 a，另一个其计划数 b。此时，c 为计划完成相对数。计算全期平均计划完成程度，则需计算计划完成程度相对指标时间数列的序时平均数（指标）c。

$$\bar{c} = \overline{\left(\frac{a}{b}\right)} = \frac{\bar{a}}{\bar{b}} = \frac{\sum a}{\sum b}$$

② 两个相关的总量指标时间数列均为时点数列。例如，一个总量指标时间数列是企业各月末的生产工人数 a，另一个总量指标时间数列是企业各月末的全部职工人数 b。此时，c 为生产工人数占全部职工人数的比重，这种比重在各月末均不同。若问整个报告期的平均比重是多少，就需计算 c 数列的序时平均数。

$$\bar{c} = \overline{\left(\frac{a}{b}\right)} = \frac{\bar{a}}{\bar{b}}$$

③ 若两个相关的总量指标时间数列一个是时期数列，另一个是时点数列。

【例 4-16】表 4-15 所示的资料。

表 4-15　某商业企业 2020 年第一季度各月商品流转次数

月份	1	2	3	备注
a 商品销售额 / 万元	144.0	148.2	154.7	时期指标数列
b 平均商品库存额 / 万元	57.6	49.4	49.9	时点指标数列
c 商品流转次数	2.5	3.0	3.1	相对指标数列

【解】该商业企业 2020 年第一季度平均每月的商品流转次数为：

$$\bar{c} = \frac{\bar{a}}{\bar{b}} = \frac{(144.0 + 148.2 + 154.7)/3}{(57.6 + 49.4 + 49.9)/3} = 2.848 \text{（次）}$$

该商业企业 2020 年第一季度的商品流转次数为：

$$\frac{144.0 + 148.2 + 154.7}{(57.6 + 49.4 + 49.9)/3} = 8.544 \text{（次）} \text{ 或 } 2.848 \times 3 = 8.544 \text{（次）}$$

（3）平均指标时间数列序时平均指标。平均指标时间数列可分为静态平均指标时间数列和序时平均指标时间数列。如"平均售货员人数"时间数列，就是一个序时平均数（指标）时间数列，"每个售货员平均商品销售额"时间数列，是一个静态平均（指标）时间数列，它也是由两个相关的绝对数时间数列对应数值相除后得到的。因此，其序时平均数（指标）的计算方法，与计算相对指标时间数列的序时平均数（指标）的计算方法一样。

3. 增长量

增长量,是某种现象在一段时期内增长的绝对量,它等于报告期水平减其基期水平(表 4-16)。计算公式:

$$增长量 = 报告期水平 - 基期水平$$

增长量有正负之分,若为正值,表明增加;若为负值,说明减少,故又称为"增减量"指标。按采用的基期不同,增长量可分为逐期增长量和累计增长量。公式为:

$$逐期增长量 = 报告期水平 - 前一期水平$$
$$累计增长量 = 报告期水平 - 固定基期水平$$

同一时间数列各逐期增长量之和,等于相应的累计增长量;两个相邻累计增长量之差,等于报告期的逐期增长量。

表 4-16 2012—2018 年我国财政收入水平及其增长量

年份	财政收入/亿元	逐期增长量/亿元	累计增长量/亿元	发展速度/%	增长速度/%
2012	117253.52	—	—	—	—
2013	129209.64	11956.12	11956.12	110.2	10.2
2014	140370.03	11160.39	23116.51	108.6	8.6
2015	152269.23	11899.20	35015.71	108.5	8.5
2016	159604.97	7335.74	42531.45	104.8	4.8
2017	172592.77	12987.80	55339.25	108.1	8.1
2018	183359.84	10767.07	66106.32	106.2	6.2

必须指出,增长量是一个时期指标,不论是时期数列还是时点数列计算得到的增长量,都是时期指标,因为一段时间内的增长量并非突然增长的。

4. 平均增长量

平均增长量,是某种现象各逐期增长量的序时平均数,它表明该现象在一定时期内单位时间增长的绝对量。由于增长量是时期指标,所以,平均增长量可以用简单算术平均法计算。

(1)水平法。适用于连续正增长,或连续负增长的时间数列的平均增长量的计算。公式为:

$$\bar{\Delta} = 平均增长量 = \frac{逐期增长量之和}{逐期增长量的项数} = \frac{累计增长量}{时间数列项数 - 1}$$

$$= \frac{\Delta_1 + \Delta_2 + ... + \Delta_{n-1}}{n-1} = \frac{\sum \Delta}{n-1} = \frac{a_n - a_1}{n-1}$$

(2)总和法。适用各种情况的平均增长量的计算。公式为:

$$\bar{\Delta} = \frac{2\left(\sum a - na_1\right)}{n(n-1)}$$

例如:根据表 4-16 中的数据,计算平均增长量:

$$\overline{\Delta} = \frac{\sum \Delta}{n-1} = \frac{a_{18} - a_{13}}{6-1} = \frac{183359.84 - 129209.64}{5} = 10830.04$$

【例 4-17】 设某地区某农产品收购量 2010 年为 71.4 万吨，2010—2020 年为 724.1 万吨，其中 2020 年为 65.2 万吨，计算平均增长量。

【解】
$$\overline{\Delta} = \frac{2\left(\sum a - na_1\right)}{n(n-1)} = \frac{2(724.1 - 10 \times 71.4)}{11 \times 10} = 0.18 \text{（万吨）}$$

三、速度分析

1. 发展速度

发展速度，是将经济现象报告期水平除以基期水平求得的表明某种现象发展程度的相对指标，它反映客观现象在不同时期的变化程度。计算公式：

$$发展速度 = \frac{报告期水平}{基期水平} \times 100\%$$

在通常情况下，报告期发展水平总是大于 0，因此发展速度指标值也总是表现为正数。当发展速度指标值大于 0 小于 1 时，表明报告期发展水平低于基期水平；当发展速度指标值等于 1 或大于 1 时，表明报告期发展水平达到或超过基期水平。由于采用的基期不同，发展速度有环比发展速度和定基发展速度之分。所谓环比发展速度也称逐期发展速度，是报告期发展水平与前一期水平之比；所谓定基发展速度则是报告发展期水平与某一固定时期水平（通常为最初水平或特定时期水平）之比，表明现象在较长时期内总的发展速度，也称为总速度。环比发展速度和定基发展速度的计算公式如下。

（1）环比发展速度。此值是报告期发展水平与前一期水平之比。它表明报告期发展水平为前一期水平的百分之几或若干倍，从一个环比发展速度时间数列来说，它表明现象逐期的发展程度。计算公式：

$$环比发展速度 = \frac{报告期水平}{前一期水平} \times 100\%$$

$$v = \frac{a_i}{a_{i-1}}$$

（2）定基发展速度。此值是报告期发展水平与某一固定基期水平（通常是最初水平）之比。它表明报告期发展水平为某固定基期水平的百分之几或若干倍或翻几番，定基发展速度时间数列的各期数值，分别说明现象在较长时期内的总发展速度。计算公式：

$$定基发展速度 = \frac{报告期水平}{固定基期水平} \times 100\%$$

$$V = \frac{a_i}{a_0}$$

注意：各期环比发展速度的连乘积 = 定基发展速度；两个相邻定基发展速度之比 = 环比发展速度。

2. 增长速度

增长速度，是反映现象增长程度的相对指标，即某种现象报告期的增长量与基期

水平之比。增长速度与发展速度有密切关系,两者相差一个基数(1 或 100%)。计算公式:

$$增长速度 = \frac{报告期增长量}{基期水平}$$

$$= \frac{报告期水平 - 基期水平}{基期水平}$$

$$= \frac{报告期水平}{基期水平} - 1$$

$$= 发展速度 - 1$$

增长速度指标值有可能为正数,也有可能为负数。由于采用的基期不同,也可以有环比增长速度和定基增长速度之分。

(1)环比增长速度。此值表示现象的逐期增长速度。计算公式:

环比增长速度=环比发展速度-100%

$$v - 1 = \frac{a_i}{a_{i-1}} - 1$$

(2)定基增长速度。此值表示在较长时期内总的增长速度。计算公式:

定基增长速度=定基发展速度-100%

$$V - 1 = \frac{a_i}{a_0} - 1$$

注意:增长速度与发展速度有所不同,环比发展速度和定基发展速度之间可以相互推算,而环比增长速度和定基增长速度之间则不能直接相互推算。要进行环比增长速度和定基增长速度之间的推算,要先把它们还原成发展速度后,才能进行推算。

如果由一个环比增长速度数列求其定基增长速度数列,需先将各期环比增长速度换算成各期环比发展速度,再将它们连乘,得各期的定基发展速度,最后,将各期定基发展速度分别减 1 或加 100%,即得各期的定基增长速度。相反,若知现象各期的定期增长速度,求各期的环比增长速度,也要经过一定的变换计算。

3. 增长 1% 的绝对量

增长量说明现象增长的绝对数量,发展速度和增长速度说明现象发展或增长的相对程度,它们都与基期水平有关,尤其是速度指标,是把两期绝对水平抽象概括的结果。由于基期绝对水平的不同,往往会出现高速度掩盖低水平,或者低速度背后有高水平的现象。如果仅仅观察现象的增长量或增长速度,就容易产生片面认识。为了解决速度与水平之间不一致的矛盾问题,反映基期水平对现象发展的影响,在运用速度指标时要把相对数和绝对数结合起来。反映这种结合的一种统计指标就是增长 1% 的绝对量,从而使不同基础的指标可以进行比较。增长 1% 的绝对量,计算公式:

$$增长1\%的绝对量 = \frac{报告期的逐期增长量}{报告期的环比增长速度(以百分点表示)}$$

$$= \frac{a_{i+1} - a_i}{(\frac{a_{i+1}}{a_i} - 1) \times 100} = \frac{a_{i+1} - a_i}{\frac{a_{i+1} - a_i}{a_i} \times 100} = \frac{a_i}{100}$$

【例 4-18】甲乙两企业的利税额水平如表 4-17 所示，试比较甲乙两企业利税额的增长幅度。

表 4-17 甲乙两企业利税额增长情况

企业	基期发展水平	报告期发展水平	增长量	增长速度	增长 1% 绝对量
甲	500	550	50	10%	5
乙	100	120	20	20%	1

【解】甲企业的利税额增长快。增长 1% 绝对量指标的运用，把经济现象发展的相对数和绝对数结合起来，从而使不同基础的指标可以进行比较了。

4. 平均发展速度与平均增长速度

平均发展速度，是某种现象各期环比发展速度的平均数。它表明该现象在一个较长时期内，平均单位时间发展变化的程度。

平均增长速度，是某种现象各期环比增长速度的平均数。它表明该现象在一个较长时期内，平均单位时间增长的程度。平均增长速度虽是各期环比增长速度的平均数，但它不能直接由各期环比增长速度计算，而是由平均发展速度减 1 或 100% 求得。平均增长速度有正负之分，正值表示平均增长的程度，负值表示平均下降的程度。

平均发展速度不能用算术平均法计算。根据被研究现象的特点和统计分析的具体目的不同，平均发展速度的计算有几何平均法和高次方程法两种。

（1）几何平均法（水平法）。计算平均发展速度，首先要计算总发展速度，而总发展速度并不等于各期环比发展速度之和，而是等于它们的连乘积。所以，平均发展速度必须用几何平均法计算。计算公式：

$$\bar{v} = \sqrt[n]{v_1 \cdot v_2 \cdots v_n} = \sqrt[n]{\prod v} = \sqrt[n]{V_n} = \sqrt[n]{\frac{a_n}{a_0}} = \sqrt[n]{R} = \sqrt[n]{2^m}$$

式中，R 代表总速度；m 为翻番数。

【例 4-19】某企业 2013—2018 年的利润额及环比发展速度资料如表 4-18 所示。计算其平均发展速度及平均增长速度。

表 4-18 某企业 2013—2018 年利润额表

年份	2013	2014	2015	2016	2017	2018
利润额 / 万元	1074	1176	1343	1560	1565	1702
环比发展速度 /%	—	109.50	114.20	116.16	100.32	109.74

【解】平均发展速度：

$$\bar{v} = \sqrt[n]{v_1 \cdot v_2 \cdots v_n} = \sqrt[5]{1.095 \times 1.142 \times 1.1616 \times 1.0032 \times 1.0974} = 1.12$$

或 $= \sqrt[n]{\frac{a_n}{a_0}} = \sqrt[5]{\frac{1702}{1074}} = \sqrt[5]{1.5847} = 1.12$

平均增长速度：

$$\bar{v} - 1 = 1.12 - 1 = 0.12 \ (12\%)$$

(2)高次方程法(累计法)。按这种方法计算平均发展速度的数理根据是:从现象的最初水平 a_0 出发,每年都按平均发展速度 $\bar{v}$ 发展,所得各年计算水平之和,应等于现象相应各年实际发展水平之和。

由于
$$\sum a = a_1 + a_2 + \cdots + a_n = a_0 \bar{v} + a_0 \bar{v}^2 + \cdots a_0 \bar{v}^n$$
$$= a_0 (\bar{v} + \bar{v}^2 + \cdots + \bar{v}^n)$$

所以
$$\bar{v} + \bar{v}^2 + \cdots + \bar{v}^n = \frac{\sum a}{a_0}$$

针对这个方程的求解,通常借助于事先编制的《累计法平均增长速度查对表》解决,如果其值在表中两数据之间,可用插补的方法,求得其平均发展速度。

四、趋势分析

事物的发展受多种因素的影响,时间数列的形成也是多种因素共同作用的结果,在一个时间数列中,有长期的起决定性作用的因素,也有临时的起非决定性作用的因素;有可以预知和控制的因素,也有不可预知和不可控制的因素,这些因素相互作用和影响,从而使时间数列变化趋势呈现不同的特点。影响时间数列趋势变化的因素大致可分为 4 种:长期趋势 T、季节变动 S、循环变动 C 及不规则变动 I。

1. 长期趋势分析

测定长期趋势的意义有 3 个方面:一是可反映现象发展变化的趋势,掌握现象变化的规律,为经营决策和制定长远规划提供依据;二是为了对现象未来发展的趋势作出预测,提供必要的条件;三是从时间数列中剔除长期趋势成分的影响,以便于分解出其他类型的影响因素。

对长期趋势的测定和分析,是时间数列分析的重要内容。由于形成长期趋势的因素错综复杂,而且不同经济变量的数列各有不同的特点,它们的趋势倾向和变动幅度也不一样。因此为了清晰地反映现象发展变化的长期趋势,有必要对已掌握的较长时期内完整的时间数列资料的变化情况和特点进行理论分析,选择相应的统计分析方法,剔除一些非本质因素的偶然影响,这在统计上被称为时间数列的修匀,借此可以揭示现象在一定历史条件下数量关系变动的规律性。

时间数列的长期趋势可表现为线性趋势和非线性趋势,非线性趋势可以理解为无数线性趋势的组合,在研究方法上基于线性趋势分析方法,因此我们仅研究最简单、最基础的线性趋势。测定长期趋势的方法常用的有:时距扩大法、移动平均法、分割平均法、最小平方法等。

(1)时距扩大法。这是测定长期趋势最原始、最简单的方法,它是将原来时间数列中较小时距单位的若干个数据加以合并,得出较大时距单位的数据。扩大了时距单位的数据可以使较小时距单位数据所受到的偶然因素的影响相互抵消,而显示出现象变动的基本趋势。

(2)移动平均法。又称继动平均法,它是将原来的时间数列的时距扩大,采取逐项依次递移的办法,计算扩大时距后的各个指标数值的序时平均数,形成一个派生的时间数列。在这一新的派生数列中,由于短期起作用的偶然因素的影响已被削弱,甚至已被排除,从而可以显示出现象发展的基本趋势。在测定长期趋势时,它是常用的一种比较简单的方法。

(3)分割平均法。对时间数列用数学方法配合一个适当的方程式,是测定长期趋势的有效方法。数学方程式有直线方程和曲线方程之别,直线趋势的测定是基本的方法,也是曲线趋势测定法的基础。用分割平均法可配合趋势线,求直线趋势方程和曲线趋势方程。

(4)最小平方法。利用数学方程,对实际时间数列拟合适当的趋势线,使求出的趋势值 y_c 与实际观察值 y 达到最大限度地接近,最合理的方法就是最小平方法。最小平方法又称最小二乘法,是统计学中估计数学模型参数使用的传统方法,亦是建立趋势方程,分析长期趋势较为常用的方法。用这种方法拟合出来的长期趋势线比其他方法配合的趋势线更为理想、合理。原因是用最小平方法建立趋势方程必须满足以下两个条件。

第一,原时间数列中,各期原指标数值(y)与按配合出来的趋势方程求得的各期对应的趋势值(y_c)的离差平方和为最小。即:$\Sigma(y-y_c)$ = 最小值。

第二,原时间数列中各期的指标数值(y)与求出的趋势值(y_c)的离差之和等于零,即:$\Sigma(y-y_c) = 0$ 直线趋势。

若时间数列的逐期增减量大致相同,那么它的发展趋势是直线型的,就可以配合相应的直线模型来预测未来。以最小平方法求趋势直线,就是要求原有数列与长期趋势直线的离差平方总和小于任何其他直线的离差平方总和。直线方程的一般形式为:

$$y_c = a + bt$$

y_c 代表时间数列 y 的长期趋势值,t 代表时间,a 代表趋势直线 y_c 的截距,即当 $t = 0$ 时,y_c 数值为 a,b 代表趋势直线的斜率,即 t 每变动一个单位时,y_c 平均增加(或减少)的数量。

式中,a 和 b 为趋势直线方程中的两个待定参数,需利用最小平方法,即根据 $\Sigma(y-y_c)^2$ 为最小的条件,来确定 a、b 的数值。

将 $y_c = a + bt$ 代入 $\Sigma(y-y_c)^2$ 中,则有:$\Sigma(y-y_c)^2 = \Sigma(y-a-bt)^2$

分别对参数 a 和 b 求偏导数,并令其偏导数各等于零,经整理,则得两个标准方程式如下:

$$\begin{cases} \sum y = na + b\sum t \\ \sum ty = a\sum t + b\sum t^2 \end{cases}$$

将上述方程组经过整理可得 a、b 的计算公式:

$$\begin{cases} b = \dfrac{n\sum ty - \sum t \sum y}{n\sum t^2 - \left(\sum t\right)^2} \\ a = \dfrac{\sum y - b\sum t}{n} = \bar{y} - b\bar{t} \end{cases}$$

将已知时间数列中的时间 t 编出序号,以时间序号(1、2、3…)代替时间。计算出 Σt、Σy、Σt^2、Σty 和 n(时间数列项数)五个数值,一并代入上述公式,求得 a、b 值(先求 b 值,再求 a 值),再代入直线趋势方程 $y_c = a + bt$ 中,即得所求时间数列的趋势方程。

为计算简便起见,在编时间序号时,可设置 $\Sigma t = 0$。若时间数列为奇数项时,可令中间一项的时间序号为原点,即 t 为零,原点以前的时间序号为负,依次为 -1、-2、-3…,这样可使 $\Sigma t = 0$,则计算 a、b 的公式可化简为:

$$\begin{cases} b = \dfrac{\sum ty}{\sum t^2} \\ a = \dfrac{\sum y}{n} = \overline{y} \end{cases}$$

若时间数列为偶数项时,原点可设在最中间两项的中间。例如有 6 年的资料,n 为 6,原点可设在第 3 年和第 4 年的中间,为计算方便,第 3 年的年序号 t 可定为 -1,第 4 年为 $+1$,于是 6 年的资料,从第 1 年起,年序号 t 依次可定为 $-5、-3、-1、+1、+3、+5$,这样使 $\Sigma t = 0$,仍然可以用上述化简公式求 a、b 的值。

【例 4-20】设某企业 2012—2018 年的产品销售量资料如表 4-19 所示,试分析表中所列资料反映的趋势特征,配合适当的趋势模型,并预测 2019 年、2020 年该企业的产品销售量。

表 4-19　直线趋势方程计算表

年份	年序号 t	产品销售量（万吨）y	逐期增长量（万件）Δy	t^2	ty	y_c
2012	-3	12.4	—	9	-37.2	12.28
2013	-2	13.8	1.4	4	-27.6	13.99
2014	-1	15.7	1.9	1	15.7	15.71
2015	0	17.6	1.9+	0	0	17.43
2016	1	19.0	1.4	1	19.0	19.15
2017	2	20.8	1.8	4	41.6	20.87
2018	3	22.7	1.9	9	68.1	22.59
Σ	0	122.0	—	28	48.2	122.01

【解】先根据表 4-19 所示的时间数列的各项发展水平计算其逐期增长量 Δy,由于 Δy 在 1.4 万至 1.9 万件之间波动,因此,它的发展趋势是直线型,故应建立直线趋势方程式。采用简捷法,求解 a、b 参数,将表 4-19 中的数据代入计算公式中,得:

$$a = \frac{\sum y}{n} = \frac{122}{7} = 17.43$$

$$b = \frac{\sum ty}{\sum t^2} = \frac{48.2}{28} = 1.72$$

得趋势直线方程为:$y_c = 17.43 + 1.72t$

这个直线方程式反映了该企业 2012—2018 年间产品销售量的发展趋势,依次将表 4-19 中的年序号 t 值代入上述方程,即可求得各年的趋势值 y_c(见表 4-19 中最后一栏数字)。从表 4-19 中可看到,各年产品销售量实际值（y）总和与趋势值（y_c）总和是相等的,即:$\Sigma y = \Sigma y_c$。

根据这个直线方程式,可以预测该企业 2019 年、2020 年的产品销售量的值为:

$$y_{c2019} = 17.43 + 1.72 \times 4 = 24.31 \text{（万件）}$$
$$y_{c2020} = 17.43 + 1.72 \times 5 = 26.03 \text{（万件）}$$

需要指出,按上述移动原点,简化求出的 a、b 值,所建立的趋势直线方程,与未移动原点建立的方程相比较,对奇数项时间数列来讲,两个方程中的 y_c 的截距 a 必然不同,而斜率

b 不变。对偶数项时间数列来讲，两个方程的 a 和 b 的值均不会相同，且移动原点后方程的 b 值为未移动原点的方程中 b 值的 1/2。但不管怎样均不会影响趋势值的计算，就是说，用两个方程按各自的年序号 t 值计算的趋势值一样。

2. 季节变动分析

季节变动分析的主要意义在于认识规律，分析过去，预测未来。具体来说：一是通过分析和测定过去的季节变动规律，为当前的决策提供依据；二是为了对未来现象季节变动进行预测，揭示客观事物季节变动的方向和程度，以便正确地指导生产，组织货源，安排市场供应，以满足社会经济发展的需要；三是通过测定季节变动，可消除季节变动对数列的影响，从而更好地分析其他因素。

测定季节变动方法很多，主要介绍两种：按月（季）平均法、移动平均趋势剔除法。

（1）按月（季）平均法。按月（季）平均法，是指时间数列不含长期趋势即不受长期趋势因素的影响，而仅受季节变动因素的影响，从而对呈现的周期性季节变动规律进行预测的方法，此方法分析的一般步骤如下。

① 搜集历年各月（季）的资料，一般要有至少 3 年以上的时间数列资料，才能比较明显地呈现出季节变动的规律。

② 计算数年内同月（或季）的平均数。

③ 计算总的月（或季）的平均数。

④ 计算各月（或季）的季节比率。即：

$$月的季节比率=月平均数 / 总的月平均数$$
$$季的季节比率=季平均数 / 总的季平均数$$

⑤ 预测。根据季节比率和已知某年一个月或几个月的实际值，就可以采用比率法预测该年其他各月或各季的数值。

（2）移动平均趋势剔除法。由于事物发展过程中存在着长期趋势、循环变动、季节变动、不规则变动，因此，在计算季节比率时，就应将长期趋势、循环变动、不规则变动等因素的影响从时间数列的各项实际值中剔除掉，才能得出准确的季节比率，从而使预测结果更切合实际。消除这些因素的方法是很多的。实践中常用移动平均法剔除长期趋势的影响，再计算季节比率。其步骤如下。

① 计算 12 个月的移动平均数（如是季节资料，则计算 4 个季度的移动平均数）。由于 12 或 4 是偶数，所以要再计算相邻两个移动平均数的平均数，即移正平均，使平均数移置在对应的各月，这便是长期趋势值和循环变动值（$T \cdot C$）。

② 将观察值除以对应的趋势值、循环变动值，得季节变动和不规则变动相对数。即：

$$Y/(T \cdot C) = S \cdot I$$

③ 将几年同月加总求月平均数，这就消除了随机的不规则变动的影响。

④ 将 12 个月的平均数加总算出总的月平均数 $\bar{S}$，然后计算季节比率 $S/\bar{S}$（各月季节比率之和应为 1200%，如果大于或小于 1200%，应计算调整系数进行调整，使其总和等于 1200%）。

⑤ 预测。

应该说明，所谓按 12 个月计算的移动平均数，就是将时间数列的各月资料，按照时间先后顺序，逐月推移计算每 12 个月的序时平均数。由于按照时间顺序连续 12 个月的序时平均数已经包含了一年四季的全部季节变动，因而把旺季和淡季互相扯平了，即将季节变动的影响消除掉了；同时，由于进行了移动平均，对于那些上下波动的不规则变动基本上也平均化了。所以，12个月移动平均数所包含的内容主要是长期趋势和循环变动，即：($T \cdot C$)。这样，将12个月序时平均数去除时间数列中相应的各项实际数（$Y = T \cdot C \cdot S \cdot I$）就得到季节变动和不规则变动。即

$$(T \cdot C \cdot S \cdot I) / (T \cdot C) = S \cdot I$$

3. 循环变动分析

循环变动往往存在于一个较长的时期中，是一种从低到高，又从高到低周而复始的近乎规律性的变动。循环变动不同于季节变动，季节变动也是有高有低的交替变动，但季节变动有比较固定的规律性，而且变动周期一般是一年以内。循环变动的规律不那么固定，变动的周期通常在一年以上，周期的长短、变动的形态、波动的大小也不固定。例如，产品通常有投入期、成长期、成熟期、衰退期、替代期等经济寿命周期；又如，由于受周期性因素的影响，宏观经济的增长通常产生周期性波动。

测定和分析现象循环变动的意义：一是从数量上揭示现象的规律性；二是深入研究不同现象周期性循环变动的内在联系，有助于分析引起循环变动的原因；三是通过对循环规律的认识，对现象今后的发展作出科学的预测，为制定有效遏制循环变动不利影响的决策方案提供依据。

由于循环变动通常隐匿在一个较长的变动过程中，而且其规律不固定，所以在时间数列的成分分析中，循环变动的测定是比较困难的。在实际工作中测定循环变动的常用方法主要有剩余法和直接法。

4. 不规则变动分析

不规则变动是由于意外的或偶然性因素引起的变量值无周期或规律的波动，如政治、战争、自然、灾害等。一般不规则变动是在无法预测的方式下发生的，它是各种不同的随机发生的事件造成的影响，使时间数列的实际值发生偏高或偏低的情况。要找出不规则变动，可对原时间数列使用移动平均法剔除长期趋势，形成新的时间数列就是季节变动因素和不规则变动因素的估计值，这些数值如果有明显的规律性，就是季节变动因素所造成的，再使用同期平均法消除季节变动变动因素，剩下的就是不规则的变动。

不规则变动相对数反映各种偶然因素在不同时期随机变动的程度，它一般以1为中心上下波动。越远离1，现象的不规则变动越大；接近1，不规则变动越小。当不规则变动相对数等于1时，随机因素对时间数列没有影响；当不规则变动相对数大于1时，不规则变动使时间数列值升；当不规则变动相对数小于1时，不规则变动使时间数列值下降。

任务三　相关与回归分析

一、现象之间的数量关系

客观现象总是普遍联系和相互依存的，客观现象之间的数量联系存在着两种不同的类型：一种是函数关系，另一种是相关关系。

1. 函数关系

当一个或几个变量取一定的值时，另一个变量有确定值与之相对应，称这种关系为确定性的函数关系。例如，某种商品的销售收入 Y 与该商品的销售量 X 以及该商品价格 P 之间的

关系：$Y = PX$ 表示，这就是一种函数关系。一般把作为影响因素的变量 P 与 X 称为自变量，把发生对应变化的变量 Y 称为因变量，其公式为：$Y = F(X)$。

2. 相关关系

当一个或几个相互联系的变量取一定数值时，与之相对应的另一变量的值确实存在数量上的相互依存关系，但关系值不是固定的而在一定的范围内变化。变量间的这种相互关系，称为具有不确定性的相关关系。如家庭收入与家庭消费支出的关系，家庭消费支出会随着家庭收入的增加而增加，但是总在一定的范围内上下波动，并非函数关系，不能用简单的计算公式表示，这就是相关关系的表述。

变量之间的函数关系和相关关系，在一定条件下是可以互相转化的。本来具有函数关系的变量，当存在观测误差时，其函数关系往往以相关的形式表现出来。而具有相关关系的变量之间的联系，如果我们对它们有了深刻的规律性认识，并且能够把影响应变量变动的因素全部纳入函数，这时的相关关系也可能转化为函数关系。另外，相关关系也具有某种变动规律性，所以，相关关系经常可以用一定的函数形式去近似地描述。客观现象的函数关系可以用数学分析的方法去研究，而研究客观现象的相关关系必须借助于统计学中的相关与回归分析方法。

广义上的相关分析包括以下 5 个方面：

① 确定现象之间是否存在相关关系；
② 确定相关关系的表现形式；
③ 判定相关关系的方向和密切程度；
④ 对达到一定密切程度的相关关系建立适当的数学模型，以确定自变量与因变量之间数量变化的规律性；
⑤ 测定数学模型的代表性大小并根据自变量数值对因变量的数量变化作出具有一定概率保证程度的推算和预测。

前三个方面内容称为狭义的相关分析，后两个方面内容称为回归分析。

3. 相关关系的种类

① 按照现象间相关关系的程度可分为：完全相关、不完全相关和不相关。
② 按现象之间相关关系的方向可分为：正相关和负相关。
③ 按现象之间相关的形式可分为：线性相关和非线性相关。
④ 按相关关系涉及的因素可分为：单相关、复相关和偏相关。

具体种类如图 4-7 所示。

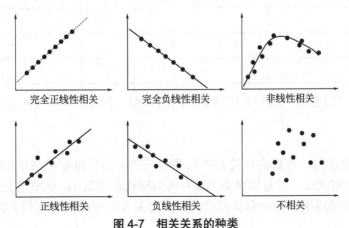

图 4-7 相关关系的种类

二、简单线性相关分析

相关分析是在分析两个变量之间关系的密切程度时常用的统计分析方法。最简单的相关分析是线性相关分析,即两个变量之间是一种直线相关的关系。相关分析的方法有很多,根据变量的测量层次不同,可以选择不同的相关分析方法。总的来说,变量之间的线性相关关系分为三种:正相关,即两个变量的变化方向一致;负相关,即两个变量的变化方向相反;无相关,即两个变量的变化趋势没有明显的依存关系。两个变量之间的相关程度一般用相关系数 r 来表示,r 的取值范围是:$-1 \leqslant r \leqslant 1$,$|r|$ 越接近 1,说明两个变量之间的相关性越强;$|r|$ 越接近 0,说明两个变量之间的相关性越弱。相关关系的测定方法如下所述。

1. 相关表

相关表是一种反映变量之间相关关系的统计表,可以直观地判断现象之间大致呈何种关系形式。编制相关表前首先要通过实际调查取得一系列成对的标志值资料作为相关分析的原始数据。然后将某一变量按其取值的大小排列,再将与其相关的另一变量的对应值平行排列,便可得到简单的相关表,如表 4-20 所示。

表 4-20 相关表

x	1	2	3	4	5	……min——max
y	5	3	9	7	4	……对应值

【例 4-21】为研究商店人均月销售额和利润率的关系,调查 10 家商店取得 10 对数据,如表 4-21 所示。

表 4-21 人均销售额与和利润率相关

编号	人均月销售额 x/千元	利润率 y/%
1	1	3.0
2	3	6.2
3	3	6.6
4	4	8.1
5	5	10.4
6	6	12.3
7	6	12.6
8	7	16.3
9	7	16.8
10	8	18.5

【解】从上表可以看出,随着人均月销售额的增加,利润率有明显的增长趋势,为正相关关系。

2. 相关图

相关图又称散点图,它是将相关表中的观测值在平面直角坐标系中用坐标点描绘出来,以表明相关点的分布状况。它是以直角坐标系的横轴代表变量 X,纵轴代表变量 Y,将两个变量间相对应的变量值用坐标点的形式描绘出来,用来反映两变量之间相关关系的图形。通过相关图，可以大致判断两个变量之间有无相关关系以及相关的形态、方向和密切程度，如图 4-8 所示，可以反映出人均销售额与利润间明显的线性相关趋势。

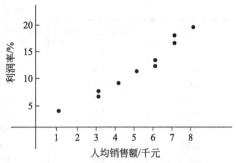

图 4-8　人均销售额与利润的相关图

相关图、表虽然有助于识别变量间的相关关系，但它无法对这种关系进行精确的计量。因此在初步判定变量间存在相关关系的基础上，通常还要计算相应的分析指标——相关系数。

3. 相关系数

在各种相关中，单相关是基本的相关关系，它是复相关和偏相关的基础。单相关有线性和非线性两种表现形式。测定线性相关系数的方法是最基本的相关分析，是测定其他相关系数方法的基础。我们着重研究线性的单相关系数。

相关系数是用来说明变量之间在直线相关条件下相关关系密切程度和方向的统计分析指标。通常以 ρ 表示总体的相关系数，以 r 表示样本的相关系数。

定义公式为：

$$r = \frac{\sum(x-\bar{x})(y-\bar{y})}{\sqrt{\sum(x-\bar{x})^2 \sum(y-\bar{y})^2}}$$

式中，x 为自变量，y 为因变量。

该公式可写成：

$$r = \frac{\sigma_{xy}^2}{\sigma_x \sigma_y}$$

式中，$\sigma_x = \dfrac{\sqrt{\sum(x-\bar{x})^2}}{n}$ 是自变量的标准差，n 表示数据项数；$\sigma_y = \dfrac{\sqrt{\sum(y-\bar{y})^2}}{n}$ 是应变量的标准差，n 表示数据项数；$\sigma_{xy}^2 = \sum(x-\bar{x})(y-\bar{y})$ 是自变量与应变量的协方差。

由此可见，相关系数是两个变量协方差与两个变量标准差乘积的比。样本相关系数是根据样本观测值计算的，抽取的样本不同，其具体的数值也会有所差异。容易证明，样本相关系数是总体相关系数的一致估计量，比相关表和相关图更能概括表现相关的形式和程度。根据相关系数的大小，或把若干相关系数加以对比，可以发现现象发展中决定性的影响因素，因而相关系数对于判断变量之间相关关系的密切程度有着重要的作用。

相关系数的计算根据相关系数定义的公式推导得简化公式：

$$r = \frac{n\sum xy - \sum x \cdot \sum y}{\sqrt{n\sum x^2 - (\sum x)^2} \cdot \sqrt{n\sum y^2 - (\sum y)^2}}$$

【例 4-22】某企业 2012—2019 年的产品产量如表 4-22 所示，计算相关系数。

表 4-22　相关系数计算表

年份	产品产量 x / 千吨	生产费用 y / 千元	x^2	y^2	xy
2012	1.2	620	1.44	384400	744
2013	2.0	860	4.00	739600	1720
2014	3.1	800	9.61	640000	2480
2015	3.8	1100	14.44	1210000	4180
2016	5.0	1150	25.00	1322500	5750
2017	6.1	1320	37.21	1742400	8052
2018	7.2	1350	51.84	1822500	9720
2019	8.0	1600	64.00	2560000	12800
合计	36.4	8800	207.54	10421400	45446

【解】

$$r = \frac{8 \times 45446 - 36.4 \times 8800}{\sqrt{8 \times 207.54 - 36.4^2} \cdot \sqrt{8 \times 10421400 - 8800^2}}$$
$$= 0.9697$$

相关系数的意义：相关系数一般可以从正负符号和绝对数值的大小两个层面理解。正与负说明现象之间是正相关还是负相关。绝对数值的大小说明两现象之间线性相关的密切程度。

① r 的取值在 $-1 \sim +1$ 之间。

② $r = +1$，为完全正相关；$r = -1$ 为完全负相关。表明变量之间为完全线性相关，即函数关系。

③ $r = 0$，表明两变量无线性相关关系。

④ $r > 0$，表明变量之间为正相关；$r < 0$，表明变量之间为负相关。

⑤ r 的绝对值越接近于 1，表明线性相关关系越密切；r 越接近于 0，表明线性相关关系越不密切。

三、回归分析

回归分析就是对具有相关关系的两个或两个以上变量之间数量变化的一般关系进行测定，确立一个相应的数学表达式，以便从一个已知量来推测另一个未知量，为估算预测提供一个重要的方法。比如，要研究两个变量之间的关系，以收入 x 与存款额 y 为例，对 n 个人进行独立观测得到散点图，如果可以拟合一条穿过这一散点图的直线来描述收入如何影响存款，即一元线性回归，使用的数学原理还是最小平方法。以表 4-22 的资料，建立一元线性回归模型。通过推导得到方程组：

$$\begin{cases} b = \dfrac{n\sum xy - \sum x \sum y}{n\sum x^2 - (\sum x)^2} = \dfrac{\overline{xy} - \bar{x} \cdot \bar{y}}{\sigma^2} \\ a = \dfrac{\sum y}{n} - b\dfrac{\sum x}{n} = \bar{y} - b\bar{x} \end{cases}$$

其中，$\overline{xy} = \dfrac{\sum xy}{n}$。

相关计算数据代入参数 a、b 的方程：

$$b = \frac{8 \times 45446 - 36.4 \times 8800}{8 \times 207.54 - 36.4^2} = 128.9599$$

$$a = \frac{8800}{8} - 128.9599 \times \frac{36.4}{8} = 513.2323$$

一元线性回归模型为：$y_c = 513.2323 + 128.9599 x$

以上模型表明：产品产量每增加 1 千吨，生产费用平均增加 128.9599 千元。

任务四　统计指数分析

一、认识统计指数

1. 统计指数的含义

物价指数产生于 18 世纪中叶，迄今已有 300 多年的历史了。随着历史的推移，统计指数的应用不断推广到经济领域的各个方面，因而统计指数的概念也不断扩大和完善。当今在我国统计界一般认为：统计指数是研究社会经济现象数量方面时间变动状况和空间对比关系的分析方法；同时还认为，统计指数有广义和狭义之别。从广义来说，凡是用来反映所研究社会经济现象时间变动和空间对比状况的相对数，如动态相对数、比较相对数和计划完成情况相对数，都可称为指数；但从狭义来说，统计指数则是用来综合反映所研究社会经济现象复杂总体数量时间变动和空间对比状况的一种特殊相对数。所谓复杂总体是指不同度量单位或性质各异的若干事物所组成的、数量不能直接加总或不可以直接加总的总体。必须明确的是，本任务所要研究的统计指数的概念，是指狭义指数而不是指广义指数。

2. 统计指数的性质

（1）相对性。统计指数是总体各变量在不同场合下对比形成的相对数，它可以度量一个变量在不同时间或不同空间的相对变化。

（2）综合性。统计指数是一种特殊的相对数，综合地反映了复杂现象总体的数量变化关系。复杂现象总体的数量变化常常受到许多因素的影响，例如，受多种因素的影响，各种商品价格变动的方向和幅度经常是不一致的，有些商品价格上涨，有些商品价格下跌，而且上涨与下跌的幅度也不一样，商品价格总指数是各种商品价格综合影响变动的结果。没有综合性，指数就不能发展成为一种独立的理论和方法。

（3）平均性。统计指数是总体水平的一个代表性指数。平均性的含义有：一是指数进行比较的综合数量是作为个别量的一个代表，这本身就具有平均性；二是两个综合量对比形成的指数反映了个别量的平均变动水平。

3. 统计指数的种类

（1）个体指数和总指数。按所考察事物的范围不同，统计指数分为个体指数和总指数。个体指数是反映单个现象或单个事物变动的相对数，如某种品牌型号的电冰箱的产量指数与价格指数都是个体指数；总指数是综合反映整个复杂经济现象总体变化情况的相对数，如商品价格总指数、工业产品产量总指数等。有时为了研究需要，还编制组指数，组指数也称类指数，介于个体指数与总指数之间，是综合反映总体内某一类现象变动的相对数，如食品类、衣着类、服务类价格指数等，组指数的编制方法与总指数相同。

（2）数量指标指数和质量指标指数。按所反映的现象特征不同，统计指数分为数量指标指数和质量指标指数。数量指标指数反映所研究现象总体的规模和水平的变动状况，如产品产量指数、商品销售量指数、职工人数指数等；质量指标指数反映所研究现象总体质量水平的变动，如商品价格指数、产品成本指数、劳动生产率指数等。

（3）动态指数和静态指数。按所反映的时间状态不同，统计指数分为动态指数和静态指数。统计指数最初的含义是动态指数，由两个不同时间上的经济量对比形成，反映社会经济现象在不同时间上的发展变化。动态指数按所对比的基期的不同，分为定基指数与环比指数两种。在实际运用过程中，指数的含义渐渐推广到了静态事物和空间对比，因而产生了静态指数，所谓静态指数是指在同一时间条件下不同单位、不同地区间同一事物数量进行对比所形成的指数，包括空间指数和计划完成情况指数两种。空间指数指不同空间的同类现象水平在同一时间对比的结果，反映现象在不同区域的差异程度；计划完成情况指数则是将某种现象的实际水平与计划水平对比的结果，反映计划的完成程度。

（4）定基指数和环比指数。统计指数按在指数数列中所采用的基期不同，可以分为定基指数和环比指数。定基指数指在数列中以某一固定时期的水平作对比基准的指数；环比指数则是以其前一时期的水平作为对比基准的指数。

（5）综合指数和平均指标指数。统计指数按计算方法，可分为综合指数和平均指标指数。综合指数是计算总指数的一种形式，由包括两个以上因素的总量指标对比形成，它将其中一个或一个以上的因素指标固定下来，观察另一因素指标的综合变动；平均指标指数是计算总指数的又一形式。它是从个体指数出发通过加权计算平均指标而形成的指数。常用的有加权算术平均指标指数、加权调和平均指标指数。

4. 统计指数的作用

① 运用统计指数可以综合反映复杂社会经济总体在时间和空间方面的变动方向和变动程度。
② 运用统计指数可以分析和测定社会经济现象总体变动受各因素变动的影响。
③ 运用统计指数可以研究平均指标指数变动及其受水平因素和结构因素变动的影响。
④ 借助连续编制的动态指数形成的指数数列，可以反映现象在长时间的变化趋势。
⑤ 运用统计指数可以对多指标复杂社会经济现象进行综合测评。

二、综合指数分析

1. 综合指数编制的基本原理

编制综合指数首先必须明确两个概念：一是"指数化指标"，二是"同度量因素"。所谓指数化指标就是编制综合指数所要测定的因素，如商品价格综合指数所要测定的因素是价格，所以价格就是指数化指标。所谓同度量因素是指媒介因素，借助媒介因素，把不能直接加总的因素过渡到可以加总，所以称其为同度量因素。编制综合指数的目的是测定指数化指标的变动，因此，在对比的过程中对同度量因素应加以固定。综合指数的基本公式如下：

$$K_q = \frac{\sum q_1 p_i}{\sum q_0 p_i} \quad (4\text{-}1)$$

$$K_p = \frac{\sum q_i p_1}{\sum q_i p_0} \quad (4\text{-}2)$$

式中，q 表示数量因素；p 表示质量因素；下脚标 1 表示所分析的时期称为报告期，下脚标 0 表示比较时期称为基期，i 为同度量因素固定的时期，即 0 或 1。

式（4-1）是数量指标综合指数形式，产量、劳动量指数经济发展速度等属于数量指标指数 K_q；式（4-2）是质量指标综合指数形式，价格、成本、劳动生产率指数等属于质量指标指数 K_p。

编制综合指数的基本方法是"先综合，后对比"。例如，编制价格综合指数反映市场商品价格总变动，其步骤是：首先把市场各种商品价格乘以同度量因素加以综合，然后再进行对比。

2. 数量指标综合指数分析

数量指标综合指数的公式为：

$$K_q = \frac{\sum q_1 p_0}{\sum q_0 p_0}$$

【例 4-23】 某企业主要产品产量与价格如表 4-23 所示，编制该企业的产量综合指数。

表 4-23　某企业主要产品产量与价格

产品名称	单位	产量	
		基期 q_0	报告期 q_1
甲	吨	20	22
乙	米	50	48
丙	件（套）	80	88
Σ	—	—	—

【解】 不同的产品的使用价值和计量单位都不同，不能直接相加对比，那么该企业的产量综合指数到底是上升还是下降了？幅度大小呢？

这时引入一个同度量因素——价格，把各种产品产量通过价格，都转化为产值，这时就可以相加和对比了。将各种商品的价格固定在同一时间，借助于产值的变化可以反映产量的变化。如表 4-24 所示。

表 4-24　某企业主要产品产量与产值

产品名称	单位	产量		价格		产值			
		q_0	q_1	p_0	p_1	q_0p_0	q_1p_0	q_0p_1	q_1p_1
甲	吨	20	22	40	45	1800	880	900	990
乙	米	50	48	30	25	1500	1440	1250	1200
丙	件（套）	80	88	20	30	1600	1720	2400	2640
Σ	—					3900	4040	4550	4830

拉氏指数是将同度量因素固定在基期水平上，因此也称基期综合指数；帕氏指数是将同度量因素固定在报告期水平上，因此也称报告期综合指数。这两种方法的计算结果是不等的，这种差距是由于价格的变动引起的，那么，应该采用哪一期的价格为同度量因素，更符合实际要求呢？经学术界人士研究并规定：用综合指数法编制数量指标总指数时，应采用拉氏指数公式，即以相关基期的质量指标为同度量因素。

计算：

$$K_q = \frac{\sum q_1 p_0}{\sum q_0 p_0} = \frac{22 \times 40 + 48 \times 30 + 88 \times 20}{20 \times 40 + 50 \times 30 + 80 \times 20} = \frac{4040}{3900} = 103.60\%$$

$$\sum q_1 p_0 - \sum q_0 p_0 = 4040 - 3900 = 140（万元）$$

指数结果分析：三种商品的价格平均增加了 3.60%；由于价格增加而使销售总额增加的绝对额为 140 万元。

3. 质量指标综合指数分析

计算公式：

$$K_p = \frac{\sum q_1 p_1}{\sum q_1 p_0}$$

【例 4-24】某商店的三种商品销售量及价格如表 4-25 所示，编制该商店的综合价格指数。

表 4-25　三种商品的综合价格指数计算表

商品名称	计量单位	销量		价格		销售额			
		q_0	q_1	p_0	p_1	$q_0 p_0$	$q_0 p_1$	$q_1 p_0$	$q_1 p_1$
A	米	800	880	42	41	33600	32800	36960	36080
B	双	900	1000	18	20	16200	18000	18000	20000
C	台	500	450	100	120	50000	60000	45000	54000
Σ	—	—	—	—	—	99800	110800	99960	110080

【解】不同商品的价格不能直接相加和比较，必须引入销量作为同度量因素，转化为销售额，就可以相加和比较了。

把同度量因素 q 固定在基期（拉氏指数）；把同度量因素 q 固定在报告期（派氏指数）；究竟用哪个指数才更有现实意义呢？由于物价的变化对国家、企业、个人的生活水平影响很大，他们关注的是报告期的价格，并且决定了报告期的购买量，而与以前的基期的购买量没有关系。因此，经学术界人士研究并规定：用综合指数法编制质量指标总指数时，应采用派氏指数公式，即以相关报告期的数量指标为同度量因素。计算公式如下：

$$K_p = \frac{\sum q_1 p_1}{\sum q_1 p_0} = \frac{110080}{99960} = 1.10$$

$$\sum q_1 p_1 - \sum q_1 p_0 = 110080 - 99960 = 10120（万元）$$

结果分析：三种商品的价格平均增加了 10%；由于价格增加而使销售总额增加的绝对额为 10120 万元。

4. 空间价格指数分析

空间价格指数概括反映同一时间、不同国家或不同地区各种商品价格水平的差异，也称区域价格指数。不同地区之间价格水平的比较，是经济领域里最敏感的现象。所以空间价格指数也是进行国际对比或地区对比的重要指标。与动态指数不同，空间价格指数是一种静态指数，而它的编制和分析也有一些特殊的要求。

【例 4-25】 甲乙两地某日早市几种主要农产品市场商品行情，如表 4-26 所示。

表 4-26 甲乙两地某日早市几种主要农产品市场商品行情   单位：元

商品名称	甲地区		乙地区		交易额			
	$p_甲$	$q_甲$	$p_乙$	$q_乙$	$q_甲 p_甲$	$q_甲 p_乙$	$q_乙 p_乙$	$q_乙 p_甲$
A	40	300	50	200	12000	15000	10000	8000
B	30	100	20	300	3000	2000	6000	9000
C	25	30	25	35	750	750	875	875
合计	—	—	—	—	15750	17750	16875	17875

【解】 按照编制质量指标指数同度量因素应固定在报告期的要求，甲地区与乙地区对比的价格区域指数，作为同度量因素的交易量应固定在甲地区（相当于指数的报告期）水平上。若乙地区比甲地区，作为同度量因素的交易量应固定在乙地区（相当于指数的报告期）水平上。计算公式为：

$$\text{区域指数（甲地区比乙地区）} = \frac{\sum q_甲 p_甲}{\sum q_甲 p_乙} = \frac{15750}{17750} = 88.7\%$$

$$\text{区域指数（乙地区比甲地区）} = \frac{\sum q_乙 p_乙}{\sum q_乙 p_甲} = \frac{16875}{17875} = 94.4\%$$

理论上说，这两个区域指数应互为倒数，但它们均低于 100%，这显然是脱离现实的。所以不应拘泥于同度量因素选择的一般方法。为了获得一个完全确定、意义一致的结论，就应该有选择其他权数的途径，例如采用两地区总交易量（$Q = q_甲 + q_乙$）作为权数：区域指数（甲地区比乙地区）：

$$\frac{\sum Q p_甲}{\sum Q p_乙} = \frac{33625}{34625} = 97.11\%$$

这里，价格水平甲地区比乙地区要低 2.9%，这可以由逆指标来证实。区域指数（乙地区比甲地区）：

$$\frac{\sum Q p_乙}{\sum Q p_甲} = \frac{34625}{32625} = 106.13$$

当编制区域指数数列进行多边比较时，问题就更加明显。例如，在条件基本类似的同类企业间比较成本水平的高低，以甲企业为基准，要与乙、丙、丁等企业进行对比，一般情况就要以甲企业的数量构成为同度量因素来编制综合指数，即区域指数（乙比甲）、区域指数（丙比甲）、区域指数（丁比甲）分别表现如下：

$$\frac{\sum q_甲 p_乙}{\sum q_甲 p_甲} 、 \frac{\sum q_甲 p_丙}{\sum q_甲 p_甲} 、 \frac{\sum q_甲 p_丁}{\sum q_甲 p_甲}$$

5. 产品成本指数分析

产品成本指数概括反映一个部门或企业各种产品成本的综合变动，它是衡量综合成本水平的指标。产品成本指数有以下几种形式。

（1）以报告期单位成本为比较基准的成本综合指数

$$K_q = \frac{\sum q_1 p_1}{\sum q_0 p_1}$$

该指数表示由于报告期单位成本比基期成本节约或提高，报告期总成本降低或提高的幅度，分子分母之差表示报告期总成本降低或增加额。

（2）以计划期单位成本为比较基准的成本综合指数

$$K_q = \frac{\sum q_1 p_n}{\sum q_1 p_n}$$

该指数表示由于报告期单位成本比计划成本 p_n 节约或提高，报告期总成本降低或提高的幅度，分子分母之差表示报告期总成本降低或增加额。

（3）以计划期产量为比较基准的成本综合指数

$$K_p = \frac{\sum q_n p_1}{\sum q_n p_n}$$

该指数的同度量因素不是报告期产量而是计划产量 q_n，所以该指数所表示的是按照计划规定的产量结构报告期总成本降低或提高的幅度。当管理部门同时制定成本和产量计划时，用这个指数来检查计划执行情况，可以考察部门或企业是否存在通过改变产量构成，来达到完成成本计划的目的。

比如产品成本计划完成指数，以实际产量（q_1）为同度量因素计算，符合综合指数编制以经济内容为依据的一般方法要求，反映实际生产构成下成本降低计划任务的完成状态，也连带提供分析由于实际成本比计划成本降低所取得的总成本节约额。但是，为了严格检查是否符合计划生产的要求，检查成本降低任务的完成程度，就要用计划产量（以 q_n 表示）为同度量因素来编制成本计划完成指数。特别是在生产过程中存在"有利"和"不利"产品的情况下，为了防止个别企业用破坏品种计划来完成成本降低任务，用这种计划产量构成的成本指数，更有其现实意义。

【例 4-26】某企业两种可比产品成本计划完成情况，如表 4-27 所示。

表 4-27 某企业产品成本计划完成情况表

产品	计量单位	单位产品成本/元		产量		计划产量总成本/元		实际产量总成本/元	
		p_n	p_1	q_n	q_1	$q_n p_n$	$q_n p_1$	$q_1 p_n$	$q_1 p_1$
甲	台	190	195	400	340	76000	78000	64600	66300
乙	件	44	42	800	1000	35200	33600	44000	42000
合计	—	—	—			11200	111600	108600	108300

【解】

以实际产量为同度量因素的单位成本计划完成指数：

$$\frac{\sum q_1 p_1}{\sum q_1 p_n} = \frac{108300}{108600} = 99.72\%$$

总成本节约额：

$$\sum q_1 p_1 - \sum q_1 p_n = 108300 - 108600 = -300（元）$$

以计划产量为同度量因素的单位成本计划完成指数：

$$\frac{\sum q_n p_1}{\sum q_n p_n} = \frac{111600}{111200} = 100.36\%$$

总成本节约额：

$$\sum q_n p_1 - \sum q_n p_n = 111600 - 111200 = 400（元）$$

结论完全相反。现在我们把这两个成本计划完成指数放在一起考虑，则：

$$\frac{\sum q_1 p_1}{\sum q_1 p_n} = \frac{\sum q_n p_1}{\sum q_n p_n} \times \frac{\dfrac{\sum q_1 p_1}{\sum q_1 p_n}}{\dfrac{\sum q_n p_1}{\sum q_n p_n}}$$

这说明了 $\dfrac{\sum q_1 p_1}{\sum q_1 p_n}$ 包含了产品品种构成变动对成本计划完成程度的影响。

其相对数值为：99.72% / 100.36% =99.36%；影响总成本的绝对额为 -300-400=-700(元)。应这样认为：该企业中成本提高的甲产品未完成产量计划，而降低成本的乙产品的实际产量比重却提高了，这种结构上的变动，影响成本计划完成指数下降了 0.64%，总成本减少支付了 700 元，使以实际产量为同度量因素的成本指数表现为下降 0.28%，节约了 300 元。显然，这不是企业经营工作的成绩。用以计划产量为同度量因素所计算的成本计划完成指数不包含这种影响，更有现实的应用意义。

6.股票价格指数

股票价格指数综合反映股票市场价格的变动程度，它是影响投资人决策行为的重要因素，而且股票价格的波动和走向也是反映经济景气状况的敏感指标。股票价格指数的编制方法有多种，综合指数公式是其中的一种重要方法。我国的上证指数、香港恒生股票指数及美国标准普尔指数等，都是采用综合指数公式编制。计算公式为：

$$K_p = \frac{\sum q_0 p_t}{\sum q_0 p_0}$$

不同股价指数的样本范围和基期日期的选定都不同。例如美国标准普尔指数，样本范围包括 500 种股票（其中工业股票 400 种、公用事业股票 40 种、金融业股票 40 种、运输业股票 20 种），选择 1941—1943 年为基期。我国香港地区的恒生指数选择了 33 种具有代表性的股票（成分股）为指数计算对象（其中金融业 4 种、公用事业 6 种、地产业 9 种、其他行业 14 种），选择 1964 年 7 月 31 日为基期。而我国的上海证券交易所股票价格指数包括全部上市股票，基期为1990年12月19日。股票的基期指数定为100，股票价格的变动幅度，是以"点"数来表示，每上升或下降一个单位称为"1点"。例如当股票价格指数为2100点时，就表明股票价格报告期比基期上升2000点。

三、平均指数分析

1. 平均指数的原理

与综合指数相同，平均指数是总指数的基本形式之一，用来反映复杂现象的总变动。平均指数利用了加权算术平均指标 $\bar{x}=\dfrac{\sum xf}{\sum f}$ 和加权调和平均指标 $\bar{x}=\dfrac{\sum m}{\sum \frac{m}{x}}$ 的计算形式编制而成，平均指数的编制原理与综合指数编制的原理基本是相互贯通的。平均指数编制的基本方法是"先对比，后平均"，"先对比"是指先通过对比计算个体指数 $k_q=\dfrac{q_1}{q_0}$ 或 $k_p=\dfrac{p_1}{p_0}$；"后平均"则是指将个体指数赋予适当的权数 q_0p_0 或 q_1p_1，加以平均得到总指数。

2. 加权算术平均指标指数

已知个体指数为数量指标个体指数，求总指数时，就用加权算术平均指标求得。其计算形式类似于加权算术平均指标计算的总指数，它是以各种产品（商品）的数量指标个体指数（$k_q=\dfrac{q_1}{q_0}$）为变量值，以基期的总量 q_0p_0 为权数，加权算术平均而计算的数量指标总指数。

$$K_q=\frac{\sum k_q q_0 p_0}{\sum q_0 p_0}=\sum k_q \cdot \frac{q_0 p_0}{\sum q_0 p_0}$$

【例4-27】某企业生产产品的产量和价格如表4-28所示，计算该企业的产量总指数。

表4-28 某企业生产产品的产量和价格表

名称	单位	产量		价格	个体指数	产值	
		q_0	q_1	p_0	k_q	q_0p_0	$q_0p_0/\sum$
甲	吨	20	22	40	1.1	800	0.21
乙	米	50	48	30	0.96	1500	0.38
丙	件	80	88	20	1.1	1600	0.41
$\sum$	—	—	—	—	—	3900	1

【解】企业的产量总指数

$$K_q=\sum k_q \cdot \frac{\sum q_0 p_0}{\sum q_0 p_0}=1.1\times 0.21+0.96\times 0.38+1.1\times 0.41=104.68\%$$

$$\sum k_q q_0 p_0-\sum q_0 p_0=4110-3900=210（万元）$$

三种产品的产量报告期比基期提高了6.74%，产量的提高，使总产值增加了210万元。其结果与数量指标综合指数的结果相同，可认为数量指标加权算术平均指数是综合指数的变形。

3. 加权调和平均指标指数

加权调和平均指标指数是形式上像加权调和平均指标的总指数，它是以各种产品或商品的质量指标个体指数为变量值，以报告期的总值 q_1p_1 资料为权数，进行加权调和平均而计算的质量指标总指数。

设 K_p 为各种产品或商品的质量指标个体指数，q_1p_1 为报告期实际总值，则有：

$$K_p = \frac{\sum q_1 p_1}{\sum \frac{1}{k_p} q_1 p_1}$$

此外，也可以按各种产品或商品的数量指标个体指数来编制加权调和平均指标指数，但是由于其权数也采用假定值，因而其应用也受到限制，在实际工作中很少使用。

【例 4-28】某零售商店 5 种商品销售量及销售价格情况，如表 4-29 所示。要求：计算销售价格总指数。

表 4-29　某零售商店销售量及销售价格情况表

商品名称	计量单位	销售价格/元		报告期销售额/元 p_1q_1	价格个体指数 $k_p = p_1/p_0$	$\frac{1}{k_p} \cdot q_1 p_1$
		基期 p_0	报告期 p_1			
甲	米	42	41	36080	0.9762	36960
乙	件	75	75	270000	1.00	270000
丙	千克	60	65	136500	1.0833	126000
丁	双	18	20	20000	1.1111	18000
戊	台	100	120	54000	1.2	45000
合计	—	—	—	516580	—	495960

【解】价格加权调和平均指标指数为：

$$K_p = \frac{\sum q_1 p_1}{\sum \frac{1}{k_p} q_1 p_1} = \frac{516580}{495960} = 104.16\%$$

$$\sum q_1 p_1 - \sum 1/k_p \, q_1 p_1 = 516580 - 495960 = 20620 （元）$$

5 种商品价格总指数为 104.16%，即报告期价格比基期价格平均上涨 4.16%，由于价格上涨而增加的销售额为 20620 元。

从上面加权调和平均指标指数的举例计算结果来看，它们与综合指数法所计算的结论都是相同的，即价格指数均为 104.16%。但是这种相同是有条件的，即当质量指标的加权调和平均指标指数在采用报告期总值 q_1p_1 为权数的特定条件下，和数量指标综合指数的计算结论相同。即：

$$K_p = \frac{\sum p_1 q_1}{\sum \frac{1}{k_p} p_1 q_1} = \frac{\sum p_1 q_1}{\sum \frac{p_0}{p_1} \cdot p_1 q_1} = \frac{\sum p_1 q_1}{\sum q_1 p_0}$$

因此可以说，以报告期总值指标为权数计算的质量指标加权调和平均指标指数是综合指数的变形。

四、指数体系与因素分析

1. 指数体系的概念

在统计分析中,将在经济上有联系、在数量上保持一定关系的三个或三个以上的指数构成的整体,称为指数体系。利用指数体系可以分析社会经济现象各种因素变动,以及它们对总体发生作用的影响程度。从静态的角度来说,现象的总体指标可以分解为一个数量因素指标和一个质量因素指标,而现象总体的变化就可以归结为数量因素和质量因素共同作用的结果。同样地,从动态的角度来讲指标之间也存在着同样的联系。例如:

总产值指数=产品产量指数×价格指数
总成本指数=产品产量指数×单位成本指数
销售额指数=销售量指数×价格指数
原材料支出额指数=产品产量指数×单位产品材料消耗量指数×原材料价格指数

统计指数体系一般具有三个特征:具备三个或三个以上的指数;体系中的单个指数在数量上能相互推算;现象总变动差额等于各个因素变动差额的和。

2. 指数体系的作用

(1) 指数体系是进行因素分析的根据。即利用指数体系可以分析复杂经济现象总体变动中,各因素变动影响的方向和程度。

(2) 利用指数之间的联系进行指数间的相互推算。例如,我国商品销售量总指数往往就是根据商品销售额总指数和价格总指数进行相互推算的。即:

商品销售量指数 = 销售额指数 ÷ 价格指数

(3) 利用综合指数法编制总指数时,指数体系也是确定同度量因素时期的根据之一。因为指数体系是进行因素分析的根据,要求各个指数之间在数量上要保持一定的联系。因此,编制产品产量指数时,就必须用基期的产品价格作为同度量因素;如果编制产品价格指数就必须用报告期的产品产量作为同度量因素。

3. 因素分析

运用指数之间的数量对等关系,从相对量和绝对量角度对总量变动中各个因素的影响作用进行分析,称为因素分析。因素分析在实际工作中具有重要作用,因素分析按被研究指标的性质不同,可分为:总量指标的因素分析和平均指标的因素分析。总量指标的因素分析如下。

(1) 总量指标的两因素分析。总量指标的两因素分析,在指数体系上表现为总变动指数等于两个因素指数的乘积。要保证两个因素指数之积等于被研究现象变动的指数,最关键的是要确定同度量因素的时期。

一般应遵循的原则是:一个因素指数的同度量因素固定在报告期,则另一个因素指数的同度量因素应固定在基期,即两个因素指数的同度量因素不能同时固定在报告期或同时固定在基期。

$$K_{qp} = \frac{\sum q_1 p_1}{\sum q_0 p_0} = \frac{\sum q_1 p_0}{\sum q_0 p_0} \times \frac{\sum q_1 p_1}{\sum q_1 p_0}$$

$$\Delta_{qp} = \sum q_1 p_1 - \sum q_0 p_0 = \left(\sum q_1 p_0 - \sum q_0 p_0\right) + \left(\sum q_1 p_1 - \sum q_1 p_0\right)$$

【例 4-29】某地报告期商品零售额为 4200 万元,比基期上升 12%,扣除物价上涨因素后为 3500 万元,试用指数法从相对数和绝对数两方面结合分析商品零售额的变动情况及其原因。

【解】

$$\bar{K}_{qp} = \frac{\sum q_1 p_1}{\sum q_0 p_0} = 112\%$$

$$\sum q_1 p_1 = 4200 \text{万元}$$

$$\sum q_1 p_0 = 3500 \text{（万元）}$$

由已知可得：

$$\sum q_0 p_0 = \frac{\sum q_1 p_1}{\bar{K}_{qp}} = \frac{4200}{1.12} = 3750 \text{（万元）}$$

对商品零售额变动的因素分析如下：

商品零售额指数：

$$\bar{K}_{qp} = \frac{\sum q_1 p_1}{\sum q_0 p_0} = 112\%$$

商品零售额增量为：

$$\sum q_1 p_1 - \sum q_0 p_0 = 4200 - 3750 = 450 \text{（万元）}$$

零售量指数：

$$\bar{K}_q = \frac{\sum q_1 p_0}{\sum q_0 p_0} = \frac{3500}{3750} = 93.33\%$$

由于零售量减少而引起的商品零售额减少：

$$\sum q_1 p_0 - \sum q_0 p_0 = 3500 - 3750 = -250 \text{（万元）}$$

价格指数：

$$\bar{K}_p = \frac{\sum q_1 p_1}{\sum q_1 p_0} = \frac{4200}{3500} = 120\%$$

由于价格上升引起零售额增加量为：

$$\sum q_1 p_1 - \sum q_1 p_0 = 4200 - 3500 = 700 \text{（万元）}$$

结果分析：某地报告期与基期相比，由于商品零售量指数下降了 6.67%，商品零售额减少了 250 万元；由于商品价格指数上升了 20%，商品零售额增加了 700 万元；受商品零售量和价格的共同影响，零售额指数增长了 12%，增加了 450 万元。

（2）总量指标的多因素分析。总量指标的多因素分析，在指数体系上表现为被研究现象的总变动指数等于 3 个或 3 个以上因素指数的乘积。同样，要保证 3 个或 3 个以上因素指数之积等于被研究现象变动的指数，最关键的仍是确定同度量因素的时期。例如：

原材料支出额（qmp）＝产品产量（q）× 单位产品原材料消耗量（m）× 原材料价格（p）

$$qmp = q \times m \times p$$

$$K_{qmp} = \frac{\sum q_1 m_1 p_1}{\sum q_0 m_0 p_0} = \frac{\sum q_1 m_0 p_0}{\sum q_0 m_0 p_0} \times \frac{\sum q_1 m_1 p_0}{\sum q_1 m_0 p_0} \times \frac{\sum q_1 m_1 p_1}{\sum q_1 m_1 p_0}$$

$$\Delta_{qmp} = \sum q_1 m_1 p_1 - \sum q_0 m_0 p_0$$
$$= \left(\sum q_1 m_0 p_0 - \sum q_0 m_0 p_0\right) + \left(\sum q_1 m_1 p_0 - \sum q_1 m_0 p_0\right) + \left(\sum q_1 m_1 p_1 - \sum q_1 m_1 p_0\right)$$

原材料支出额指数 = 产品产量指数 × 单位产品原材料消耗量指数 × 原材料价格指数

【例4-30】某企业利润额资料如表4-30所示。试分析销售量、销售价格、利润率对利润总额的影响。

表 4-30 某企业利润额资料

产品类别	计量单位	销售量		销售价格/元		利润率/%		利润额/百元			
		q_0	q_1	m_0	m_1	p_0	p_1	$q_1 m_1 p_1$	$q_1 m_1 p_0$	$q_1 m_0 p_0$	$q_0 m_0 p_0$
1	万件	450	500	700	770	8	9	346.5	308.0	280.0	252.0
2	万件	500	520	350	350	7	11	200.2	127.4	127.4	122.5
3	台	900	1080	100	110	12	10	118.8	142.6	129.6	108.0
合计	—	—	—	—	—	—	—	665.5	578.0	537.0	482.5

【解】
销售量指数：

$$K_q = \frac{\sum q_1 m_0 p_0}{\sum q_0 m_0 p_0} = \frac{537}{482.5} = 111.30\%$$

销售量报告期比基期增长了11.30%，由此而增加的利润额为：

$$\Delta_q = \sum q_1 m_0 p_0 - \sum q_0 m_0 p_0 = 537 - 482.5 = 54.5（百元）$$

销售价格指数：

$$K_m = \frac{\sum q_1 m_1 p_0}{\sum q_1 m_0 p_0} = \frac{578}{537} = 107.64\%$$

销售价格报告期比基期提高7.64%，由此而增加的利润额为：

$$\Delta_m = \sum q_1 m_1 p_0 - \sum q_1 m_0 p_0 = 578 - 537 = 41（百元）$$

利润率指数：

$$K_p = \frac{\sum q_1 m_1 p_1}{\sum q_1 m_1 p_0} = \frac{665.5}{578} = 115.14\%$$

利润率报告期比基期提高 15.14%，由此而增加的利润额为：

$$\Delta_p = \sum q_1 m_1 p_1 - \sum q_1 m_1 p_0 = 665.5 - 578 = 87.5（百元）$$

利润额总指数：

$$K_{qmp} = \frac{\sum q_1 m_1 p_1}{\sum q_0 m_0 p_0} = \frac{665.5}{482.5} = 137.93\%$$

利润额报告期比基期增加 37.93%，绝对额为：

$$\Delta_{qmp} = \sum q_1 m_1 p_1 - \sum q_0 m_0 p_0 = 665.5 - 482.5 = 183（百元）$$

结果分析：报告期由于销售量增长了 11.3%，利润额增加了 0.545 万元；由于销售价格提高 7.64%，利润额增加了 0.41 万元；由于利润率提高了 15.14%，利润额增加了 0.875 万元；受三方面因素的综合作用利润额提高了 37.93%；利润总额增加了 1.83 万元。

【任务小结】

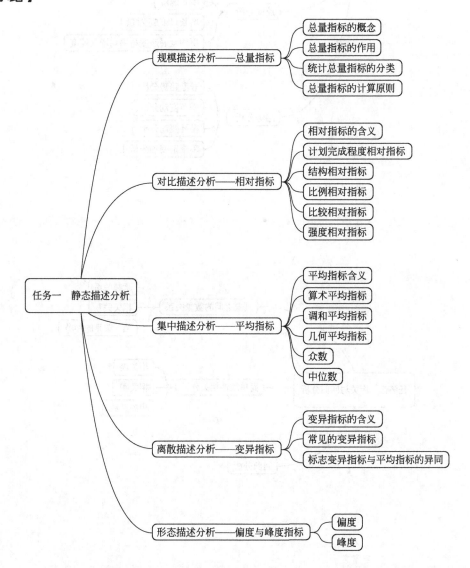

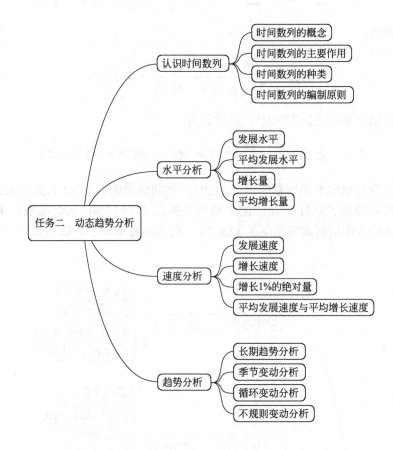

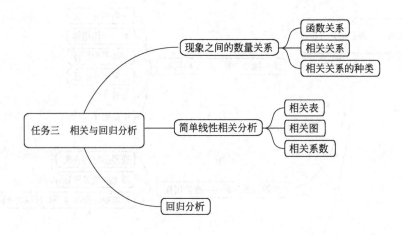

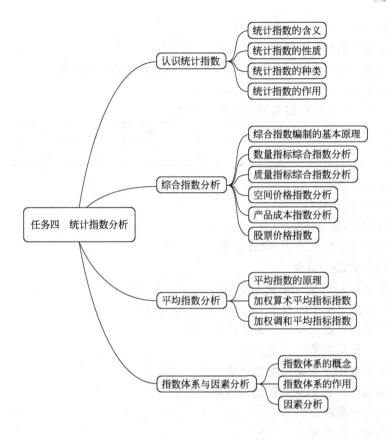

【课后练习】

一、单项选择题

1. 社会经济发展中，积累与消费的关系是（　　）。
   A. 结构相对数　　　　　　　　　　　B. 比较相对数
   C. 比例相对数　　　　　　　　　　　D. 强度相对数

2. 流通费用率指商业企业在一定时期内实际支出的商品流通费与实际商品流通额之比，表示每元商品流转额所分摊的流通费用，它是（　　）。
   A. 比较相对指标　　　　　　　　　　B. 比例相对指标
   C. 结构相对指标　　　　　　　　　　D. 强度相对指标

扫描二维码
继续练习，夯实基础

3. 两个总体的平均数不等，但标准差相等，则（　　）。
   A. 平均数小，代表性大　　　　　　　B. 平均数大，代表性大
   C. 无法进行正确判断　　　　　　　　D. 两个平均数代表性相同

4. 本年与上年相比，若物价上涨 15%，则本年的 1 元（　　）。
   A. 只值上年的 0.85 元　　　　　　　B. 只值上年的 0.87 元
   C. 与上年的 1 元钱等值　　　　　　　D. 无法与上年比较

5. 如商品寿命周期（导入、成长、成熟、衰退）、经济危机（危机、萧条、恢复、繁荣），这种周期不确定变量值由高到低，再由低到高的周而复始的变动规律，称为（　　）。
   A. 长期趋势　　　　B. 季节变动　　　　C. 循环变动　　　　D. 不规则变动

二、多项选择题

1. 某年兰州市旅客发送总量为 1358.8 万人次，这是（　　）。
   A. 时期总量指标　　　　B. 时点总量指标　　　　C. 数量指标

D. 实物指标　　　　　　E. 综合指标

2. 下列属于强度相对指标的是（　　）。

A. 人均粮食消费量　　B. 人均粮食产量　　C. 人均拥有病床数

D. 人均国民收入　　　E. 人均棉布消费量

3. 某店铺 2020 年 9 月的销售资料数据如下表。

售出棉毛衫号码（厘米）	80	85	90	95	100	105	合计
售出件数（件）	6	18	30	48	12	6	120

则下列结论中正确的是（　　）。

A. 95 厘米棉毛衫是众数

B. 95 厘米棉毛衫是中位数

C. 售出棉毛衫的平均尺寸是 92.5 厘米

D. 总体单位总数是 120 件

E. 中位数是 90 与 95 的简单算术平均数

4. 对离散程度几个测量值的不同特点描述正确的是（　　）。

A. 在有开口组的次数分布中，也能计算全距

B. 异众比率一般只适用于分组数据

C. 异众比率主要用于定类尺度的分析

D. 四分位差越小，说明全部数据的分布越集中

E. 标准差也有计量单位

5. 同度量因素的作用有（　　）。

A. 同度量作用　　　　B. 比较作用　　　　C. 权数作用

D. 稳定作用　　　　　E. 平衡作用

三、判断题

1. 结构相对数的数值只能小于 1。（　　）

2. 比较两总体平均数的代表性，标准差系数越大，说明平均数的代表性越好。（　　）

3. 时间数列中的发展水平都是统计绝对数。（　　）

4. 平均增长速度可以直接根据环比增长速度来计算。（　　）

5. 指数的实质就是相对数，它能反映现象变动和差异的程度。（　　）

四、简答题

1. 如何区别强度相对指标与算术平均指标？

2. 什么叫指数体系和因素分析？

3. 已知产品产量较上期增长 20%，生产总费用增加 16%，试确定单位成本如何变化？

五、分析题

1. 某高校某系学生的体重资料如下表。

按体重分组 / 千克	学生人数 / 人
52 以下	28
52～55	39
55～58	68
58～61	53
61 以上	24
合计	212

试根据所给资料计算学生体重的算术平均数、中位数、众数。

2. 某企业今年产值计划完成指标为108%，比上年增长9.5%；该企业主导产品每台成本应在上年1098元的基础上降低1.91%，今年经成本核算，结果为1057元。要求：
① 计算计划产值应比上年增长多少？
② 确定企业主导产品降低成本计划执行情况？

3. 某市某年社会商品零售总额为2570万元，比上年增长9.4%，扣除零售物价上涨因素，实际增长了7.3%，试建立指数体系进行因素分析（绝对数取整数，相对数保留0.1%）。

【实操训练】

1. 下图为规模以上工业原煤产量的增速月度走势图，计算平均月增速是多少。

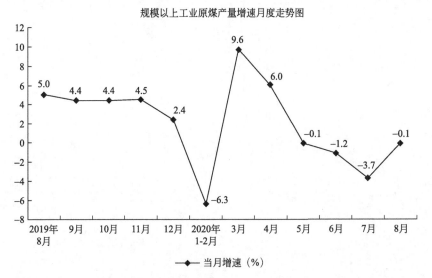

2. 第46次《中国互联网络发展状况统计报告》显示，截至2020年6月，我国网民规模达9.40亿，较2020年3月增长3625万，互联网普及率达67.0%，较2020年3月提升2.5个百分点。计算2020年3月的互联网普及率。

【知识延伸】

回归分析与相关分析的联系与区别

相关分析和回归分析有着密切的联系，它们不仅具有共同的研究对象，而且在具体应用时，常常必须互相补充。相关分析需要依靠回归分析来表明现象数量相关的具体形式，而回归分析则需要依靠相关分析来表明现象数量变化的相关程度。只有当变量之间存在着高度相关时，进行回归分析寻求其相关的具体形式才有意义。由于上述原因，回归分析和相关分析在一些统计学的书籍中被合称为相关关系分析。但是，应当指出相关分析与回归分析之间在研究目的和方法上是有明显区别的。相关分析研究变量之间相关的方向和相关的程度。但是相关分析不能指出变量间相互关系的具体形式，也无法从一个变量的变化来推测另一个变量的变化情况。回归分析则是研究变量之间相互关系的具体形式，它对具有相关关系的变量之间的数量联系进行测定，确定一个相关的数学表达式，根据这个数学方程式可以从已知量来推测未知量，从而为估算和预测提供一个重要的方法。因此，相关分析可以不必确定变量中哪个是自变量，哪个是因变量，其所涉及的变量可以都是随机变量。而回归分析则必须事先研究确定具有相关关系的变量中哪个为自变量，哪个为因变量。一般地说，回归分析中因变量是随机的，而把自变量作为研究时给定的非随机变量。

相关与回归分析可以加深人们对客观现象之间相关关系的认识，因而是对客观现象进行分析的有效方法。但是，相关分析和回归分析只是定量分析的手段。通过相关与回归分析虽然可以从数量上反映现象之间的联系形式及其密切程度，但是无法准确地判断现象内在联系的有无，也无法单独以此来确定何种现象为因、何种现象为果。只有以实质性科学理论为指导，并结合实际经验进行分析研究，才能正确判断事物的内在联系和因果关系。对没有内在联系的事物进行相关和回归分析，不但没有意义，反而会导致荒谬的结论。因此在应用这两种方法对客观现象进行研究时，一定要始终注意把定性分析和定量分析结合起来，在定性分析的基础上开展定量分析。

项目五

商务数据分析应用

【学习目的】
1. 熟悉商务数据指标体系的含义；
2. 掌握利用 Excel 进行商务数据统计分析的方法；
3. 掌握电子商务市场数据分析的技能；
4. 掌握电子商务日常运营数据分析的技能；
5. 掌握电子商务产品数据分析的技能；
6. 学会运用静态描述、动态趋势、综合指数的统计方法，完成商务数据的分析。

【案例导入】

1. 仓储数据分析

仓储是供应链管理中非常关键的一个环节，电子商务环境下，仓储一般指的是库存。企业定期对库存数据进行分析，可以及时调整库存管理策略、保证商品供应的平衡、控制商品破损比、加快资金周转等。小周是某电子商务企业仓库管理人员，按照公司要求，小周本周需要对上半年的库存数据进行整理分析，并将结果上报给部门领导。库存数据分析的意义不仅仅在于核对产品数量的对错，还在于通过数据分析了解产品库存的情况，从而判断库存产品结构是否完整、产品数量是否适中，以及库存破损比例是否在可控范围内。

提出问题：小周如何按照公司要求，对上半年的仓储数据进行整理分析？

2. 产品交易指数分析

市场交易额（量）的变化反映了一定时期内某产品的市场销售趋势，但该数据属于企业核心数据，通常难以采集，因此引入产品交易指数。产品交易指数是商品的总体支付金额进行指数化后的指数类指标，是产品在平台交易热度的体现，交易指数越高，代表支付金额越高。某电商企业在天猫商城开设太阳镜旗舰店，近期部门经理安排小李对类目行业的交易变化趋势进行分析，找到该类目产品的淡旺季变化规律，同时根据市场节奏预估自己类目在下一年的交易指数范围，为合理制作出自身本年度的运营规划提供指导。小李为了更真实、更准确地发现太阳眼镜的销售变化规律，尽可能地取到最多的数据，利用 Excel 将数据转化为折线图，进行变化趋势分析，并对月度交易指数进行求和得出年度交易指数，最后通过计算预测出下一年的行业交易指数范围。

提出问题：小李是如何完成产品交易指数分析的？

【任务分解】

任务一　商务数据分析认知

一、认识商务数据分析

数据分析，是指通过建立分析模型对数据进行核对、检查、复算、判断等操作，将数据的现实状态与理想状态进行比较，从而发现规律，得到分析结果的过程。

商务数据分析，是指运用有效的方法和工具收集、处理、分析数据，并获取综合指标的过程。商务数据分析的内容：市场数据分析、运营数据分析、产品数据分析。

二、商务数据分析指标体系

1. 市场类指标体系

市场类指标主要用于描述行业情况和企业在行业中的发展情况，是企业制定经营决策时需要参考的重要内容。主要指标有行业销售量、行业销售量增长率、行业销售额、行业销售额增长率、企业市场占有率、市场增长率、竞争对手销售额、竞争对手客单价。

（1）行业销售量。即在一定时间内行业产品的总成交数量。

（2）行业销售量增长率。

$$行业销售量增长率 = 行业本期产品销售增长数量 \div 行业上期或同期产品销售总数量 \times 100\%$$
$$= （行业本期产品销售量 - 行业上期或同期产品销售量）\div 行业上期或同期产品销售量 \times 100\%$$

（3）行业销售额。即在一定时间内行业内与所有成交数量对应的销售金额，同一交易类型，行业成交数量越大，行业销售额就越大。

（4）行业销售额增长率。

$$行业销售增长率 = 行业本期产品销售增长额 \div 行业上期或同期产品销售额 \times 100\%$$
$$= （行业本期产品销售额 - 行业上期或同期产品销售额）\div 行业上期或同期产品销售额 \times 100\%$$

（5）企业市场占有率。

$$企业市场占有率 = 企业销售量（额）\div 行业销售量（额）\times 100\%$$

（6）市场增长率。

$$市场增长率 = [本期市场销售量（额）- 上期市场销售量（额）] \div 上期市场销售量（额）\times 100\%$$

（7）竞争对手销售额。即企业竞争对手在单位时间内与所销售产品数量对应的总销售金额。

（8）竞争对手客单价 = 竞争对手成交金额 ÷ 竞争对手成交客户数

2. 运营类指标体系

在企业运营过程中会产生大量的客户数据、推广数据、销售数据、供应链数据，整理并分析各类数据，对企业运营策略的制定与调整有至关重要的作用。

（1）客户数据指标体系。客户数据化运营是企业运营的重要基础，客户数据指标主要用于描述可营销客户的黏度和忠诚度。主要指标有：客户回购率、客户流失率、客户留存率、消费频率、收藏人数、加购人数。

① 客户回购率：上一期期末活跃客户在下一期内有购买行为的客户比率。
② 客户流失率：一段时间内没有消费的客户比率。
③ 客户留存率：某时间节点的客户在某个特定时间周期内登录或消费过的客户比率。
④ 消费频率：在一定时间内客户消费的次数，消费频率越高，说明客户的忠诚度及价值越高。
⑤ 收藏人数：统计日期内通过对应渠道进入店铺访问的客户中，后续有商品收藏行为的客户人数。
⑥ 加购人数：统计日期内将商品加入购物车的客户人数。

（2）推广数据指标体系。流量直接关系着商品的销量，要想增加流量，必须进行适当的运营推广。推广活动通常从推广效果（收益、影响力）、推广成本以及活动黏合度（通常以用户关注数、收藏数、加购数、客单价等来衡量）等方面来衡量。主要指标有以下几个。

① 访客数：在统计周期内，访问网站的独立客户数。
② 新访客数：指首次访问网站的客户数。
③ 新访客占比：新访客数占访客数（UV）的比例。
④ 回访客数：指再次光临访问的客户数。
⑤ 回访客占比：回访客数占访客数（UV）的比例。
⑥ 浏览量：浏览量（PV）又称访问量，指在统计周期内，客户浏览网站页面的次数。客户每访问一个网页即增加一个访问量，多次打开或刷新同一个页面，该指标均累加。
⑦ 平均访问量：又称平均访问深度，指在统计周期内，客户每次访问页面的平均值，即平均每个 UV 访问了多少个 PV。
⑧ 停留时间：客户在同一访问周期内访问网站的时长，实际应用中，通常取平均停留时间。
⑨ 入站次数：在统计周期内，客户从网站外进入网站内的次数。在多标签浏览器下，访客对网站的每一次访问均有可能发生多次入站行为。
⑩ 跳失率：在统计周期内，访客入站后只浏览了一个页面就离开的次数占入站次数的比例，分为首页跳失率、关键页面跳失率、具体商品页面跳失率等。
⑪ 关注数：统计日期内新增店铺关注人数，不考虑取消关注的情况。
⑫ 展现量：统计日期内通过搜索关键词展现店铺或店铺商品的次数。
⑬ 点击量：某一段时间内某个或者某些关键词广告被点击的次数。
⑭ 转化率：电商营运的核心指标，也是用来判断营销效果的重要指标。

转化率=产生购买行为的客户人数÷所有到达店铺的访客人数×100%

⑮ 注册转化率：在统计周期内，新增注册客户数占所有新访客数的比例。

注册转化率=新增注册客户数÷新访客总数×100%

⑯ 收藏转化率：在统计周期内，将网站或商品添加收藏或关注到个人账户的客户数占该网站或商品总访问数的比例。

收藏转化率=添加收藏或关注的客户数÷该网站（商品）的总访问数×100%

⑰ 下单转化率：在统计周期内，确认订单的客户数占该商品所有访客数的比例。

下单转化率=确认订单客户数÷该商品的总访问数×100%

⑱ 客服转化率 = 咨询客服后产生购买行为的客户数÷咨询客服的总客户数×100%

⑲ 咨询转化率 = 最终下单人数÷询单人数×100%

⑳ 付款转化率 = 最终付款人数÷下单人数×100%

㉑ 成交转化率：在统计周期内，完成付款的客户数占该商品所有访客数的比例。

$$成交转化率=完成付款的客户数÷该商品的总访问数×100\%$$

其中，转化率包括全网转化率、类目转化率、品牌转化率、单品转化率、渠道转化率、事件转化率等。

（3）销售数据指标体系。即企业在销售过程中产生的指标合集，能够揭示企业的销售运行状况。主要指标有：销售量、销售额、销售毛利、销售毛利率、销售利润、销售利润率、投资回报率、订单退货率、客单价、件单价、连带率、动销率、滞销率等。

① 销售量：在一定时期内实际销售出去的产品数量。

② 销售额 = 访客数×成交转化率×客单价销售毛利

③ 销售毛利 = 销售收入净额 − 销售成本

④ 销售毛利率 = 销售毛利÷销售额×100%

⑤ 销售利润 = 营业收入 − 营业成本 − 税金及附加 − 销售费用 − 管理费用 − 财务费用 + 其他收益（−投资损失）+ 投资收益（−投资损失）+ 公允价值变动收益（−公允价值变动损失）+ 资产处置收益（−资产处置损失）。

⑥ 销售利润率 = 企业利润÷销售额×100%

⑦ 投资回报率 = 销售利润÷投资总额×100%

⑧ 订单转化率 = 有效订单数÷访客数×100%

⑨ 订单退货率 = 退货数量÷同期产品成交总数量×100%

⑩ 客单价 = 成交总金额÷成交客户总数

⑪ 件单价 = 成交总金额÷成交产品数量

⑫ 连带率 = 销售量÷交易总次数

⑬ 动销率：即评价企业综合得分的指标，动销率不一定越高越好，需要结合企业情况具体分析。

$$动销率=动销品种数÷仓库总品种数×100\%$$

⑭ 滞销率 = 滞销产品数÷企业总产品数×100%

（4）供应链数据指标体系。企业在采购、物流、仓储环节产生的指标合集，称为供应链数据指标体系。该指标合集能够反映企业供应链环节的情况和存在的问题。主要指标有：采购金额、采购数量、库存金额、库存量、库存周转天数、售罄率、平均配送成本、订单响应时长、订单满足率、平均送货时间等。

① 库存周转率 =360÷库存周转天数。

② 库存周转天数 = 某时间单位天数×(1/2)×(期初库存数量 + 期末库存数量)÷某时间单位销售量。

③ 售罄率 = 销售量÷库存总量（或采购总量）×100%。

④ 平均配送成本 = 单位时间内配送货物总成本÷单位时间内配送货物总数量。

⑤ 订单响应时长：即客户下单到收货的时长，订单响应时长越短客户满意度越高。

⑥ 订单满足率 = 单位时间内已完成订单数量÷单位时间内已接收的订单总数量×100%。

⑦ 平均送货时间 = 总送货时间÷某一时间单位内的送货次数。

3. 产品类指标体系

产品分析需要通过对产品在流通运作中的各项指标进行统计与分析，来指导产品的结构调整、价格升降，由此决定产品的库存系数以及引进和淘汰决策。它直接影响店铺的经营效益，关系到采购、物流和运营等多个部门的有效运作。库存量单位（SKU）：即库存进出计量的基本单元，以件、盒、托盘等为单位。标准化产品单元（SPU）：这是一组可复用、易检索的标准化信息的集合，该集合描述了一个产品的特性。主要指标有：产品搜索指数、产品毛利率、产品交易指数等。

① 产品搜索指数：选定日期内该产品通过搜索进入产品详情页的访客数，经指数化后的指标，反映搜索趋势，但不等同于搜索次数。

② 产品毛利率＝毛利/营业收入×100%=(主营业务收入－主营业务成本)/主营业务收入×100%

③ 产品交易指数：根据产品交易过程中的核心指标如订单数、买家数、支付件数、支付金额等，进行综合计算得出的数值。数值越大，反映交易的热度越大，不等同于交易金额。

三、商务数据分析软件

1. 数据分析软件简介

电子商务数据分析可以通过 Office 中的 Word、Excel、PowerPoint 系列软件，以及 SAS、SPSS、S-plus、Minitab、Statistica、Eviews 等专业软件来表现。

（1）SAS。是目前国际上最为流行的一种大型统计分析系统，被誉为统计分析的标准软件。尽管价格不菲，SAS 依然已被广泛应用于政府行政管理、科研、教育、生产和金融等不同领域，并且发挥着愈来愈重要的作用。

（2）SPSS。作为仅次于 SAS 的统计软件工具包，在社会科学领域有着广泛的应用。SPSS 是世界上最早的统计分析软件，由美国斯坦福大学的三位研究生于 20 世纪 60 年代末研发成功。由于 SPSS 容易操作、输出漂亮、功能齐全、价格合理，所以很快地应用于自然科学、技术科学、社会科学的各个领域，世界上许多有影响的报纸杂志纷纷就 SPSS 的自动统计绘图、数据的深入分析、使用方便、功能齐全等方面给予了高度的评价与称赞。

（3）Excel。凡是有 Microsoft Office 的计算机，基本上都装有 Excel，目前 Excel 2010 的主要功能有：表格功能、视图功能、协同工作功能、分析功能且不限时间、地点访问工作簿。利用 Excel 2010 可以更快、更灵活、更有效地完成任务，提高了工作质量。

2.Excel 2010 在商务数据分析中的应用

（1）描述性统计分析

① 在 Excel 中添加"数据分析"加载项。

打开 Excel，点击"文件"选项卡，进入"文件"功能区，单击"选项"按钮，在弹出的 Excel 选项框中点击"加载项"按钮，在加载项对话框里找到"管理"功能区，点击其下拉列表，选择"Excel 加载项"，并单击"转到"按钮，即可弹出"加载宏"对话框。如图 5-1 所示。

在"加载宏"对话框中选中"分析工具库""分析工具库 –VBA"（分析工具库的编程加载项）复选框，点击"确定"

图 5-1 "加载宏"

按钮,即可完成"数据分析"加载项的添加。在 Excel 的"数据"菜单的右上角即出现了"数据分析"功能项,如图 5-2 所示。

图 5-2 "数据分析"

② 利用 Excel 进行数据的描述性统计分析。

打开如图 5-3 所示的"活动访问数据",选择"数据"选项卡,单击"数据分析"按钮。在弹出的"数据分析"对话框中选中"描述统计"分析工具,单击"确定"按钮,便弹出了"描述统计"对话框。如图 5-4 所示。

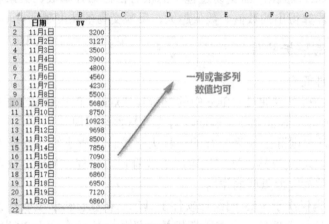

图 5-3 "活动访问数据"

图 5-4 "描述统计"

在"描述统计"对话框中完成各类参数的设置。

输入区域：选择需要分析的数据源区域，可选多行或多列，可以采用鼠标进行框选，也可以用键盘进行输入，输入时需要带上绝对引用符号"$"，如本例中数据源区域为 $B$1:$B$21（注：后文中都采用简写，即，B1:B21）。

分组方式：选择分组方式，如果需要指出【输入区域】中的数据是按行还是按列分组，则选择"逐行"或"逐列"，如本例中选择"逐列"。

标志位于第一行：若数据源区域第一行含有标志（字段名、变量名），则应勾选，否则，Excel字段将以"列1、列2、列3……"作为列标志，本例勾选【标志位于第一行】。如图5-5所示。

输出区域：可选当前工作表的某个活动单元格、新工作表组或新工作簿，本例将结果输出至当前工作表的 D2 单元格。

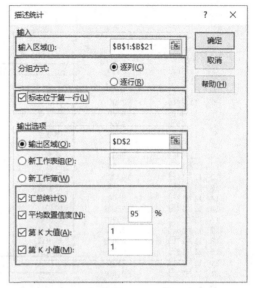

图 5-5 "描述统计"对话框各类参数

汇总统计：包括平均值、标准误差(相对于平均值)、中位数、众数、标准差、方差、峰度、偏度、区域、最小值、最大值、求和、观测数等相关指标，本例勾选【汇总统计】复选框。

第 K 大(小) 值：表示输入数据组的第几位最大（小）值。本例勾选此复选框，并输入"1"，结果出现最大值和最小值。

平均数置信度：置信度也称为可靠度，或置信水平、置信系数，是指总体参数值落在样本统计值某一区内的概率，常用的置信度为95%或90%，本例勾选此复选框，并输入"95%"，可用来计算在显著性水平为5%时的平均值置信度。

完成"描述统计"的设置后，点击"确定"按钮，描述统计结果就会在设定的输出区域展示，如在此案例中输出区域选择在本表展示结果，如图5-6所示。由于"双11"的到来，随着平台各种推广活动的开展，访客量在"双11"前呈增长趋势，且在"双11"当天达到访客量最高，随着活动结束，店铺的访客量有所下降，但是整体来看本次活动让店铺访客量的平均水平得到了提高。

③ 在 Excel 中进行频数分析。将某企业日期和月度客户购买数量依次列在单元格 A 和单元格 B 中，如图5-7所示。

添加排序。复制"购买人数"中的数据粘贴在 C 单元格中，之后选中 C1 到 C31 区域，点击鼠标右键，依次点击"排序"和"升序"按钮，完成排序。

添加分组与分组上限，如图5-8所示。在 E 单元格中添加 6 个分组，依次为："90-100""100-110""110-120""120-130""130-140""140-150"，在 C 单元格中添加分组上限，依次为："99""109""119""129""139""149"。

依次点击"数据""数据分析"按钮。依次点击【数据分析】编辑框中的"直方图""确定"按钮。在【直方图】编辑框中的"输入区域"输入排序的数值区域，在"接收区域"输入分组上限的数值区域，在"输出区域"输入将要形成表格的起始位置，最后选中"累积百分率"和"图表输出"两个选项并点击"确定"按钮。

	A	B	C	D	E	F
1	日期	UV				
2	11月1日	3200			UV	
3	11月2日	3127				
4	11月3日	3500		平均	6345.2	
5	11月4日	3900		标准误差	498.9524215	
6	11月5日	4800		中位数	6860	
7	11月6日	4560		众数	6860	
8	11月7日	4230		标准差	2231.383064	
9	11月8日	5500		方差	4979070.379	
10	11月9日	5680		峰度	-0.700629171	
11	11月10日	8750		偏度	0.229487765	
12	11月11日	10923		区域	7796	
13	11月12日	9698		最小值	3127	
14	11月13日	8500		最大值	10923	
15	11月14日	7856		求和	126904	
16	11月15日	7090		观测数	20	
17	11月16日	7800		最大(1)	10923	
18	11月17日	6860		最小(1)	3127	
19	11月18日	6950		置信度(95.0%)	1044.31942	
20	11月19日	7120				
21	11月20日	6860				
22						

图 5-6 描述统计结果

	A	B	C
1	日期	购买人数	排序
2	7月1日	120	96
3	7月2日	126	98
4	7月3日	123	99
5	7月4日	140	99
6	7月5日	134	100
7	7月6日	135	101
8	7月7日	133	106
9	7月8日	128	112
10	7月9日	136	115
11	7月10日	129	120
12	7月11日	141	120
13	7月12日	139	120
14	7月13日	100	123
15	7月14日	112	126
16	7月15日	98	128
17	7月16日	99	128
18	7月17日	96	128
19	7月18日	101	129
20	7月19日	120	130
21	7月20日	128	133
22	7月21日	130	134
23	7月22日	142	135
24	7月23日	144	136
25	7月24日	149	139
26	7月25日	141	140
27	7月26日	120	141
28	7月27日	115	141
29	7月28日	106	142
30	7月29日	99	144
31	7月30日	128	149

图 5-7 某企业客户购买数量

	A	B	C	D	E
1	日期	购买人数	排序	分组上限	分组
2	7月1日	120	96	99	90-100
3	7月2日	126	98	109	100-110
4	7月3日	123	99	119	110-120
5	7月4日	140	99	129	120-130
6	7月5日	134	100	139	130-140
7	7月6日	135	101	149	140-150
8	7月7日	133	106		
9	7月8日	128	112		

图 5-8 添加分组与分组上限

图 5-9 "累积百分率"

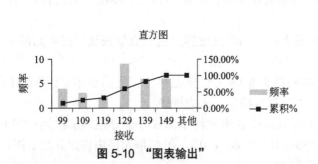

图 5-10 "图表输出"

	A	B	C
1	商品价格	价格分组	
2	30		
3	30		
4	31		
5	32		
6	28		
7	26		
8	27		
9	35		
10	34		
11	29		
12	25		
13	38		
14	35		
15	30		
16	24		
17	29		
18	30		
19	34		
20	29		

图 5-11 某企业商品价格

以上操作完成后,会自动生成频数累积统计表与直方图,如图 5-9、图 5-10 所示。

④ 在 Excel 中进行分组分析。如图 5-11 所示,为某企业商品价格,利用 Excel 的 D、E、F 区域制作分组表格,在 D 区域设置分组下限(价格最小值)、E 区域设置分组并标记组限(各组名称)、F 区域设置分组价格区间。

设置分组表,此处设置组限为"20-25""25-30""30-35""35-40",对应分组下限分别为“20”“25”“30”“35”，对应价格区间分别为“20 ≤ X < 25”“25 ≤ X < 30”“30 ≤ X < 35”“35 ≤ X < 40”。

选中 B2 单元格，输入“VLOOKUP(A2，$D$2：$E$6，2)”，点击键盘“Enter”键，将 A2 单元格中的商品价格自动分组到“30-35”中（图 5-12）。VLOOKUP(A2，$D$2：$E$6，2) 公式的含义：“A2”为需要分组的数值；“$D$2”为 A2 对应数值中的最小值。

B2　`=VLOOKUP(A2,$D$2:$E$6,2)`

	A	B	C	D	E	F
1	商品价格	价格分组		价格最小值	分组名称	价格区间
2	30	30-35		20	20-25	20≤X<25
3	30			25	25-30	25≤X<30
4	31			30	30-35	30≤X<35
5	32			35	35-40	35≤X<40
6	28					

图 5-12　输入“VLOOKUP(A2，$D$2：$E$6，2)”

将鼠标移动到 B2 单元格右下角，等到出现“+”后，点击鼠标左键拖动至 B20 单元格。完成上一步操作后，Excel 会自动套用公式快速完成分组。如图 5-13 所示。

	A	B	C	D	E	F
1	商品价格	价格分组		价格最小值	分组名称	价格区间
2	30	30-35		20	20-25	20≤X<25
3	30	30-35		25	25-30	25≤X<30
4	31	30-35		30	30-35	30≤X<35
5	32	30-35		35	35-40	35≤X<40
6	28	25-30				
7	26	25-30				
8	27	25-30				
9	35	35-40				
10	34	30-35				
11	29	25-30				
12	25	25-30				
13	38	35-40				
14	35	35-40				
15	30	30-35				
16	24	20-25				
17	29	25-30				
18	30	30-35				
19	34	30-35				
20	29	25-30				

图 5-13　自动套用公式快速完成分组

“20–25”区间出现了 1 次商品价格，“25–30”区间出现了 7 次商品价格，“30–35”区间出现了 7 次商品价格，“35–40”区间出现了 3 次商品价格，由此可见该商品价格通常集中在“25–30”和“30–35”这两个区间内。

⑤ 在 Excel 中进行交叉分析。某企业原始数据如图 5-14 所示。

点击 Excel 菜单栏“插入”按钮，随后点击“数据透视图”按钮。点击“数据透视图和数据透视表”按钮，进入创建数据透视表编辑框。在【创建数据透视图】编辑框中的“选择一个表或区域”中，输入需要进行处理的数据区域。选择“现有工作表”，在“位置”中输入将要放置新表的位置。在右侧【数据透视图字段】编辑区，选择“地区”“产品”“销量”这几个需要呈现在数据图中的指标。随后，自动生成数据透视图。选中已经生成的数据表，在右侧“数据透视表字段”编辑区，单击鼠标左键，将“产品”字段拖动到“列”的下方。随后自动生成新的数据透视表，新的数据透视表生成后，数据透视图同时完成更新。

	A	B	C	D
1	月份	地区	产品	销量（吨）
2	6月	A地区	葡萄	28
3	6月	B地区	葡萄	36
4	6月	B地区	桃子	42
5	6月	C地区	葡萄	37
6	6月	C地区	桃子	29
7	6月	A地区	桃子	43
8	6月	D地区	葡萄	35
9	6月	D地区	桃子	41
10	7月	B地区	葡萄	27
11	7月	C地区	葡萄	38
12	7月	B地区	桃子	39
13	7月	A地区	葡萄	48
14	7月	C地区	桃子	52
15	7月	A地区	桃子	46
16	7月	D地区	葡萄	38
17	7月	D地区	桃子	33

图 5-14　某企业原始数据

通过以上操作，表格中会同时出现原始数据、数据透视表和数据透视图。如图5-15所示。

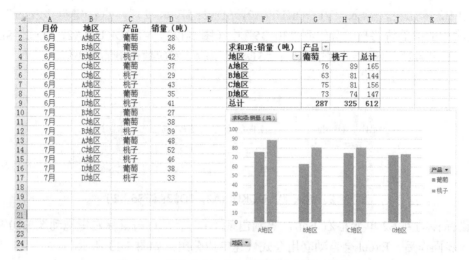

图 5-15　原始数据、数据透视表和数据透视图

分析：

B 地区在 2019 年 6 月和 7 月，葡萄销量在 4 个区域中最少，为 63 吨，可见 4 个地区中，B 地区在 6 月和 7 月较不适合销售葡萄；

A 地区在 2019 年 6 月和 7 月，桃子销量在 4 个区域中最多，为 89 吨，可见 4 个地区中，A 地区在 6 月和 7 月较适合销售桃子；

在 2019 年 6 月和 7 月，葡萄和桃子总销量最多的依次为 A 地区、C 地区，销量分别为 165 吨、156 吨，可见这两个区域在 4 个区域中较为适合同时销售葡萄和桃子；

除以上分析结果外，还可以清楚地看到 A、B、C、D 四个区域在 2019 年 6 月和 7 月葡萄和桃子的对应销量、总销量以及 4 个区域的整体销量。

⑥ 在 Excel 中进行漏斗图分析。漏斗图分析是使用漏斗图展示数据分析过程和结果的数据分析方法。该方法适合分析业务周期长、流程规范且环节多的指标，比如网站转化率、销售转化率等。漏斗图可以提供的信息主要有 7 个，包括：进入的访次、离开的访次、离开网站的访次、完成的访次、每个步骤的访次、总转化率、步骤转化率等。漏斗图分析法能够直观展示业务流程及其相应数据，同时说明数据规律，通过漏斗图分析法企业可以快速发现业务环节中存在的问题，并及时优化和解决问题。

完成如图 5-16、图 5-17 所示的数据的漏斗图。

步骤环节	客户数	上一环节转化率	总体转化率
浏览产品	2000	0	100%
加入购物车	1050	52.50%	52.50%
订单生成	600	57.14%	30%
订单支付	430	71.67%	21.50%
完成交易	350	81.40%	17.50%

图 5-16　源数据

步骤环节	占位数据	客户数	上一环节转化率	总体转化率
浏览产品	0	2000	0	100%
加入购物车	475	1050	52.50%	52.50%
订单生成	700	600	57.14%	30%
订单支付	785	430	71.67%	21.50%
完成交易	825	350	81.40%	17.50%

图 5-17　添加"占位数据"

根据图 5-16 中的源数据，在单元格 B 单元列添加"占位数据"（图 5-17）。

占位数据计算方式：

占位数据=（最初环节数据−正在进行环节数据）÷2＝（C2−Cn）÷2，

如订单生成对应的占位数据＝（浏览产品客户数−订单生成客户数）÷2＝（2000−600）÷2=700。

添加条形图，选中表格中"A1：C6"区域后，点击右下角图表标志。鼠标选择"图表"按钮后，点击"堆积条形图"按钮。点击鼠标，选中数据线条，然后点击鼠标右键。点击"设置网格线格式"按钮。在"设置主要网格线格式"区域，选择"无线条"按钮。点击鼠标，选中"占位数据"显示条。在右侧"设置数据系列格式"编辑框，选择填充图标下的"无填充"按钮。点击鼠标，选中图表左侧文字框，点击鼠标右键并选择"设置坐标轴格式"按钮。在右侧"设置坐标轴格式"编辑区，勾选"逆序类别"按钮。然后选择"标签"下的"轴旁"并选择"无"。

经过以上操作后，得到成形的漏斗图，如图 5-18 所示。如果需要，可以使用 Excel 插入选项框下的"形状"按钮，对漏斗图进行美化。比如利用线条将漏斗图各部分进行连接或插入图形及文字进行数值标记。

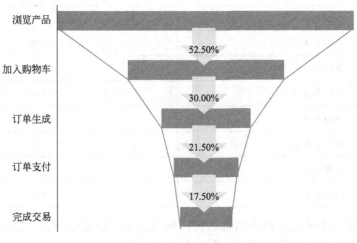

图 5-18　漏斗图

（2）对比分析

① 对比分析法。也叫比较分析法，是将两个或两个以上有关联的指标进行对比，从数量上展示和说明这几个指标的规模大小、速度快慢、关系亲疏、水平高低等情况。使用对比分析的方法，可以直观地看到被比较指标之间的差异或变动，并通过数据量化的方式呈现出被比较指标之间的差距值。对比分析的注意事项包括：指标的类型一致；指标的计量单位一致；指标的计算方式一致；指标的内涵及延伸可比；指标的时间范围可比；指标的整体性质可比。

竞争对手对比：采用企业自身指标数据与竞争对手指标数据进行行业上的对比，目的是通过了解竞争对手的信息、发展策略及行动，对比企业自身情况后制定出合理的应对措施，以达到企业优化和提升的效果。

目标与结果对比：指标目标与实际完成值进行对比，以此分析出两者之间的差距以及差距的数值等情况。

不同时期对比：指标在不同时期的数据进行对比，以了解同一指标的发展情况。

活动效果对比：指标在活动开展前后的情况进行对比，能够反映活动产生的效果。

对比分析方法包括同比分析法和环比分析法。同比分析法：指对同类指标本期与同期数据进行比较，企业数据分析时常用来比较本期与上年同期的数据。环比分析法：指对同类指标本期与上期数据进行比较，企业数据分析时常用来对同年不同时期的情况进行比较。

② 在 Excel 中进行同比分析。依次点击"插入""数据透视图"按钮，在【创建数据透视表】编辑框中的"选择一个表或区域"中，输入需要进行处理的数据区域（表 5-1），然后选中"现有工作表"并在"位置"中输入数据透视表将要放置的位置。在右侧【数据透视图字段】编辑区，选择"销售额""季度""年"这几个需要呈现在数据图中的指标。随后，将"销售额"拖拽至"值"，将"季度"拖拽至"行"，将"年"拖拽至"列"。

表 5-1　2018 年 1—12 月销售额

时间	销售额 / 万元
2018 年 1 月	166
2018 年 2 月	185
2018 年 3 月	180
2018 年 4 月	200
2018 年 5 月	199
2018 年 6 月	182
2018 年 7 月	198
2018 年 8 月	196
2018 年 9 月	194
2018 年 10 月	221
2018 年 11 月	206
2018 年 12 月	199

选中汇总的某一个数值并点击鼠标右键，然后点击"值显示方式"按钮。点击"差异百分比"按钮，在【值显示方式】编辑框的"基本项"选择"上一个"。

经过以上操作，会自动生成企业 2018 年各月的环比增长率数值及图表，如图 5-19 所示。

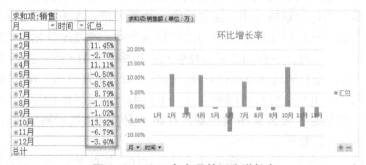

图 5-19　2018 年各月的环比增长率

（3）趋势分析

① 认识趋势分析。在已有数据的基础上，利用科学的方法和手段，对未来一定时期内的

市场需求、发展趋势和影响因素的变化作出判断，进而为营销决策服务。

做出简单的数据趋势图，并不算是趋势分析，趋势分析更多的是需要明确数据的变化，以及对变化原因进行分析，包括外部原因和内部原因。

图表趋势预测法的基本流程：根据给出的数据制作散点图或者折线图；观察图表形状并添加适当类型的趋势线；利用趋势线外推或利用回归方程计算预测值。

常用的趋势线有线性趋势线、指数趋势线、对数趋势线、多项式趋势线、乘幂趋势线、移动平均趋势线。

② 利用线性趋势线预测店铺销售额。

线性趋势线：适用于增长或降低的速度比较平稳、关系稳定，数据点构成趋势近乎直线的预测，如某企业产量与用电量数据。

先将"某店铺2010—2018年销售额数据"录入到"A2：B12"单元格内，选择"A2：B12"单元格区域，选择"插入"选项卡，在"图表"组中单击"折线图"下拉按钮，选择"带数据标记的折线图"选项，即可完成折线图的添加，如图5-20所示。

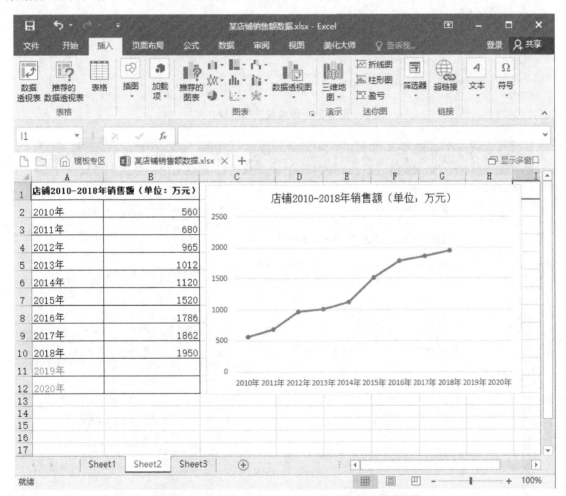

图 5-20　某店铺 2010—2018 年销售额与"折线图"

选中折线图表，在"图表工具"中选择"设计"选项卡，在"添加图表元素"组中单击"趋势线"下拉按钮，选择"线性"选项，即可完成线性趋势线的添加。如图5-21所示。

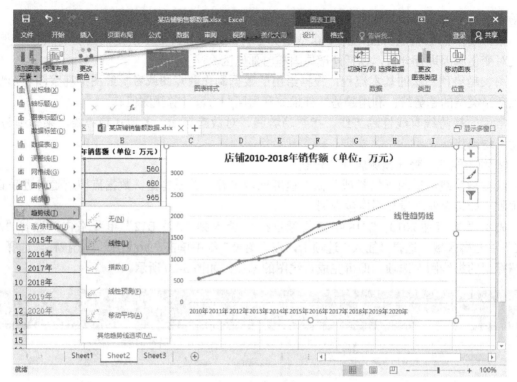

图 5-21 添加线性趋势线

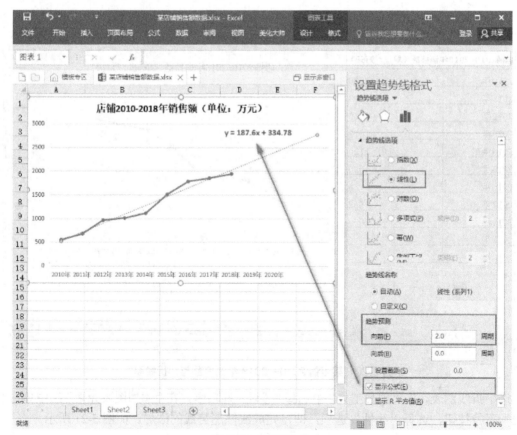

图 5-22 显示公式

双击插入的趋势线，弹出"设置趋势线格式"对话框，本例中需往前预测两年的销售额，故在"趋势预测"选项区中的"向前"文本框中输入"2"，选中"显示公式"复选框，然后单击"关闭"按钮。如图 5-22 所示。

在图表中查看预测公式，使用公式计算预测年份的销售额。如本例中公式为"y = 187.6x + 334.78"，其中"x"是第几个年份对应的数据点，"y"是对应年份的销售额。由于 2019 年是第 10 个数据点，2020 年是第 11 个数据点，由此计算出 2019 年、2020 年的预测销售额如下：

$$y_{2019年} = 187.6 \times 10 + 334.78 \approx 2210.78（万元）$$
$$y_{2020年} = 187.6 \times 11 + 334.78 \approx 2398.38（万元）$$

③ 利用指数趋势线预测店铺销量。

指数趋势线：适用于增长或降低的速度持续增加，且增加幅度越来越大的数据集合，数据点构成趋势为曲线的预测，需要注意的是如果数据值中含有零或负值，不能使用指数趋势线。

先将"某店铺近 10 月销售量数据（单位：万元）"的数值录入到"A2：B11"单元格内，并增加 10 月、12 月到 A12、A13，选择"A2：B13"单元格区域，选择"插入"选项卡，在"图表"组中单击"散点图"下拉按钮，选择"仅带数据标记的散点图"选项，散点图插入完成后，添加图表标题，完成图表的基本设置。如图 5-23 所示。

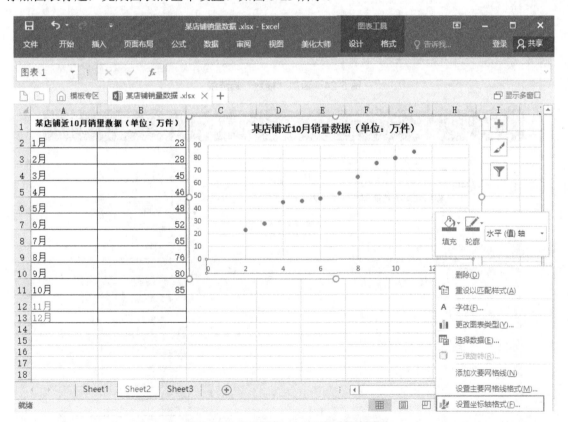

图 5-23 某店铺近 10 月销售量散点图

选中散点图图表，在"图表工具"中选择"设计"选项卡，在"添加图表元素"组中单击"趋势线"下拉按钮，选择"指数"选项，完成趋势线添加。如图 5-24 所示。

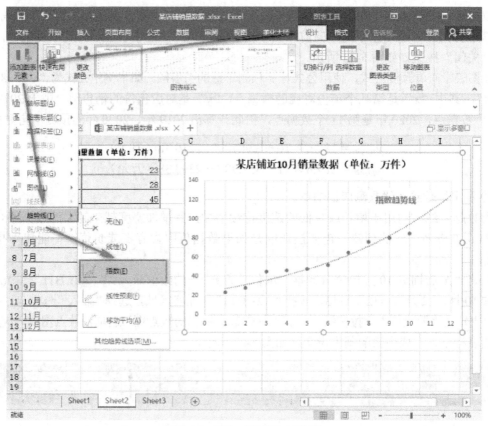

图 5-24 添加"指数"趋势线

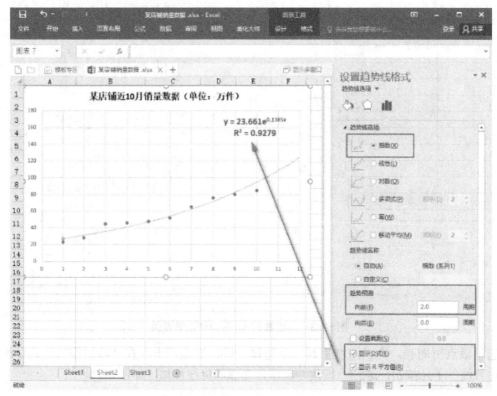

图 5-25 显示"指数"趋势线公式

双击插入的趋势线,弹出"设置趋势线格式"对话框(图 5-25),本例中需往前预测两月的销量,故在"趋势预测"选项区中"向前"文本框中输入 2,选中"显示公式"和"显示 R 平方值"复选框,然后单击"关闭"按钮。

根据公式或趋势线预测"11 月"和"12 月"的销量,如本例中公式为"y = 23.661e0.1385x",其中"x"是第几个月份对应的数据点,"y"是对应月份的销量。由于 11 月是第 11 个数据点,12 月是第 12 个数据点,由此计算出 11 月、12 月的预测销量如下:

$$y_{11月} = 23.661e^{0.1385 \times 11} \approx 108.56 （万元）$$

$$y_{12月} = 23.661e^{0.1385 \times 12} \approx 124.69 （万元）$$

④ 利用多项式趋势线预测销售费用。

多项式趋势线:适用于增长或降低的波动较大的数据集合,它可用于分析大量数据的偏差。多项式的阶数可由数据波动的次数或曲线中拐点(峰和谷)的个数确定。二阶多项式趋势线通常仅有一个峰或谷。三阶多项式趋势线通常有一个或两个峰或谷,四阶通常多达三个。

先将"某店铺销售额和销售费用"录入到"B2:C22"单元格内,选择"B2:C22"单元格区域,选择"插入"选项卡,在"图表"组中单击"散点图"下拉按钮,选择"仅带数据标记的散点图"选项,完成散点图的插入。调整图表的大小和位置,添加图表标题,散点图即设置成功。如图 5-26 所示。

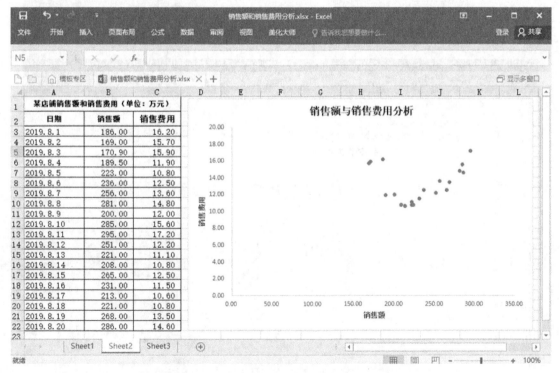

图 5-26 "某店铺销售额和销售费用"散点图

选中散点图图表,在"图表工具"中选择"设计"选项卡,在"添加图表元素"组中单击"趋势线"下拉按钮,选择"线性"选项,如图 5-27 所示,即可完成线性趋势线的添加。

双击插入的趋势线,在弹出的"设置趋势线格式"对话框中选中"多项式"单选按钮,在"顺序"数值框中输入"2",选中"显示公式"和"显示 R 平方值"复选框,然后单击"关闭"按钮,即可在图表中看到预测公式和 R 平方值。如图 5-28 所示。

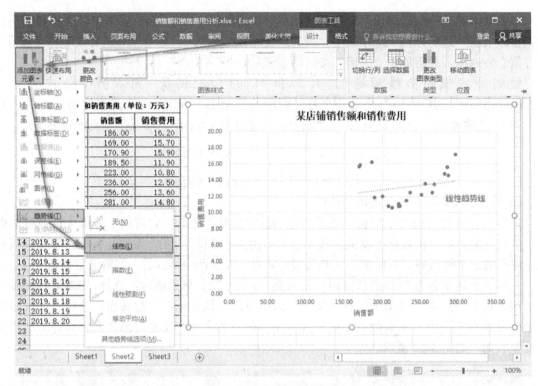

图 5-27 添加线性趋势线

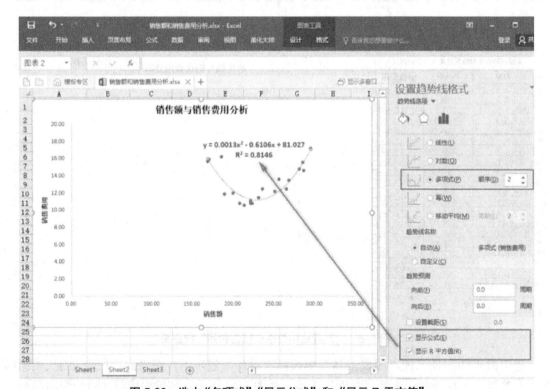

图 5-28 选中"多项式""显示公式"和"显示 R 平方值"

选中散点图图表,在"图表工具"中选择"设计"选项卡,在"添加图表元素"组中单击"轴标题"下拉按钮,分别对"主要横坐标轴""主要纵坐标轴"的标题和格式进行调整,即完成了销售额与销售费用分析趋势图。

根据公式计算对应的销售费用预测值。如本例中公式为"y=0.0013x²−0.6106x+81.027",其中"x"是销售额的数据,"y"是该销售额对应的销售费用。如已知 8 月 21 日该店铺的销售额是 300 万元,由此计算出其销售费用的预测值如下:

$$y = 0.0013 \times 300^2 - 0.6106 \times 300 + 81.027 \approx 14.85（万元）$$

⑤ 利用季节波动预测店铺销量。

录入"某商品连续五年季度销量统计"数据,如图 5-29 所示,选择 B8 单元格,在编辑栏中输入公式"=AVERAGE（B3：B7）",并按【Enter】键确认,计算同季度平均值。接着,选中 B8 单元格,向右拖动 B8 单元格填充柄至 E8 单元格,填充其他三个季度的平均值。

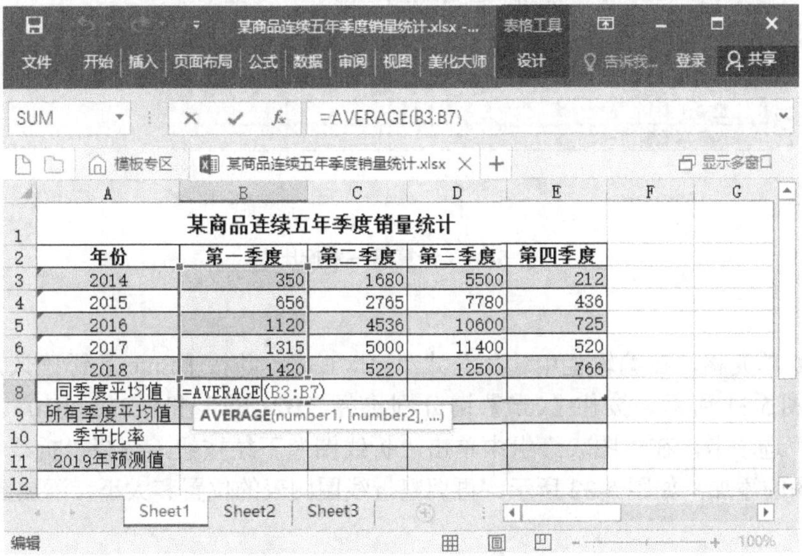

图 5-29　计算第一季度平均值

选择 B9 单元格,在编辑栏中输入公式"=AVERAGE(B8:E8)",并按【Enter】键确认,计算所有季度平均值。如图 5-30 所示。

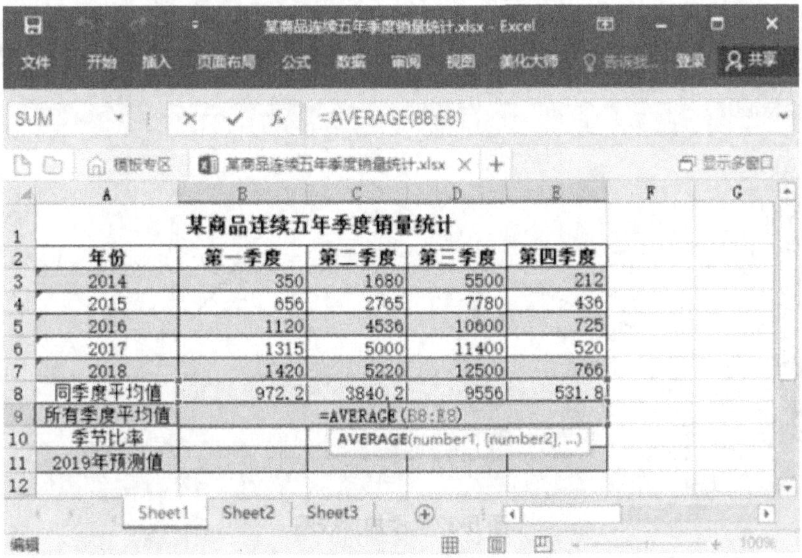

图 5-30　计算所有季度平均值

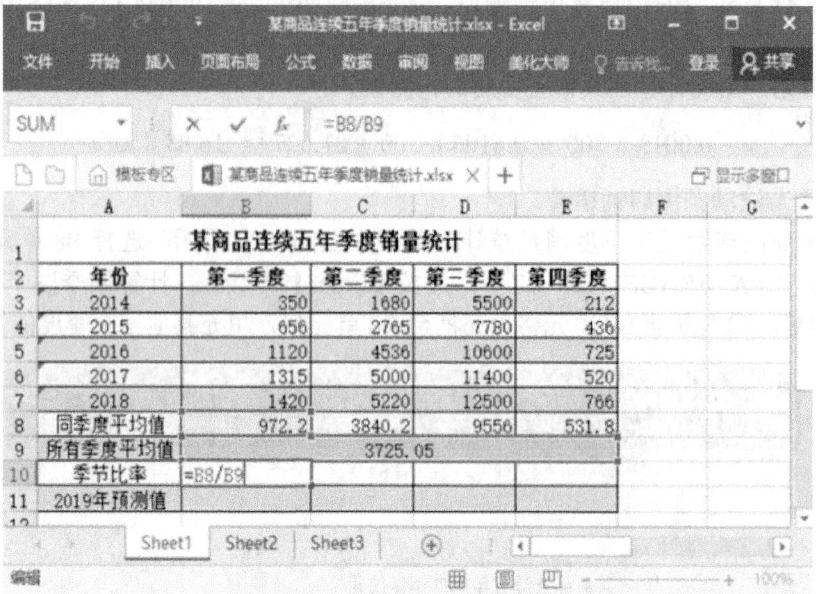

图 5-31 计算第一季度比率

选择 B10 单元格，在编辑栏中输入公式"=B8/B9"，并按【Enter】键确认，计算第一季度比率。如图 5-31 所示，按住【Ctrl】键分别选择"B2：E2"和"B10：E10"单元格区域，选择"插入"选项卡，在"图表"组中单击"折线图"下拉按钮，选择"折线图"选项，即可完成折线图的添加，如图 5-32 所示。再调整折线图图表的位置和大小，添加图表标题。

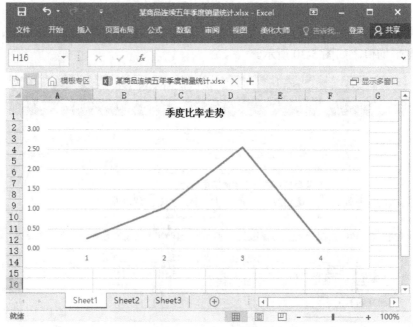

图 5-32 添加折线图

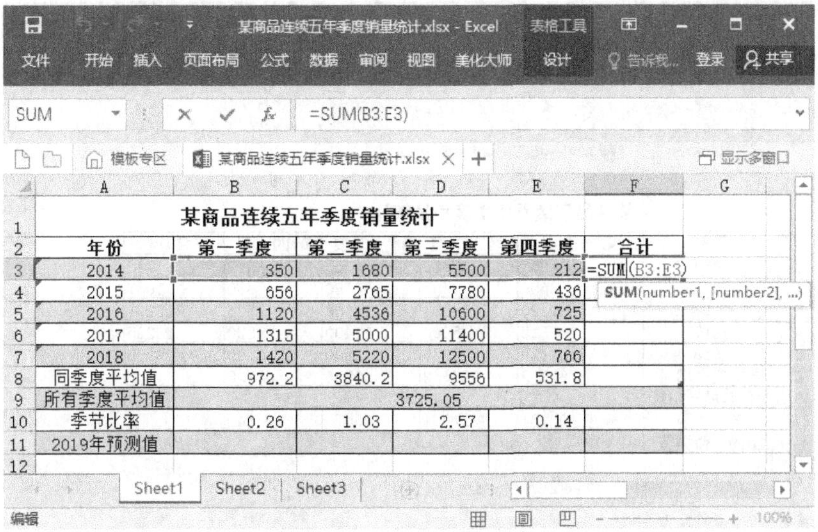

	A	B	C	D	E	F
1	某商品连续五年季度销量统计					
2	年份	第一季度	第二季度	第三季度	第四季度	合计
3	2014	350	1680	5500	212	=SUM(B3:E3)
4	2015	656	2765	7780	436	
5	2016	1120	4536	10600	725	
6	2017	1315	5000	11400	520	
7	2018	1420	5220	12500	766	
8	同季度平均值	972.2	3840.2	9556	531.8	
9	所有季度平均值	3725.05				
10	季节比率	0.26	1.03	2.57	0.14	
11	2019年预测值					

图 5-33　计算 2014 年全年销量

选择 F3 单元格，在编辑栏中输入公式“=SUM（B3：E3）”，并按【Enter】键确认，即可得出 2014 年全年销量合计，如图 5-33 所示。选中 F3 单元格，向下拖动 F3 单元格填充柄至 F7 单元格，填充数据，即可得出 2015—2018 年各年的全年销量合计。

选择 F11 单元格，在编辑栏中输入公式“=F7*1.2”，并按【Enter】键确认，计算预测合计值。其中，本例中 2019 年该商品的销售目标是提高 20% 的销量，因此 2019 年全年销量预测值为 2018 年销量合计 *（1+20%），即为“F7*1.2”。如图 5-34 所示。

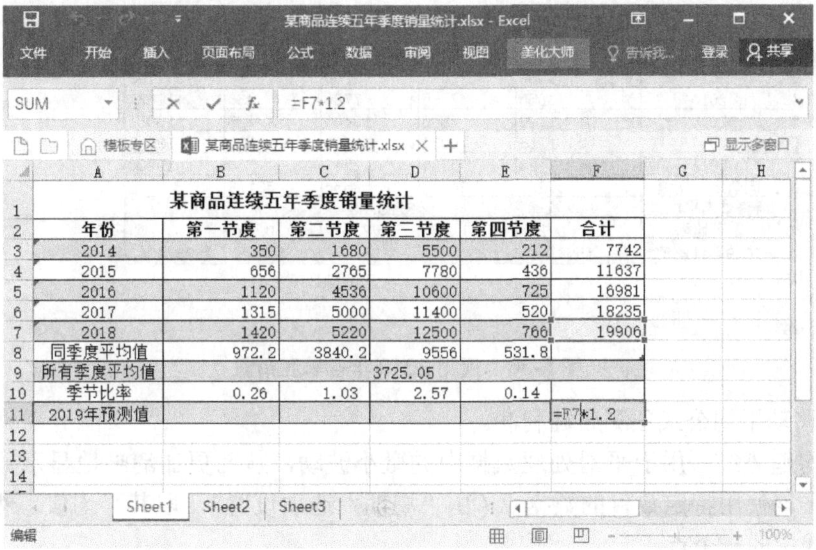

	A	B	C	D	E	F
1	某商品连续五年季度销量统计					
2	年份	第一节度	第二节度	第三节度	第四节度	合计
3	2014	350	1680	5500	212	7742
4	2015	656	2765	7780	436	11637
5	2016	1120	4536	10600	725	16981
6	2017	1315	5000	11400	520	18235
7	2018	1420	5220	12500	766	19906
8	同季度平均值	972.2	3840.2	9556	531.8	
9	所有季度平均值	3725.05				
10	季节比率	0.26	1.03	2.57	0.14	
11	2019年预测值					=F7*1.2

图 5-34　预测 2019 年全年销量

选择 B11 单元格，在编辑栏中输入公式“=F11/4*B10”，并按【Enter】键确认，计算 2019 年第一季度预测值，即为 2019 年预测合计值在四个季度的均值与各季度比率的乘积（图 5-35）。选中 B11 单元格，向右拖动 B11 单元格填充柄至 E11 单元格，即可完成 2019 年季度预测计算。如图 5-36 所示。

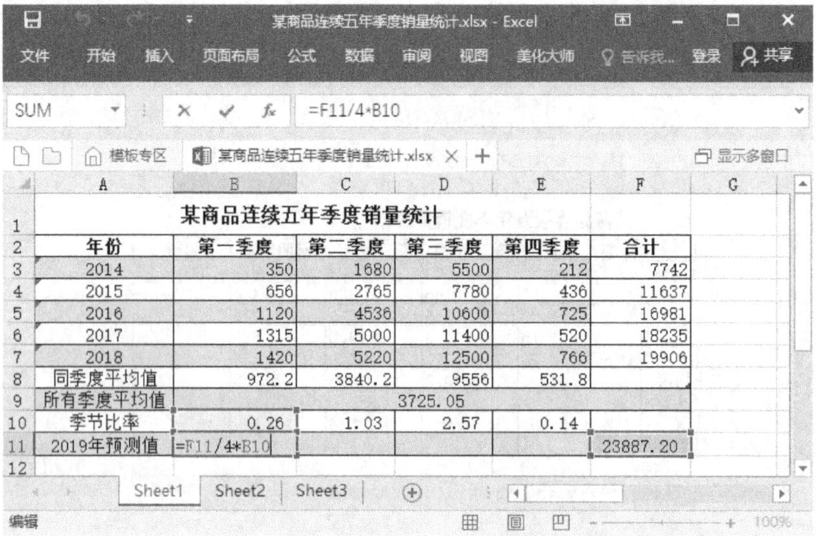

年份	第一季度	第二季度	第三季度	第四季度	合计
2014	350	1680	5500	212	7742
2015	656	2765	7780	436	11637
2016	1120	4536	10600	725	16981
2017	1315	5000	11400	520	18235
2018	1420	5220	12500	766	19906
同季度平均值	972.2	3840.2	9556	531.8	
所有季度平均值	3725.05				
季节比率	0.26	1.03	2.57	0.14	
2019年预测值	=F11/4*B10				23887.20

图 5-35　预测 2019 年一季度销量

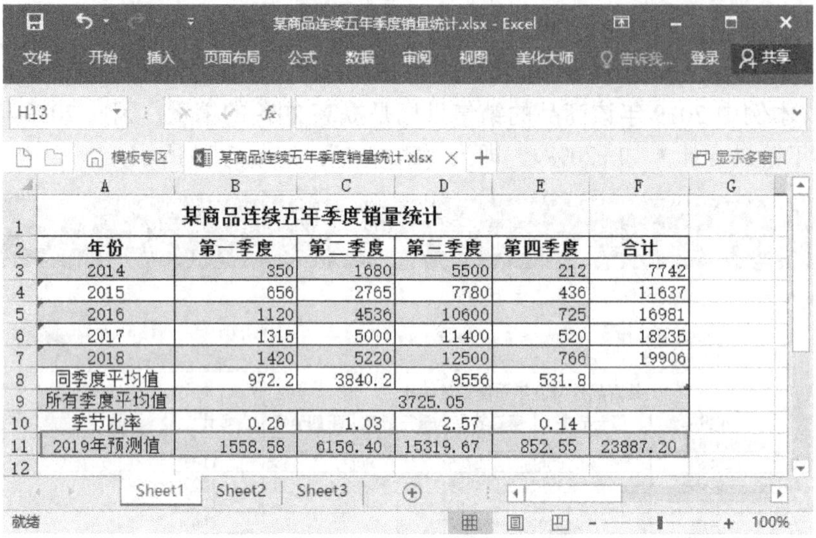

年份	第一季度	第二季度	第三季度	第四季度	合计
2014	350	1680	5500	212	7742
2015	656	2765	7780	436	11637
2016	1120	4536	10600	725	16981
2017	1315	5000	11400	520	18235
2018	1420	5220	12500	766	19906
同季度平均值	972.2	3840.2	9556	531.8	
所有季度平均值	3725.05				
季节比率	0.26	1.03	2.57	0.14	
2019年预测值	1558.58	6156.40	15319.67	852.55	23887.20

图 5-36　预测 2019 年各季度销量

⑥ 利用移动平均公式预测店铺利润。

移动平均趋势线：用于平滑处理数据中的微小波动，从而更加清晰地显示数据的变化和趋势。移动平均使用特定数目的数据点（由“周期”选项设置），取其平均值，然后将该平均值作为趋势线中的一个点。

打开“某店铺利润预测分析”，如图 5-37 所示，选择 D8 单元格，在编辑栏中输入公式“=AVERAGE（C3：C14）”，并按【Enter】键确认，计算一次平均值。选中 D8，向下拖动填充柄至 D20 单元格，填充数据。如图 5-37 所示。

如图 5-38 所示，选择 E9 单元格，在编辑栏中输入公式“=AVERAGE（D8：D9）”，并按【Enter】键确认，计算二次平均值。选中 E9，向下拖动填充柄至“E20”单元格，进行数据填充。

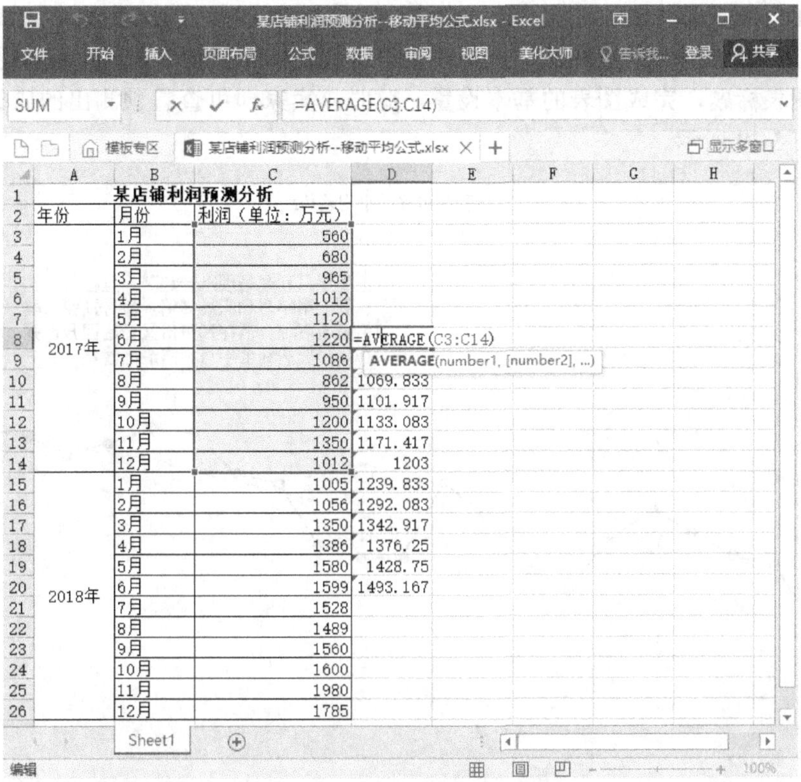

图 5-37 计算 12 项移动平均值

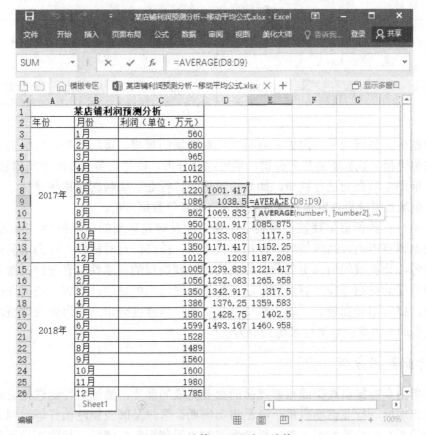

图 5-38 计算 2 项移动平均值

按住【Ctrl】键选择"C2：C26"和"E2：E26"单元格区域，选择"插入"选项卡，在"图表"组中单击"折线图"下拉按钮，选择"带数据标记的折线图"选项。调整图表的大小和位置，添加图表标题，完成图表的基本设置，此时，卖家即可查看预测出的店铺利润及其变化趋势。如图 5-39 所示。

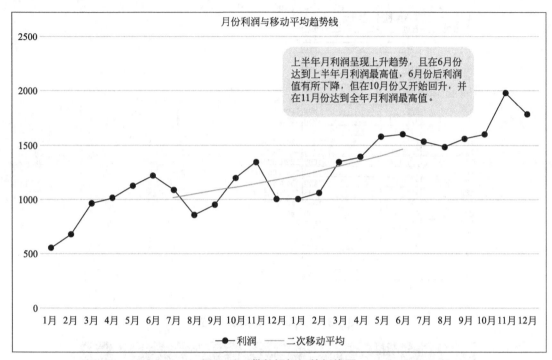

图 5-39　带数据标记的折线图

任务二　市场数据分析

市场数据分析是指为了一定的商业目的，对市场的规模、市场趋势、市场需求、目标客户、竞争态势等相关数据所进行的分析。通过综合分析，使得众多分散的市场信息相互融合、互为补充，辅助电商企业进行决策，如是否应进入该行业、如何制定销售目标、如何安排营销节奏等。市场数据分析内容包括行业数据分析和竞争数据分析。

市场数据分析的价值体现在：有利于电商企业及时发现新的市场机会，预测市场行情，及时、有效地调整市场或品牌战略，开拓潜在市场；提高信息对称性，可为电商企业的经营决策提供参考，让决策的信息更充分，提高经营管理决策的科学性、有效性；帮助电商企业发现经营中存在的问题并找出解决的办法，探查问题出现的原因，找到解决问题的方法；内外数据整合，提升市场竞争力。如价格带分析、客户满意度分析，作为企业调整战略目标的参考依据，有助于电商企业提升市场竞争力。

一、行业数据分析

行业是指由众多提供同类或相似商品的企业构成的群体，通过对行业进行宏观及微观分析，如行业集中度、行业市场规模、商品售卖周期、客户品牌及属性偏好等，判定电商企业选择的行业是否有较好的发展态势，行业发展的"天花板"在哪里，行业类目下哪些子行业比较有发展潜力等，据此对行业有整体的判断，找到电商企业后期销售额提升的“蓝海”机会，明确电商企业可以切入的品类。

1. 行业发展分析

（1）行业集中度分析。又称为行业集中率或市场集中度，是对整个行业市场集中度和市场势力测量的重要量化指标，可以反映某个行业的饱和度、垄断程度，一般通过赫芬达尔指数（HHI）来反映，该指数需要取得竞争对手的市场占有率。该指数在 $1/n \sim 1$ 之间变动，指数的数值越小，说明行业的集中度越小，趋于自由竞争。

赫芬达尔指数的计算方法及步骤：获取竞争对手的市场份额，可忽略市场份额较小的竞争对手；计算市场份额的平方值；将竞争对手的市场份额平方值相加。

如图 5-40 所示：现假设某行业市场有 5 家企业，首先需要计算不同企业各自的市场份额平方值，随后将市场份额平方值相加，即可得出该行业的赫芬达尔指数。赫芬达尔指数（HHI）值越大，表明行业集中度越高。当行业处于完全垄断时，赫芬达尔指数（HHI）=1。

D2　=SUM(C2:C6)

企业	市场份额	市场份额平方值	行业赫芬达尔指数
A	0.31	0.0961	0.2236
B	0.15	0.0225	
C	0.2	0.04	
D	0.23	0.0529	
E	0.11	0.0121	

图 5-40　5 家企业的行业集中度分析

赫芬达尔指数对规模较大的企业的市场份额反映比较敏感，而对众多小企业的市场份额小幅度的变化反映很小。此外，该指数可以不受企业数量和规模分布的影响，可较好地测量行业的集中度变化情况。

电商企业在进行行业集中度分析时，可进入后台采集相应的数据，以淘宝网为例，可进入生意参谋，采集选定行业排名前 50 个品牌的交易指数，通过交易指数拟合交易金额，随后计算出各自的市场份额（交易指数占比），并进一步完成行业集中度的计算。

（2）市场趋势分析。即根据市场历史数据判定行业目前所处的发展阶段，是处于萌芽期、成长期、爆发期还是衰退期。电商企业选定行业所处的发展阶段，决定了电商企业未来的成长空间。

（3）市场容量分析。市场容量即市场规模，是指目标行业在指定时间内的销售额，其目的主要是研究目标行业的整体规模。市场容量分析对于电商企业的运营非常重要：一方面，是了解自己选定的行业前景如何；另一方面，有利于电商企业制订（定）销售的计划与目标。

（4）子行业容量分析。电商企业通过对行业集中度和行业市场容量的分析，已经能够确定计划进入的父行业，但在具体运营过程中，还需要了解父行业下所有子行业的发展情况，从中选出有销售前景、市场容量大的子行业，并进一步确定行业品类切入方案，制订合理的品类上新计划。如图 5-41 所示。

通过图 5-41 中该饼状图，可以清晰了解到 2019 年 10 月，裤子、连衣裙、毛针织衫等子行业容量份额比较大，但考虑到各个子行业的季节性因素，需要选定一个自然年的数据，综合比较，从中选出市场容量比较大的子行业进入。

2. 市场需求分析

市场需求反映的是在一定的时期和地区内，客户对计划购买的商品所表现出的各类需求。如果不适应客户的需求，商品就有可能在后期出现销售疲软。因此，需要提前收集分析市场反馈出的各类需求，做好需求量变化趋势分析以及客户品牌、属性偏好分析。

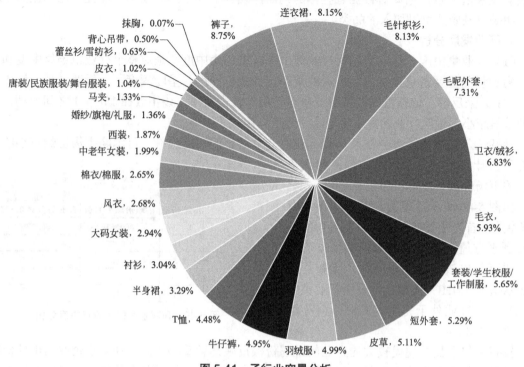

图 5-41　子行业容量分析

（1）市场需求量变化趋势分析。电商企业在运营时需要关注市场需求量变化趋势，以便为后期商品布局提供参考依据。在进行需求量变化趋势分析时，可在较大的市场范围内综合采集行业的采购指数以及交易指数。例如：可通过阿里指数采集女装毛衣行业的 1688 采购指数（图 5-42、图 5-43）。

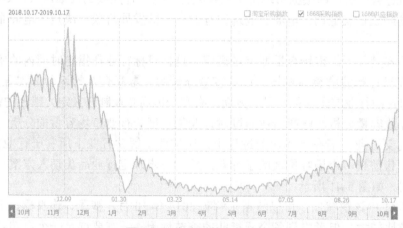

图 5-42　淘宝网的交易趋势图

为了进一步验证市场需求量的变化趋势，还可以通过生意参谋采集女装毛衣的交易数据。

通过两组折线图（图 5-42、图 5-43）可以了解到，淘宝网的交易趋势和 1688 市场的采购趋势具有一定的相似性，也是从 7 月市场需求量逐渐进入增长期，10—11 月进入爆发期，随后逐渐进入衰退期，说明女装毛衣行业具有明显的季节性，电商企业在后期运营时需要把控好节奏。

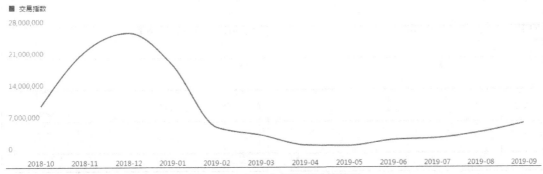

图 5-43　1688 市场的采购趋势图

（2）客户品牌偏好分析。品牌偏好是品牌力的重要组成部分，指某一市场中客户对某些品牌的喜爱程度，是对客户品牌选择意愿的了解。品牌偏好是多个因素综合影响客户态度的结果。在进行客户品牌偏好分析时，可通过生意参谋、京东商智等平台工具采集指定行业热销品牌榜数据，在进行客户品牌偏好分析时，可通过生意参谋、京东商智等平台工具采集指定行业热销品牌榜数据。

（3）客户价格偏好分析。市场价格是商品价值的货币表现，通常是指一定时间内某种商品在市场上形成的具有代表性的实际成交价格。市场供求是形成商品价格的重要参数，当市场需求扩大时，商品价格处于上涨趋势，高于价值；当供求平衡时，价格相对稳定，符合价值；当市场需求萎缩时，商品价格趋跌，低于价值。

（4）客户属性偏好分析。品牌之外，商品属性偏好同样影响客户的选择，继续以女装毛衣为例，通过阿里指数综合分析 1688 市场女装毛衣的热门属性，可以间接了解到客户对女装毛衣在风格、领形、面料等方面表现出的属性偏好。如图 5-44 所示。

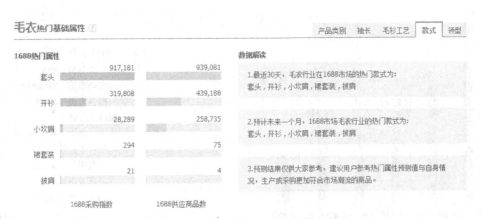

图 5-44　1688 市场女装毛衣的热门属性

1688 市场的客户属性偏好数据为预测结果，可以进行参考，但不够准确，还需要结合电商企业所在平台进一步明确客户属性偏好，如可通过淘宝网生意参谋中女装毛衣的属性洞察，分别了解客户在功能、厚薄、图案、尺码等方面的偏好。如图 5-45、图 5-46 所示。

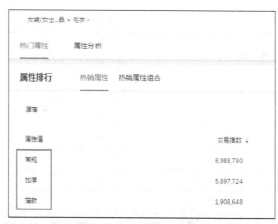

图 5-45 毛衣的功能属性　　　　图 5-46 毛衣的厚薄属性

3. 目标客户分析

目标客户，是指需要电商企业的产品或服务，并且有购买能力的客户，是企业提供产品、服务的对象。目标客户是电商企业营销及销售的前端，确定了目标客户的属性，才能进一步展开具有针对性的营销举措。可通过阅读第三方调研机构发布的目标用户消费行为白皮书来加深对目标客户的了解；可以通过百度指数、360 趋势等了解目标客户画像；为了使目标客户分析更精准，需要结合选定的电商平台进行行业目标客户分析。

（1）目标客户年龄分析。女装毛衣的性别指向已经非常清晰，但目标客户搜索人气高的年龄段对于电商企业商品布局非常重要。电商企业可选定搜索人气高的某个年龄段，结合选定年龄段客户所表现出的个性化需求，并综合市场需求中提炼出的客户属性偏好，安排商品的设计生产或通过第三方市场进行采购。如图 5-47 所示。

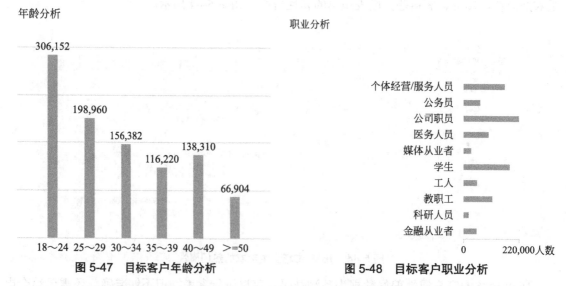

图 5-47　目标客户年龄分析　　　　图 5-48　目标客户职业分析

（2）目标客户职业分析。年龄之外，目标客户的职业分析也不容忽视，职业场景对服装风格具有一定的影响，如图 5-48 所示为女装毛衣搜索人气高的职业，分别为公司职员、学生等，与目标客户集中的年龄段具有一定的重合，可为电商企业在选定商品风格时提供参考。

（3）目标客户地域分布分析

即目标客户集中的地域，如图5-49所示为生意参谋中搜索人气高的地域，有了这样的信息，电商企业就可以思考：这些地区的用户搜索量这么大，是否应该根据这些地区的天气特点及用户特点来进行选款和营销推广。

二、竞争数据分析

了解了行业的整体状况，还需要继续深入下去，识别并分析竞争对手。在信息透明的互联网时代，所谓市场容量大、竞争小的市场很少有，甚至可以说几乎不存在，对此，需要积极投入到竞争环境中，通过比较，明确自身企业在同行业中的位置，了解自身的优势，也需找出自身和竞争对手的差距，并积极进行改善。

排名	省份	搜索人气
1	山东省	17,239
2	江苏省	15,538
3	河南省	14,773
4	浙江省	13,558
5	四川省	13,138
6	广东省	12,913
7	河北省	12,531
8	安徽省	9,921
9	北京	9,721
10	辽宁省	9,634

图5-49 目标客户地域分布分析

1. 竞争对手分析

（1）竞争对手。竞争对手是指对电商企业发展可能造成威胁的任何企业，具体是指与本企业生产销售同类商品或替代品，提供同类服务或替代资源和服务，以及价格区间相近、目标客户类似的相关企业。竞争对手具体包括以下几类。

① 人力资源：即抢夺同一个类型的人力资源，如本企业运营人员、美工人员、客服人员等。

② 客户资源：争夺客户资源是竞争对手最本质的表现。

③ 销售同品类商品或服务：即所谓的同业竞争，是最直接的竞争对手，如可口可乐与百事可乐。

④ 销售替代类商品或服务：是指非同类但是属于可替代，同样构成竞争关系。

⑤ 销售互补类商品或服务：互补商品是指两种商品之间互相依赖，形成互利关系，例如牙膏和牙刷。

⑥ 争夺营销资源：在同时段、同一媒介投放广告的其他企业就是竞争对手。

⑦ 争夺生产资源：争夺同一类生产资源的企业间形成竞争关系。

⑧ 争夺物流资源：电子商务离不开物流，争夺物流资源的情况时常发生，这些企业互为竞争对手。

电商企业在识别竞争对手时，可通过以下4种方法展开。

（2）识别竞争对手的方法。

① 通过关键词识别竞争对手：根据自身所在的电商平台，搜索经营品类相似的卖家，更具体的还可以根据店铺宝贝的属性进一步精确圈定竞争对手。比如，店铺宝贝多以雪纺为主，就可以在搜索页面输入"雪纺连衣裙"进行圈定。

② 通过目标人群识别竞争对手：通过目标人群也能够有效识别竞争对手。比如同为"女装毛衣"，但20—29周岁与60周岁以上人群是完全不同的竞争体系，可以通过设定"适用年龄"来进行识别。

③ 通过销量及商品单价识别竞争对手：以销量和单价为维度在电商平台搜索页面找出相关卖家，然后找到店铺商品所在的排位，圈定销量或商品单价最接近的店铺作为竞争对手。

④ 通过推广活动圈定竞争对手：根据自身店铺参与的平台线上活动或开展的促销活动，圈定参与同类型推广活动并且销售品类相近的卖家为竞争对手。

2. 竞店分析

（1）选择合适的竞争网店。监控和分析竞店，一方面可以了解竞店的优势，可帮助本企业做好充分的应对准备，错位竞争，找到自身店铺可以提升的点；二是了解竞店应对市场的方式，如促销方案的制定、上新的时间点、销售趋势等，查看竞店的玩法，并结合自身的供应链、经营能力、资金实力进行自身店铺的各项规划。可以通过人工采集各项数据，同时可以借助相应的工具展开。

（2）竞店分析的内容

① 竞店属性数据分析。竞店属性数据可以进入竞店人工采集，通过竞店属性数据，可以了解竞店是不是原创品牌、店铺人群定位、商品适用季节、适用场景、基础风格等。

② 商品类目分析。网店的类目结构不仅影响销售业绩，同时影响网店抵御风险的能力。在分析竞店商品类目时，需要了解自身店铺和竞争店铺在类目布局和类目销售额方面的差距，从而可以进行品类布局的优化和提升。竞店的品类包括毛针织衫、牛仔裤、衬衫、半身裙等，其中毛针织衫为店铺的优势类目，无论类目下的商品数或销售额，均呈现出较为明显的优势，该女装网店在后期应避开毛针织衫类目的直接竞争，可在毛呢外套、卫衣等类目提升竞争力。

③ 销售分析。在店侦探中采集竞店统计周期内的销售数据，并统计自身网店统计周期内的销售数据，据此制作销量折线图，随后分析统计周期内的销量趋势，并进一步找出网店之间的差距。

④ 推广活动分析。分析竞店开展了哪些促销推广活动，如可以通过店侦探清晰了解竞店开展的推广活动，参加各类活动的商品情况。持续追踪，分析促销推广活动的频度、深度和效果，结合自身网店的实际情况，制定适当的促销推广策略。

⑤ 商品上下架时间分析。通过店侦探可采集竞店商品上下架时间布局，如果自身网店处于劣势，上下架时间要避开竞店，在竞店没有安排商品上下架的时间段捕获自身机会；如果自身网店处于优势，要紧跟竞店，正面竞争。

3. 竞品分析

竞品分析是指对竞争对手的商品进行分析。通过竞品分析，可了解自身网店商品的市场份额和竞争力，有助于及时调整商品布局及营销策略。竞品分析同样可以借助店侦探监控工具，需要明确的是，如果要添加竞品，则必须添加竞品所在的竞店，随后点击店侦探左侧导航栏中"监控中心"功能下的"重点监控宝贝"选项，并点击"添加宝贝"按钮。

（1）价格分析。商品价格是多数客户购物时参考的一个重要指标。在进行选购前，多数客户已经有一个心理价格，这时需要对比分析自身商品和竞品的价格，并结合商品对应人群，进行商品价位的调整，提高自身商品的转化率。

（2）收藏量分析。是指客户在访问商品后进行收藏，收藏量分析从一个侧面反映了商品受客户喜爱的程度，如图 5-50 所示。可对比自身网店商品，找出差距，若自身商品的收藏量相差太多，可以设置收藏有礼，如优惠券、小礼品等。

图 5-50　收藏量分析

（3）基本信息分析。基本信息分析即分析商品的价格、功能、材质、颜色、卖点等，将商品的这些基本信息一一进行列举对比，这一部分是竞品分析的基础，因其中的个性化内容工具无法完全抓取，需要人工进行观察采集。

基本信息分析较为直观的方式是查看竞品的详情页，详情页对于竞品的各项信息进行了详细的展示。还可以关注竞争对手近期是否有详情页活动海报，以及对商品的细节展示是否恰到好处，对商品卖点的描述是否简单明了，可通过对比找到竞品详情页值得学习的地方，从而借鉴运用。

（4）销售分析。进行竞品分析最重要的目的是提升自身网店商品的销量，因此，销量分析是竞品分析的重点，需要整理自身网店商品及竞品同一时间段的销售数据，并对两款商品的销售数据进行比较，分析自身处于优势还是劣势，有哪些不足之处。

（5）推广活动分析。即分析竞品有没有参加官方推广活动，或者是店铺自身开展的促销活动，是以怎样的频率安排推广活动？活动预热效果如何？转化率怎样？找出自身的差距，并在之后的运营中进行调整。

（6）商品评价分析。综合比较网店商品和竞品的客户评价，找出竞品客户认可的部分及网店商品不足的部分进行分析，引导网店商品及服务改良或创新。

任务三　运营数据分析

运营数据分析是指对企业运营过程中和最终成效上产生的信息数据进行分析，从中总结运营规律和效果的过程。运营数据分析的结果可以用来指导运营人员调整和优化运营策略。

运营数据分析具体包括：客户数据分析、推广数据分析、销售数据分析、供应链数据分析。其中，客户数据分析包括：客户分类、客户特征分析（性别、年龄）及分类、客户行为数据分析（浏览量、收藏量）、其他客户相关数据分析（忠诚度、满意度）。推广数据分析包括：流量的来源情况、关键词的推广效果、活动的推广效果、视觉营销的效果。销售数据分析包括：交易数据分析（销售额、订单量）、服务数据分析（响应时长、询单转化率）。供应链数据分析包括：采购数据分析（采购数量、采购单价）、物流数据分析（物流时效、物流异常）、仓储数据分析（库存周转率、残次库存比）。

一、客户数据分析

1. 客户分类
客户分类是指汇总各种客户相关信息和数据来了解客户需求，分析客户特征，评估客户价值，从而为企业客户管理策略的制定、资源的优化配置提供参考的过程。

按购买地域划分：方便企业对客户进行管理、方便对客户群体特征进行分析。

按购买数量划分：普通客户、会员客户、超级会员客户。

按购买状态划分：收藏客户、加购客户、成交客户。

按购买行为划分：新客户、活跃客户、流失客户、回流客户。

按客户属性划分：客户基础属性（年龄、性别、职业、地域等）、客户产品偏好属性（款式、品质、风格、工艺等）。

2. 客户特征分析
（1）客户特征分析定义。客户特征分析是指从多个维度对客户进行分析，然后总结出客户全貌的过程。客户特征分析的常见维度有：购买能力、购买次数、客户性别、客户年龄、客户地域、客户终端等，对客户特征进行归类分析，能够形成客户画像，帮助企业了解客户群体特征。

客户特征分析最终要为营销服务，因此客户特征分析前，首先需要明确营销需求，在了解企业营销需求的前提下，选择合适的维度和指标展开分析，为企业提供有价值的客户特征分析结果，使企业利用有限的内部资源有针对性地展开营销活动，从而获得更多的目标客户。

电子商务企业在营销过程中，需要考虑的核心营销需求主要有引流、转化、复购率、客单价。

（2）客户特征多维度分析。具体包括：地域与年龄分析、消费层级分析、性别分析、访问时间分析、偏好分析。

客户地域与年龄分析：
① 利用数据透视表，分析不同区域及年龄客户的销售额情况；
② 插入三维簇状柱形图直观展示分析结果；
③ 可视化不同地域、不同年龄的销售额结果；
④ 根据结果分析企业所需信息。

客户消费层级分析：
① 对产品价格消费层级分组；
② 使用 VLOOKUP 函数快速完成自动分组；
③ 制作出每个消费层级中对应客户订单量的透视表；
④ 插入堆积柱形图，形成客户消费层级分析图；
⑤ 根据分析结果挖掘企业所需信息。

客户性别分析：
① 整理数据，计算男、女客户各自的总数量；
② 插入客户性别分析饼状图，使数据呈现效果更直观；
③ 根据分析结果，挖掘企业所需信息。

客户访问时间分析：客户访问时间分析，是从时间维度分析客户情况。通过分析，企业能够了解客户访问时间规律，比如哪些时间是客户访问高峰期、哪些时间是客户下单高峰期等。

客户偏好分析：客户偏好分析，是对客户的产品偏好、营销偏好、邮寄方式偏好、包装偏好等进行分析，企业可以根据分析结果，优化对应的内容。

（3）不同终端客户特征分析。随着移动智能终端的普及和移动互联网技术的发展，越来越多的客户选择在移动端购买产品，对不同终端的客户进行分析，有利于企业了解各终端各数据的占比情况，如访客数（UV）、客户转化率、成交客户数、成交金额、客单价等数据的占比情况。

（4）客户特征分析结果应用。完成客户特征分析后，企业可以根据客户特征分析的结果，进行营销优化和产品结果优化。

（5）客户标签。客户标签是指为客户添加分类。通过客户特征分析，企业能够了解客户的群体特征；进行客户标签设计，首先需要将客户标签分类，客户标签分类能够将散乱的客户标签体系化，且各个标签之间又互有联系。客户标签分类可以按数据时效性，将标签归类为静态属性标签和动态属性标签；按数据提取维度，将客户标签归类为事实标签、模型标签和预测标签。企业在进行客户标签设计时，可以选择合适的分类形式对客户标签进行归类和设计。为客户添加标签后，常见的应用主要有精准客户营销、个性化接待客户等。

3. 客户行为分析

（1）客户行为。即客户为满足自己的某种需求，选择、购买、使用、评价、处理产品或服务过程中产生的心理活动和外在行为表现。客户行为分析是对这一过程中产生的数据进行分析，发现客户行为特点和规律的过程。商务企业客户行为分析路径：浏览首页—搜索产品、浏览分类—了解产品—加购、收藏产品—提交订单—订单支付。

（2）电子商务企业客户行为分析。电子商务企业可以从客户行为路径中提取出客户黏性指标、客户活跃指标、客户产出指标这3个维度的指标。电子商务企业客户行为分析可以使用"5W2H"分析法，该分析方法包括"5W"：What—客户购买了什么？ Why—客户为什么购买？ Who—购买产品的是谁？ Where—购买地点是哪里？ When—何时购买的？ ；"2H"：How to do—如何购买？ How much—花费了多钱？

（3）客户行为轨迹分析。行为轨迹分析包括流量入口分析，需要采集并汇总各入口名称、单位时间下单买家数、访客数。

（4）客户行为偏好分析。可以使用"5W2H"方法，具体执行过程如下。
① 客户产品偏好分析；
② 客户购物时间偏好分析；
③ 完成客户购买时间分析后，分析客户为什么购买产品（Why）、购买产品的是谁（Who）及客户购买地点（Where）；
④ 客户花费金额（How much）、客户购买形式（How to do）分析。

4. 客户忠诚度分析

（1）客户忠诚度概念。客户忠诚度也称为客户黏度，是指借助企业产品或服务的质量、价格等因素的影响，使客户对企业产品或服务产生情感，形成长期重复购买的程度。

（2）客户忠诚度分析。指对客户的忠诚程度进行分析，从而了解客户对企业的态度、满意度等情况，为客户忠诚度的提升提供指导。客户忠诚度分析包括：客户重复购买率和客户购买频次。

（3）客户忠诚度的影响因素。具体包括客户满意度，决定客户忠诚与否的关键因素；客户依存度，揭示是否有客户、有多少客户与企业形成了忠实伙伴关系；客户贡献度，体现客户的忠诚度情况。

（4）客户忠诚度分析的目的。客户忠诚度分析的目的就是检验企业客户忠诚度管理的成果，并及时优化客户忠诚度管理办法。同时，及时识别出忠诚客户，对这些客户进行有针对性的营销和维护，让更多的客户成为企业忠诚客户，拉动企业销量，提升企业品牌知名度和美誉度。

（5）客户忠诚度分析结果应用。通过客户忠诚度分析，企业可以判断其忠诚客户的数量，企业的忠诚客户越多，越有利于企业的发展，也代表企业在同行业中的客户竞争实力越强。分析结果可以应用于会员营销、群专属优惠、客户拉新。

（6）提升客户忠诚度的方法。提升客户忠诚度，可以通过划分会员等级、确定积分制度、提升产品与服务质量等方式实现。

二、推广数据分析

1. 渠道推广分析

（1）免费推广渠道分析。免费流量包括站内免费流量和站外免费流量。站内免费流量指通过企业平台获取的流量，比如平台购物车、产品推荐等；站外免费流量主要是各大知名网站带来的，如论坛、微博等。

免费流量结构分析，是指需要对免费流量各来源渠道引流情况进行分析（图5-51）。如表

5-2 所示，为某企业 2019 年 8 月免费流量数据。

表 5-2　免费流量数据表

时间	流量来源	浏览量	点击量	成交订单数
2019年8月1日—2019年8月31日	自主搜索	2154	363	153
2019年8月1日—2019年8月31日	购物车	3026	521	201
2019年8月1日—2019年8月31日	其他店铺	1565	153	65
2019年8月1日—2019年8月31日	首页	1966	272	93
2019年8月1日—2019年8月31日	收藏推荐	932	158	42
2019年8月1日—2019年8月31日	免费其他	2481	221	139

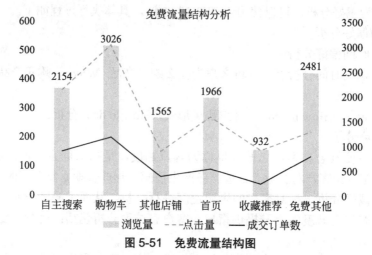

图 5-51　免费流量结构图

免费流量来源中，购物车的各项指标都占优势，为企业带来的浏览量为 3026 次，成交订单数占比达到 29%；收藏推荐的各项指标表现最差，仅带来浏览量 932 次，成交订单数占比只有 9%。企业可以利用该分析结果优化其免费推广渠道布局。

（2）付费推广渠道分析。付费流量的优点是流量大、效果好，相较于免费流量，更容易获取大批的流量；缺点是需要较高成本的投入。在进行付费流量结构分析时，除了需要分析浏览量、访客数、点击量、成交订单数之外，还需要分析投资回报率。公式如下：

$$费用比=投入费用/销售金额×100\%$$

$$回报率=销售金额/投入费用×100\%$$

付费流量的结构是指对付费流量结构进行分析，核心是分析各付费推广渠道的流量占比，如表 5-3 及图 5-52 所示，为某企业电商平台 2019 年 8 月的付费流量相关数据。

表 5-3　某企业 2019 年 8 月的付费流量表

时间	流量来源	成交占比	投入成本/元	成交额	投入产出比
2019年8月1日—2019年8月31日	超级推荐	12%	852432	564824	0.66
2019年8月1日—2019年8月31日	钻石展位	32%	1524230	1865247	1.22
2019年8月1日—2019年8月31日	聚划算	21%	951246	862457	0.91
2019年8月1日—2019年8月31日	直通车	25%	1215143	1524310	1.25
2019年8月1日—2019年8月31日	淘宝客	38%	1658423	1954218	1.18

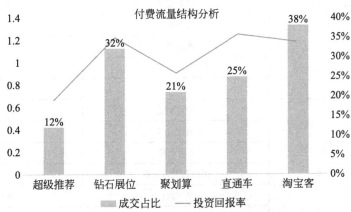

图 5-52　某企业 2019 年 8 月的付费流量表

付费流量来源中，钻石展位最占优势，其成交占比和投资回报率分别是 32% 和 1.22。除了钻石展位外，淘宝客的成交占比高达 38%，直通车的投资回报率高达 1.25。这三种付费推广渠道都可以作为企业付费推广时的首选渠道。

2. 关键词推广分析

电子商务平台上，客户通过关键词查找所需的商品而产生的流量往往在店铺整体流量中占据很大的比重，因为搜索即入口，通过优化关键词、投放关键词广告，就能提升产品的曝光率。在企业电子商务经营活动中，最常见的关键词推广方式即淘宝（天猫）直通车。在进行关键词推广效果分析过程中，其分析的流程通常是展现量、点击率、点击转化率、平均点击花费、投入产出比。

（1）展现量数据。展现量即广告被展现的次数，分为单品整体展现量、关键词展现量。影响展现量数据的因素：关键词市场情况、关键词综合排名、关键词匹配方式，关键词正常情况下广泛匹配展现量要大于精准匹配展现量。

（2）点击转化率。点击量（CLICK）是广告被点击的次数，点击率（CTR）=（点击量/展现量）×100%，受创意图片、关键词精准度、产品推广位、产品定价等因素影响；点击转化率是所有到达店铺并产生购买行为的人数和所有到达该店铺的人数的比率，即转化率 =（订单量/点击量）×100%。受流量精准度和单品转化能力等因素影响，流量精准度是投放计划的平台、地域、关键词和产品匹配度、创意表达的卖点的匹配程度等，单品转化能力指产品款式、价格、销量、评价、页面图片质量等。

（3）平均点击花费 (PPC)。PPC 的高低会影响同等消耗下引流数量和投入产出比（ROI）的数据；关键词出价高，PPC 就高，同样的出价，质量越高，PPC 越低；降低关键词出价和提升关键词质量分能有效地降低 PPC。

（4）投入产出比 (ROI)。ROI 是衡量直通车是否盈利的重要指标，可分为账户整体 ROI、推广单品 ROI、关键词 ROI。

PPC、关键词、客单价在各个环节会影响 ROI，但分析时应学会区分真正原因是否为账户 ROI 低。因为推广的单品中有 ROI 高的产品或者单品 ROI 低，推广的关键词中有高的 ROI 或者某个关键词 ROI 低。

将展现量、点击量（率）分析和推广转化分析得出排名靠前和排名靠后的关键词列入如表 5-4 所示的表格中。

表 5-4 展现量、点击量（率）和推广转化分析表

分析来源	排名靠前	排名靠后
展现量分析	配方奶粉	冲饮小包装
	澳洲进口	低脂冲饮
	婴幼儿配方奶粉	灌装
	—	12—36 月龄
点击量（率）分析	配方奶粉	冲饮小包装
	澳洲进口	灌装
	3 段奶粉	12—36 月龄
	婴幼儿配方奶粉	—
关键词推广转化分析	澳洲进口	冲饮小包装
	配方奶粉	3 段奶粉
	高钙铁	灌装
	低脂冲饮	12—36 月龄

可以清晰看到，B 企业某款奶粉产品在进行关键词推广时可选择的关键词为配方奶粉、澳洲进口、婴幼儿配方奶粉；需要删除的关键词为冲饮小包装、灌装和 12—36 月龄。

通常情况下，直通车推广展现量、点击率、转化率越高，能够为企业带来的订单也就越多，所以企业可以通过展现量优化、点击率优化、图片优化等方法来提升关键词推广效果。在活动推广阶段，根据活动实施周期，将活动划分为筹备期、蓄水期、预热（售）期、活动引爆期、总结复盘期。活动推广效果分析的目的是通过对活动数据进行分析，发现活动中存在的问题和可参考的经验，总结活动流程、推广渠道、客户兴趣等内容，方便后续活动推广策略的优化。常见的活动推广分析维度有以下 4 个。

（1）活动推广流量分析。活动推广流量分析是判断推广效果的核心要素，是对推广活动为企业带来的流量情况进行分析，主要的分析指标有访客数、成交订单数、成交占比、成交额、投入成本、成交额、投资回报率等。

（2）活动推广转化分析。活动推广转化分析是对获取到的流量转化为收藏、加购、订单等状态的数据进行分析，是衡量活动推广效果的关键要素。主要的分析指标有访客数、收藏数、加购数、成交订单数、收藏转化率、加购转化率、支付转化率等。

（3）活动推广留存分析。活动推广留存分析是指在活动结束一段时间后，对因活动成为企业粉丝客户的相关数据进行分析，这部分粉丝客户的共同表现是：在活动结束后仍在企业发生重复购买行为。主要的分析指标有：访客数、留存访客数、留存访客占比等。

（4）活动推广拉新分析。活动推广拉新分析是对因活动带来的新客户数据进行分析。其分析的前提是需要先完成企业活动推广流量和转化分析，在此基础上将活动中的新客户单独拉出并对其相关数据进行分析。主要的分析指标有访客数、新访客数、新访客占比等。

3. 内容运营分析

内容运营分析是指对电子商务平台内及平台外其他内容渠道的发布情况统计并分析，包括内容的展示、转化、传播、推广等维度，内容浏览人数、内容互动次数、引导进店人数、引导付款金额及"增粉"人数等核心指标。借助内容运营分析，可以有效地对内容形式及推广方式等进行评估并优化。内容运营分析作用包括：比较多渠道投放、多种内容的推送效果；找到问题所在，及时调整优化内容；能反馈内容运营效果，提供决策参考。内容运营需要监

控的数据指标包括如下几项。

① 展示数据。该数据属于基础数据，是一个直观的效果反馈，用来展示内容被点击、查阅的情况。包括覆盖人群、推荐量、阅读量、阅读次数等。

② 转化数据。该数据属于投入与回报数据，用于判断内容是否能够促进用户的转化，包括页面广告的点击次数、支付人数、支付金额等。

③ 传播数据。该数据属于分享数据，用来表明内容的质量、趣味性等特征，检测数据主动转发、传播的情况。

④ 渠道数据。该数据用来衡量渠道投放质量、效果，它由产品的特性和受众人群定位所决定。内容可在多个平台进行推送，通过多平台的数据分析，确定目标用户集中地和喜欢的内容。

一般成熟的内容投放平台都具备数据统计功能，运营人员可以通过平台配套的数据分析工具进行内容运营数据分析；如淘宝平台可以借助生意参谋，微博可以借助后台的数据助手，也可以借助第三方数据分析工具完成内容运营数据分析。

(1) 站内内容运营分析

① 关键指标

内容能见度：内容浏览人数、内容浏览次数。

内容吸引度：内容互动人数、内容互动次数。

内容引导力：引导进店人数、引导进店次数。

内容获客力：引导收藏、加购、支付人数，引导支付金额。

内容转粉力：新增粉丝数、累计粉丝数。

② 站内内容运营效果分析。具体分析内容包括：渠道分析；单条内容分析；商品分析；达人分析。

(2) 站外内容运营分析

① 微信内容运营分析。微信内容运营多围绕微信公众号展开，通过公众号，电商企业可将自身商品信息通过文字、图片、视频等形式进行展现，并吸引用户进行参与、分享、传播。

② 微博内容运营分析。微博内容分析可以借助微博平台的数据助手工具展开，目前微博的推广内容以博文、文章、视频三种形式展现。在进行微博内容运营分析时，可分别进入数据助手相应的板块查看阅读趋势、阅读人数、转发数等。

三、销售数据分析

1. 交易数据分析

(1) 爆款引流。爆款宝贝是指网店里的销量很高，甚至供不应求的商品，爆款属于网店的促销活动。在如今的网购环境下，爆款宝贝扮演着"催化剂"的角色，在最短时间内给网店带去大量流量和相当高的成交转化率。淘宝卖家可以把客户的购买过程作为打造爆款宝贝的切入点。

客户购物的具体流程如下：

① 搜索——寻找感兴趣的商品；

② 评估——收集宝贝信息，判断宝贝是否满足自己的需求；

③ 决定——计算宝贝为自己带来的利润以及获得宝贝所需成本；

④ 下单——下单并完成交易；

⑤ 再评估——使用后再对商品进行评估,决定下一次的消费。

爆款的具体表现形式:高流量、高曝光量、高成交转化率;一款爆款商品能够在特定时间内为店铺带来大量的流量;中小卖家通常会借助各种购物网站官方的促销活动打造爆款商品。

(2)客单价分析。客单价是指每一个用户在一定周期内,平均购买商品的金额,即平均交易金额。

① 影响客单价的因素有以下几项。

a. 商品定价:商品定价的高低基本上决定了客单价的多少,在实际销售中客单价只会在商品定价的一定范围内上下浮动。

b. 促销优惠:在大型促销优惠的过程中,客单价的高低取决于优惠的力度。另外,基于优惠力度的多少,包邮的最低消费标准的设置对客单价也有重要影响。

c. 关联营销:店铺一般会在商品详情页推荐相关的购买套餐,同时加入其他商品的链接。这是一种关联销售,起到了互相引流的作用。

d. 购买数量:购买数量会因商品类目的属性不同而不同。定价不同的商品,买家花费的时间成本与操作成本是不同的。

② 提升客单价的方法有以下几项。

a. 提供附加服务:通过设置一定的消费金额或是一定消费数量满足后可以享受的服务,例如一些纪念用品,可以提供"免费刻字"活动;一些需要安装的商品,可以策划"满××元免费上门安装"的活动,或者"消费××元免费提供××日的免费维修服务"等。这些运营方式主要是通过提供更多附加服务来引导顾客多买多享。

b. 促销活动:能让每个访客多浏览一个商品,在一个商品页多停留一点时间,是提升潜在的成交转化率和客单价的关键所在;而利用关联营销对商品进行精准的营销是每个新手卖家必不可少的营销技能。

在提供优惠套餐时,要根据店铺人群属性提供不同的套餐,为买家提供多种不同的选择。例如某食品销售店铺设计多种套餐,通过销售套餐,可以有效地提高每笔单价,从而提高客单价。

c. 详情页关联营销:能让每个访客多浏览一个商品,在一个商品页多停留一点时间,是提升潜在的成交转化率和客单价的关键所在。而利用关联营销对商品进行精准的营销是每个新手卖家必不可少的营销技能。关联营销提升了商品的访问深度,带来更多的流量,商品的客单价也得到了相应的提升。采取关联营销引导买家进入到他感兴趣的页面,可以使店铺的跳失率降低到最小,增加成交转化率。

d. 客服推荐:客服是提升客单价的一个非常重要的方式,客服是可以通过沟通来直接影响顾客的购买决策,通过优质合理的推荐,提高客单价。例如经营母婴商品的店铺,新妈妈在第一次购买母婴商品时会很愿意倾听客服的推荐,从而主动购买更多的相关商品。

2. 利润与利润率分析

(1)认识利润与利润率

① 利润:是指收入与成本的差额,以及其他直接计入损益的利得和损失。利润也被称为净利润或者说净收益。如果用 P 代表利润,K 代表商品成本,W 代表收入,那么利润的计算公式为:

$$P = W - K$$

② 利润率：是指利润值的转化形式，是同一剩余价值量的不同计算方法。如果用 P' 代表利润率，K 代表商品成本，W 代表收入，那么利润率的计算公式为：

$$P' = (W-K)/K \times 100\%$$

利润率分为成本利润率、销售利润率以及产值利润率。

从整体上分析，在网店的总成本变化不大的情况下，网店的利润与成交量和成交均价相关。成本利润率越高，说明网店为获得相应的利润需要付出的代价越小，所以，网店掌柜需要在最大程度上提升成本利润率。

（2）影响店铺盈利的因素。影响利润的因素有两个，就是成交额和总成本。网店经营者要实现利润最大化，比较好的状态是提升成交额、降低总成本，一般情况下经营者会通过减少总成本来提升店铺利润；影响总成本的主要因素有商品成本、推广成本以及固定成本。

① 商品成本：是网店总成本构成的关键部分之一；网店经营者在运营整个网店的过程中，关于成本的预测、分析、决策和控制都是必不可少的。而在决策和控制中需要先对商品成本进行预测和分析，根据网店的商品成本的相关数据进行研究，不同的进货方式其成本消耗率不同。如表 5-5 所示，根据统计的结果对网店进货方式进行调整，尽量把进货过程中的成本消耗率降到最低。

商品成本 = 进货成本 + 损耗成本 + 运输成本 + 人工成本 + 其他

表 5-5　两种不同进货方式的成本

进货渠道	进货成本/元	人工成本/元	运输成本/元	损耗成本/元	其他
当地的批发市场	5364.04	83.88	—	—	70.01
大型电商平台	1341	—	80.42	19.41	

② 推广成本：推广的深度决定了网店的后期发展速度。以淘宝为例，淘宝网店最常用的付费推广方式有直通车、淘宝客以及钻石展位；淘宝卖家需要定期对网店的推广进行有效的数据分析，挖掘出对网店贡献最大的推广方式，再对网店的推广方式进行有目的性、有方向性的战略调整。切忌"酒香不怕巷子深"思想。网店目前主要采用直通车、淘宝客以及钻石展位 3 种推广方式，掌柜根据推广效果与推广成本的统计数据来确定两者之间的平衡点，选择最优的推广方式，并且大力培养最具潜力的推广方式。如表 5-6 所示。

表 5-6　不同推广方式的成本利润率

推广方式	成本/元	成交额/元	利润/元	成本利润率/%
直通车	341.53	579.46	237.93	69.67
淘宝客	155.49	263.15	107.66	69.24
钻石展位	497.86	572.81	74.95	15.05
其他	89.21	117.39	28.18	31.59

先从成本分析，钻石展位的成本最高，其次是直通车，再次是其他的付费方式，最后是淘宝客；再结合成本利润来分析，钻石展位的成本最高，但是成本利润率却最低。由此得出结果：直通车和淘宝客的成本相对较低，但是却获得较高的成本利润率。

根据统计结果对店铺的推广方式进行相应的调整：首先，降低钻石展位的推广成本；其次，加大直通车和淘宝客的推广成本，尤其是淘宝客；最后，适当增加其他的推广方式的成本。

③ 固定成本：又被称之为固定费用，是指成本总额在一定时期和一定业务量范围内，不受业务量增减变动影响而能保持不变或者影响不大。针对淘宝网店而言，固定成本主要包括场地租金、员工工资、网络信息费以及相关的设备折旧（表5-7）。折旧设备的成本属于固定成本中最基础的成本之一，尽量降低人为损伤率能在一定程度上降低设备的折旧费用。固定成本在短期内变化不大，网店无法通过缩减固定成本来提升网店的利润。但是掌柜可以制定员工的 KPI（Key Performance Indicator，关键绩效指标）绩效考核制度，不断提升员工为网店创造的利润和价值。

表 5-7 固定成本数据统计

月份	场地租金/元	员工工资/元	网络信息费/元	设备折旧/元	合计/元
4 月	4000	22000	100	756.38	26856.38
5 月	4000	21600	100	270.42	25970.42
6 月	4000	25800	100	316.66	30216.66

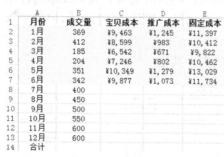

图 5-53 预测成本

（3）店铺利润的预测与分析。在网店运营历史数据和现有生产运营条件的基础之上，根据各种影响因素与利润的依存关系，对网店利润的变化趋势进行预测。

① 线性预测法。用来确定两个变量之间关系的一种数据建模工具。在实际的工作中，这种预测方法经常被用于测量一个变量随另一个变量的变化趋势。下面将根据指定的销售目标，预测网店所需要的成本。如图 5-53 所示。在 Excel 中，可以用 TREND 函数来做线性预测。TREND 函数是返回一条线性回归拟合线的值，即找到适合已知数组"Known_y's"和组"Known_x's"的直线（用最小二乘法），并返回指定数组"New_x's"在直线上对应的 y 值。

第一步，插入 TREND 函数。首先选择需要进行预测计算的"C8:C13"单元格区域，再单击编辑栏左侧的"插入函数"按钮，弹出"插入函数"的对话框，"或选择类别"为"统计"，在"选择函数"列表框中选择 TREND 函数，然后单击"确定"按钮。如图 5-54 所示。

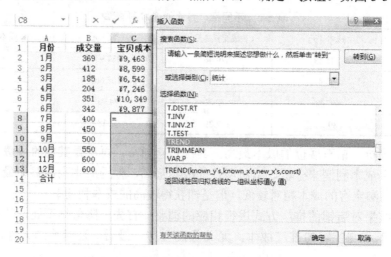

图 5-54 "插入函数"—选择 TREND 函数

第二步，设置y值、x值以及新x值。弹出插入“插入函数”对话框，在“Known_y′s”文本框中输入“C2: C7”，在“Known_x′s”文本框中输入“B2: B7”，在“New_x′s”文本框中输入“B8: B13”，最后单击“确定”按钮。如图5-55所示。

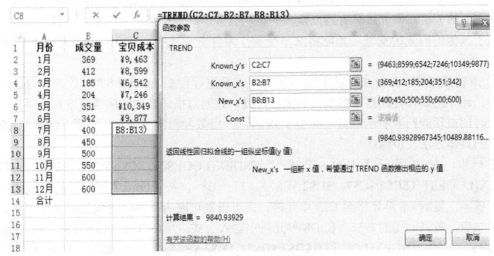

图5-55　TREND函数参数

第三步，显示计算的结果。选中C8单元格，复制C8单元格至C13单元格，即可显示计算的数组结果，即该网店下半年预测的宝贝成本，如图5-56所示。

第四步，预测其他成本。按照相同的方法计算网店下半年的推广成本和固定成本。选中单元格区域“D8: D13”，在编辑栏中输入“=TREND（D2:D7，B2:B7，B8:B13）”，输入正确的公式后，按【Enter】键即可得到预测的推广成本，复制D8单元格至D13单元格，即可得到该网店下半年的推广成本。同样方法得到该网店下半年的固定成本、全面的总成交量、全年总值 。如图5-57所示。

C8　=TREND(C2:C7,B2:B7,B8:B13)

月份	成交量	宝贝成本	推广成本	固定成本
1月	369	¥9,463	¥1,245	¥11,397
2月	412	¥8,599	¥983	¥10,412
3月	185	¥6,542	¥671	¥9,822
4月	204	¥7,246	¥802	¥10,462
5月	351	¥10,349	¥1,279	¥13,029
6月	342	¥9,877	¥1,073	¥11,734
7月	400	¥9,841		
8月	450	¥10,482		
9月	500	¥11,757		
10月	550	¥12,313		
11月	600	¥12,655		
12月	600	¥12,740		
合计				

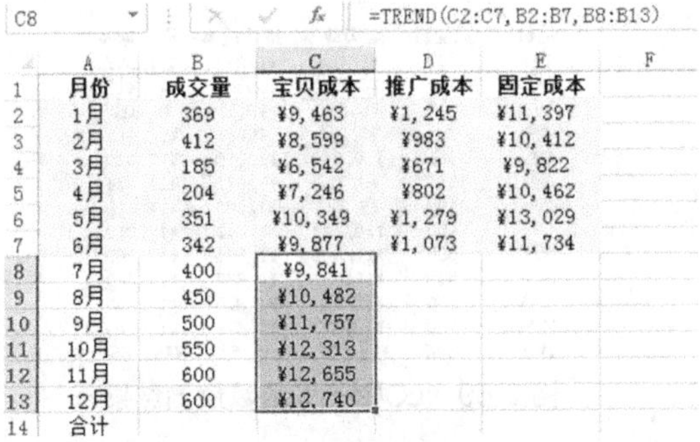

图5-56　复制C8单元格至C13单元格

月份	成交量	宝贝成本	推广成本	固定成本
1月	369	¥9,463	¥1,245	¥11,397
2月	412	¥8,599	¥983	¥10,412
3月	185	¥6,542	¥671	¥9,822
4月	204	¥7,246	¥802	¥10,462
5月	351	¥10,349	¥1,279	¥13,029
6月	342	¥9,877	¥1,073	¥11,734
7月	400	¥9,841	¥1,191	¥11,707
8月	450	¥10,482	¥1,256	¥12,059
9月	500	¥11,757	¥1,442	¥13,012
10月	550	¥12,313	¥1,522	¥13,233
11月	600	¥12,655	¥1,588	¥13,263
12月	600	¥12,740	¥1,610	¥13,427
合计	4963	¥121,864	¥14,663	¥143,556

图5-57　预测推广成本和固定成本

如果网店的成交均价为98.88元，卖家根据线性预测法可以分别求出网店上半年的利润、下半年的预计总销售额、预计总成本以及预计利润。

网店上半年的总销售额：$1863 \times 98.88 = 184213.4$（元）

网店上半年的总成本：$52076 + 6053 + 66856 = 124985$（元）

网店上半年的利润：$184213.4 - 124985 = 59228.4$（元）

网店下半年的预计总销售额：$3100 \times 98.88 = 306528$（元）

网店下半年的预计总成本：$69788 + 8610 + 76700 = 155098$（元）

网店下半年的预计利润：306528－155098＝151430（元）

线性预测法是根据自变量“X”和因变量“Y”之间的变化关系，建立“X”与“Y”的线性回归方程进行预测的一种方法。由于淘宝网店的利润的影响因素是多方面的，而不是仅仅受某一个因素的影响，所以，网店掌柜在运用线性预测法的时候，需要对影响利润的因素进行多方面的分析和研究。只有当在众多的影响因素中，存在某一个因素对变量“X”的影响明显高于其他的因素的变量，才能将这个变量作为自变量“X”，运用线性预测法对网店进行预测。

② 指数预测法：该方法可以采用 LOGEST 函数进行预测，LOGEST 函数的作用是在回归分析中，计算出最符合数据的指数回归拟合曲线，并返回描述该曲线的数值数组。

短时期内预测结合所示范例，如图 5-58 所示，指数预测宝贝成本。利用 LOGEST 函数预测成本的具体方法及步骤：

第一步，在 C8 单元格中输入公式：“=INDEX(LOGEST（$C$2:$C$7，$B$2:$B$7），2)*INDEX(LOGEST（$C$2:$C$7，$B$2:$B$7），1）^ B8”，按【Enter】键即可得到预测的 7 月份宝贝成本，复制 C8 单元格至 C13 单元格，即可得到该网店下半年的预测的宝贝成本。

第二步，按照同样的方法，在 D8 单元格中输入公式：“=INDEX（LOGEST（$D$2:$D$7，$B$2:$B$7），2）*INDEX(LOGEST($D$2:$D$7，$B$2:$B$7)，1）^ B8”，复制单元格至 D13，得到预测的推广成本。

第三步，在 E8 单元格中输入公式：“=INDEX（LOGEST（$D$2:$D$7，$B$2:$B$7），2）*INDEX（LOGEST（$D$2:$D$7，$B$2:$B$7），1）^ B8”，复制单元格至 E13，得到预测的固定成本。

第四步，在 B14 单元格中输入计算公式“= SUM（B2:B13)”，得到全年的成交总量，向右复制公式至 E14 单元格，即可得到各项的总成本。如图 5-59 所示。

C8 =INDEX(LOGEST($C

	A	B	C	D	E
1	月份	成交量	宝贝成本	推广成本	固定成本
2	1月	369	¥9,463	¥1,245	¥11,397
3	2月	412	¥8,599	¥983	¥10,412
4	3月	185	¥6,542	¥671	¥9,822
5	4月	204	¥7,246	¥802	¥10,462
6	5月	351	¥10,349	¥1,279	¥13,029
7	6月	342	¥9,877	¥1,073	¥11,734
8	7月	400	¥9,892		
9	8月	450	¥10,722		
10	9月	500	¥11,621		
11	10月	550	¥12,596		
12	11月	600	¥13,653		
13	12月	600	¥13,653		
14	合计				

图 5-58 采用 LOGEST 函数进行预测

月份	成交量	宝贝成本	推广成本	固定成本
1月	369	¥9,463	¥1,245	¥11,397
2月	412	¥8,599	¥983	¥10,412
3月	185	¥6,542	¥671	¥9,822
4月	204	¥7,246	¥802	¥10,462
5月	351	¥10,349	¥1,279	¥13,029
6月	342	¥9,877	¥1,073	¥11,734
7月	400	¥9,892	¥1,200	¥11,679
8月	450	¥10,722	¥1,342	¥12,019
9月	500	¥11,621	¥1,500	¥12,369
10月	550	¥12,596	¥1,677	¥12,729
11月	600	¥13,653	¥1,875	¥13,100
12月	600	¥13,653	¥1,875	¥13,100
合计	4963	¥124,212	¥15,521	¥141,851

图 5-59 LOGEST 函数预测结果

③ 图表预测法：该方法也是数据预测的方法之一。图表预测法的实质就是通过分析数据源，创建预测图表，并在图表中插入趋势线，通过趋势性预测数据的走向。卖家要使用图表预测法来预测网店的利润，首先需要根据网店的实际运营情况创建成交量分析图，以网店的实际成交量为数据源创建图表，并且对图表进行分析。

第一步，计算上半年每月总成本。在 F2 单元格中输入计算公式“=SUM（C2:E2)”，按【Enter】键即可得到 1 月份的总成本，再向下复制公式，即可得到网店上半年的每月的总成本，如图 5-60 所示。

第二步，插入图表。选中 F2：F7 单元格区域并切换到“插入”选项卡下，单击“图表”组中的对话框启动器，弹出“插入图表”对话框，切换到“XY（散点图)”选项卡下，选择“散点图",并单击"确定"按钮,返回工作表即可看到图表,如图 5-61 所示。

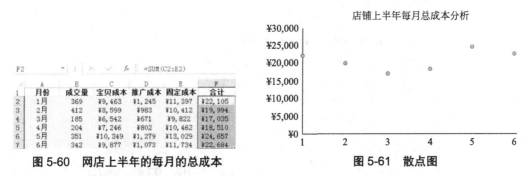

图 5-60　网店上半年的每月的总成本　　　　图 5-61　散点图

第三步,添加并设置趋势线。选中图表,切换到"设计"选项卡下,在"图表布局"组中单击"添加图表元素"右侧的下三角按钮,然后在展开的下拉列表中指向"趋势线",再选择展开的子列表中的"线性",此时,即可看到图表中添加了趋势线。选中趋势线并右击鼠标,在弹出的快捷菜单中选择"设置趋势线格式"命令,如图 5-62 所示。

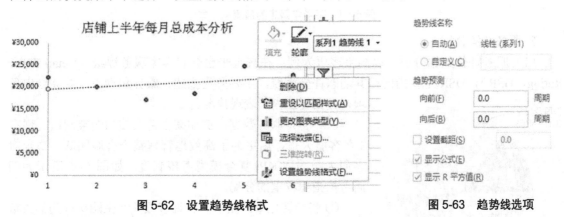

图 5-62　设置趋势线格式　　　　　　　　　图 5-63　趋势线选项

弹出"设置趋势线格式"对话框,在"趋势线选项"选项卡下勾选"显示公式""显示 R 平方值"复选框,如图 5-63 所示。设置完成后,就可以看到图表中的趋势线位置处显示了使用的线性公式和 R^2 值。

第四步,预测下半年的成本。创建线性趋势线预测区域,根据图表中显示的线性公式"y=524.54x+18995"与"R^2"值,在 I15 单元格中输入公式"=524.54*H15+18995"之后,得到 7 月的预测总成本;向下复制公式至 I20 单元格,即可得到下半年网店的预测总成本,如图 5-64 所示。

如果网店的成交均价为 98.88 元,卖家根据图表预测法可以分别求出网店上半年的利润、下半年的预计总销售额、预计总成本以及预计利润。

图表预测法是直接利用网店的各项已知总成本对下半年的总成本进行预测,卖家能够很直观地根据预测的数据结果分析网店的盈利情况。适合增长或降低速率比较稳定商品。

网店上半年的总销售额:1860 × 98.88 = 184213.44(元)

网店上半年的总成本:52076 + 6053 + 66856 = 124985(元)

网店上半年的利润:184213.44 − 124985 = 59228.44(元)

网店下半年的预计总销售额:3 100 × 98.88 = 386528(元)

网店下半年的预计总成本:228811 + 255038 + 281265 + 307492 + 333719 + 333719 = 1740044(元)

网店下半年的预计利润：386528 − 1740044 = −1353516（元）

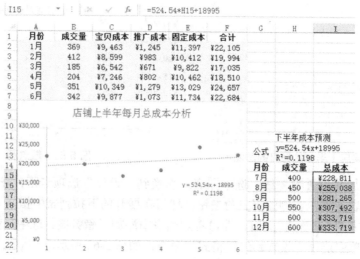

图 5-64　下半年网店的预测总成本

3. 服务数据分析

（1）服务评价数据分析。以淘宝客服为例：在淘宝平台会有卖家服务评级（Detail Seller Rating，DSR），DSR 主要指的是其动态评分系统，主要分为描述、服务和物流，并会给出各项得分在行业内的表现情况。

（2）客户服务数据。例如某主营女装的淘宝网店，现有 3 名客服人员，店主为了高效地管理整个客服团队，决定对客服人员采取 KPI 复合模型考核制度。如图 5-65 所示为网店考核指标权重的分配。

① 咨询转化率：指所有咨询客服并产生购买行为的人数与所有咨询客服总人数的比值。在直接层面上，咨询转化率会影响整个店铺的销售额；在间接层面上，咨询转化率将会影响买家对店铺的黏性以及回头率，甚至是整个店铺的品牌建设和持续发展。如表 5-8 所示。

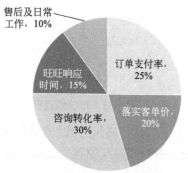

图 5-65　网店考核指标权重图

表 5-8　店铺的咨询转化率

日期	浏览量	访客数	访问深度	咨询率	咨询转化率
今日	2399	610	2.34	36.22%	16.06%
昨日	1999	553	1.89	29.13%	13.33%
上周同期	2039	400	1.62	25.75%	12.89%
一周日均值	2142	571	1.75	29.56%	13.78%

店铺的访问深度：指访客一次性连续访问店铺的页面数，即每次会话浏览的页面数量；平均访问深度是指访客平均每次连续访问店铺的页面数。

店铺的咨询转化率：随着访问深度的变化，咨询率和咨询转化率随之变化；访问深度的数值越大，咨询率和咨询转化率越大。

咨询率和咨询转化率之间的变化如图 5-66 所示。

网店经营者必须针对不同的页面特性进行有效的优化，并且各类页面的优化应该紧紧围绕买家的购买关注点；当买家的访问深度得到提升的同时，店铺的咨询率和咨询转化率也会相应提高。

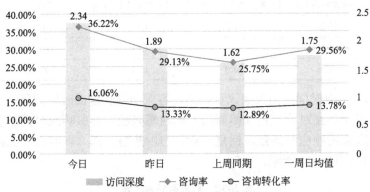

图 5-66 咨询率和咨询转化率的变化图

② 支付率：指支付宝成交总笔数与下单总笔数的比值。支付率直接影响网店利润，同时网店支付率在一定程度上也会影响网店排名。订单支付率是衡量网店利润的指标之一，同时又和客服人员 KPI 考核息息相关。如此，形成"以点带面"的效果，如表 5-9、表 5-10 所示。

表 5-9 支付率考核表

KPI 考核指标	计算公式	评分标准	分值	权重
订单支付率（F）	支付率 = 支付宝成交笔数 / 下单总笔数	$F \geqslant 90\%$	100	25%
		$80\% \leqslant F < 90\%$	90	
		$70\% \leqslant F < 80\%$	80	
		$60\% \leqslant F < 70\%$	70	
		$50\% \leqslant F < 65\%$	60	
		$F < 50\%$	0	

表 5-10 客服人员成交转化率统计表

客服人员	支付宝成交笔数	下单总笔数	支付率	得分	权重得分
A	228	240	95%	100	25
B	247	325	76%	80	20
C	198	225	88%	90	22.5

③ 落实客单价：指在一定的周期内，客服个人的客单价与网店客单价的比值。落实客单价直接把客服个人客单价与网店客单价联系起来，店主可以很直观地看出整个团队中的水平，更容易及时发现问题，有利于整个团队 KPI 的提升。如表 5-11、表 5-12 所示。

表 5-11 落实客单价考核表

KPI 考核指标	计算公式	评分标准	分值	权重
客单价（Y）	落实客单价 = 客服客单价 / 网店客单价	$Y \geqslant 1.23$	100	20%
		$1.21 \leqslant Y < 1.23$	90	
		$1.19 \leqslant Y < 1.21$	80	
		$1.17 \leqslant Y < 1.19$	70	
		$1.15 \leqslant Y < 1.17$	60	
		$Y < 1.15$	0	

表 5-12 客服人员落实客单价统计表

客服人员	客服客单价/元	网店客单价/元	落实客单价/元	得分	权重得分
A	78.23	66.3	1.18	70	14
B	76.9	66.3	1.16	60	12
C	82.8	66.3	1.24	100	20

④ 响应时间：响应时间是指当买家咨询后，客服回复买家的时间间隔。当买家通过阿里旺旺咨询客服，表明买家对该宝贝（即商品）比较感兴趣，客服响应时间就会影响宝贝的成交转化率，如果客服的响应时间短、回复专业、态度热情，那么，将会大大提升宝贝的成交转化率。如表 5-13、表 5-14 所示。

表 5-13 响应时间考核表

KPL 考核指标	评分标准	分值	权重
首次响应时间（ST）	$ST \leqslant 10$	100	10%
	$10 < ST \leqslant 15$	90	
	$15 < ST \leqslant 20$	80	
	$20 < ST \leqslant 25$	70	
	$25 < ST \leqslant 30$	60	
	$ST > 30$	0	
平均响应时间（PT）	$PT \leqslant 20$	100	5%
	$20 < ST \leqslant 25$	90	
	$25 < ST \leqslant 30$	80	
	$30 < ST \leqslant 35$	70	
	$35 < ST \leqslant 40$	60	
	$ST > 40$	0	

表 5-14 客服人员响应时间统计表

客服人员	首次响应时间/秒	得分	权重得分	平均响应时间/秒	得分	权重得分
A	13	90	9	21	80	4.5
B	8	100	10	19	100	5
C	16	80	8	27	80	4

⑤ 退货率：能直接反映出客服的服务质量。当客服与买家沟通的时候，应该注意一定的方式与技巧，结合买家的喜好推荐商品。如表 5-15、表 5-16 所示。

表 5-15 售后及日常工作考核表

KPI 指标	评分标准	分值	权重
月退货量（T）	$T < 3$	100	5%
	$3 \leqslant T < 10$	80	
	$10 \leqslant T < 20$	60	
	$T \geqslant 20$	0	

表 5-16 客服人员售后统计表

客服人员	月退货量	月成交量	月均退货率	得分	权重得分
A	6	289	2.07%	80	4
B	23	423	5.43%	60	3
C	0	260	0%	100	5

淘宝客服 KPI 复合模型从多方面对客服进行考核，不仅仅是个人的业绩能力，更是团队协作能力、工作态度等多方面指标，能够更加透彻地反映出目前客服团队存在的问题。如表 5-17 所示。

表 5-17 客服人员 KPI 权重得分

指标	A	B	C
咨询转化率	32%	40%	29%
支付率	95%	76%	88%
落实客单价	1.18	1.16	1.24
首次响应时间	13	8	16
平均响应时间	21	19	27
退货率	2.07%	5.43%	0%
权重得分	77.5	77	77.5

四、供应链数据分析

1. 采购数据分析

采购是指一整套购买产品和服务的商业流程，是供应链管理必不可少的环节。从业务本身来说，采购要求在恰当的时间，以合理的价格、恰当的数量和良好的质量，从适合的供应商处采购物料、服务和设备，即：采购管理的 5R 原则：适时（Right time）、适质（Right quality）、适量（Right quantity）、适价（Right price）、适地（Right place）。采购数据分析可以解决的问题包括：供应商选择是否存在变动；采购价格是否合理，是否有异常变动；退货比例是否合适；采购时间是否合适。

（1）采购需求计划分析。在供应链领域，可以将需求定义为"销售需求"，需求计划也可以被称为"销售预测"。采购需求计划分析是基于实际销售的数据，对未来的销售预测进行评估，通常分为如下步骤：对过去的销量进行数据统计，得出以 SKU 为颗粒度的销量统计表；分别对日常销量和活动销量进行预判，得出需求预测；基于时间维度进行需求预测汇总；结合市场和销售策略，定期对所有需求进行符合事实的更新。

【例 5-1】某店铺在往期销量的基础上，初步进行了日常需求预测和活动需求预测。如表 5-18、表 5-19 所示。

表 5-18 日常需求预测

月份	汇总数量 / 件	连衣裙 S 码 / 件	连衣裙 M 码 / 件	连衣裙 L 码 / 件
1	110	38	42	30
2	163	48	65	50
3	173	52	66	55
4	266	80	100	86
5	8040	2760	2800	2480
6	10520	3840	3520	3160

表 5-19 活动需求预测

月份	汇总数量 / 件	连衣裙 S 码 / 件	连衣裙 M 码 / 件	连衣裙 L 码 / 件
1	—	—	—	—
2	—	—	—	—
3	570	200	220	150
4	1466	466	518	482
5	4015	1427	1360	1228
6	6684	2807	2293	1584

根据公式：需求总预测 = 日常需求预测 + 活动需求预测，得到如表 5-20、图 5-67 所示的相关数据。

表 5-20 需求预测汇总

月份	汇总数量 / 件	连衣裙 S 码 / 件	连衣裙 M 码 / 件	连衣裙 L 码 / 件
1	110	38	42	30
2	163	48	65	50
3	743	252	286	205
4	1732	546	618	568
5	12055	4187	4160	3708
6	17204	6647	5813	4744

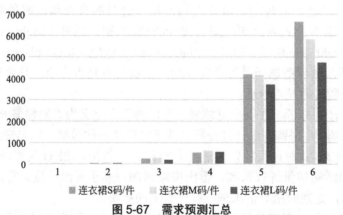

图 5-67 需求预测汇总

进行数据可视化后分析得出：1—4 月份因为气候原因连衣裙整体需求量小，尽管 3、4 月份进行了活动推广，需求量仍然不大；5—6 月需求量飙升，并且 S 码占比逐步增大。

综上所述：产品采购通常受到一些可预测因素的影响，不同时期需求发生着变化。这些变化包括季节性因素、非季节性因素，它们都可能导致原先采购需求计划出现变化，产生可以预测的增加或减少。

（2）采购成本数据分析。又可分为采购成本走势分析和不同渠道采购成本分析。

采购成本走势分析：在进行商品采购时，商品的价格会受到各种因素的影响，如交通、气候等，可以选择在商品价格走低时进行大量采购，节省成本，赚取更大差价，从而获得更多利润。分析价格走势，一般都是根据已有数据构成的走势折线来分析。

不同渠道采购成本分析：采用不同的供应商，不仅考虑商品的有无或多样，也会顾虑到采购成本；对于多家供应商都可以提供商品的同时，可以根据已采购商品的价格数据来判定哪家供应商的进货成本更加低廉或划算，从而进行取舍。

（3）采购平均价分析。商品采购价格时常在变动，需要权衡怎样在变动的采购单价中找到最佳采购时机，较大程度降低投入成本，从而让自己处于更有利的地位，无论是搞促销或让利活动等方面，都有发挥的空间，同时还能保持不错的利润。将波动价格与平均价格进行划分和对比，即可分析指导采购时机。如图 5-68 所示。

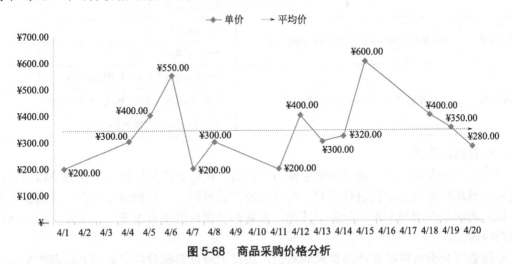

图 5-68　商品采购价格分析

（4）采购策略分析。采购策略分析的目的是了解目前采购策略所处的状态，并根据状态调整优化，以更好地适应公司业务的需求，最终达到最佳供应链共享的总利润的规模。采购策略分析的内容包括：自制还是外包，供应商的选择、供货以及与采购相关的指标。

2. 物流数据分析

物流是指物品从供应地向接收地的实体流动过程，是电子商务活动中不可或缺的一个环节。物流水平直接影响着店铺 DSR 中的物流服务分数，物流服务的优劣也是用户选择下单与否的重要参考依据。

（1）物流运费分析。确定好合作快递公司后，物流运费分析的核心问题就是产品是否包邮，也就是在包邮带来的产品竞争力与不包邮带来的产品利润之间找到一个平衡点：产品定位因素、产品利润因素、运费结构因素、地域因素。

（2）订单时效分析。订单时效是指用户从完成订单支付开始，到用户完成商品签收的时间跨度，即支付—签收时长。订单时效是提升用户体验、增强用户满意度的基本要素之一；订单时效分析的主要目的是通过数据分析找出影响订单时效的因素及不同物流公司间的差距，从而有针对性地进行流程优化，以达到更优的效率。通常情况下，订单时效分析的指标主要包括以下 4 个：平均发货—揽收时长，即商品发货到物流揽收的平均时间；平均揽收—签收时长，即物流揽收到用户签收的平均时间；揽收包裹数，即物流公司回传了揽收信息的物流包裹数；签收成功率，即签收成功的包裹数占总派送包裹数的比例，公式为：签收成功率 = 签收成功包裹数 /（签收成功包裹数 + 拒签包裹数）。

（3）异常物流分析。异常物流包括发货异常、揽收异常、派送异常和签收异常等数据，如表 5-21 所示，各平台划分维度及标准略有不同，节假日及特殊地域也会区别对待。

表 5-21　各平台划分维度及标准

异常物流分类	具体表现	主要原因
发货异常	用户下单完成支付后 24 小时仍未发货的包裹	缺货
		出货量大，不能及时发货
		订单被遗漏等
揽收异常	商品发货后超过 24 小时仍未揽收的包裹	物流公司原因
		物流信息未及时上传
派送异常	物流揽收后停滞超 24 小时仍未派送的包裹	物流运输原因
		物流信息未及时上传
签收异常	当日派件，但在次日还没有签收的包裹	快递原因导致未妥投，如货物破损等
		客户原因导致未妥投，如客户拒签、改签等
		节假日、恶劣天气等导致未妥投

3. 仓储数据分析

仓储是利用仓库存放、储存未使用商品的行为。在电子商务环境中，仓储是指为有形商品提供存放场所并对存放物进行保管、存取与控制的过程，一般指的是库存。供应链中库存的存在是为解决供给与需求之间的不匹配，库存影响供应链持有的资产、所发生的成本以及提供的响应性。

仓储数据分析可以核对产品数量的对错，还在于通过数据分析了解产品库存的情况，从而判断库存产品结构是否完整、产品数量是否适中，以及库存是否处于健康水平、是否存在经济损失的风险。

（1）库存结构分析。库存结构分析主要是通过分析库存产品的占比情况，以了解产品结构是否符合市场需求，从而及时调整销售策略。

（2）库存数量分析。产品库存数量要保持适中，既要保证产品供应充足，满足日常销售所需，又不能有太多积压，产生较多仓储成本，因此需要对库存数量进行分析，为下次入库数量提供数据支持。

（3）库存健康度分析。库存健康度分析是针对库存的实际情况，以一定的指标进行测验，以判断库存是否处于健康水平，是否存在经济损失的风险。库存健康度分析主要通过以下 4 个方面进行衡量。

① 库存周转：一般在目标库存的 80% 以上，同时在目标库存的 1.5 倍以下，可以称为健康的周转水平。

② 近效期库存：通常将效期在一半以下的产品控制为 0。

③ 残次品库存：及时处理，控制为 0。

④ 其他不良库存：控制为 0。

任务四　产品数据分析

产品数据是围绕企业产品产生的相关数据，包括产品行业数据和产品能力数据两部分内容。具体来看，产品行业数据是指产品在整个市场环境下的相关数据，如行业产品搜索指数、行业产品交易指数等。产品数据分析,是指通过产品在其生命周期中各个阶段的数据变化来判断产品所在阶段,指导产品的结构调整、价格升降,决定产品的库存系数以及引进和淘汰,并对后期产品的演进进行合理的规划。

一、产品数据分析内容

1. 竞争对手分析

其中内容包括:分析目标客户、定价策略、市场占有率等确定竞争对手;对竞争对手价格、产品、渠道、促销等方面进行调研,归纳整理调研数据;SWOT 分析。

2. 用户特征分析

具体内容包括:确定典型用户特征的分析内容;做好用户关于年龄、地域、消费能力、消费偏好等数据收集与整理工作;Excel 等工具分析用户数据。

3. 产品需求分析

其中内容包括:收集用户对产品需求的偏好;整理分析需求偏好提出产品开发的价格区间、功能卖点、产品创新、包装等建议;树立用户对产品及品牌持久的黏性。

4. 产品价格分析

分析影响产品定价的内部因素;根据消费人群、市场需求和竞争对手定价的调查结果,分析影响产品定价的外部因素;运用各种定价策略实现产品价格的确定。

5. 产品生命周期分析

分析产品的市场特征;判断其所处的阶段是投入期、成长期、饱和期还是衰退期;以产品各阶段的特征为基点制定和实施企业的营销策略。

6. 用户体验分析

通过用户访谈或工具软件收集,了解用户体验现状;跟踪和分析用户对产品的反馈,监测产品使用状况并及时提出改进方案;评估产品价值及用户体验。

二、产品行业数据分析

1. 产品搜索指数分析

(1)产品搜索指数分析的维度

① 搜索词:代表用户的搜索意图,用于分析用户行为动机、确定推广关键词、设定着陆页内容等。

② 长尾词:搜索量不稳定,但匹配度高、需求明确,转化率高。

③ 品牌词:点击率高、转化率高、转化成本低,适用于品牌知名度较高且能拓展出其他有价值的品牌相关词。

④ 核心词:搜索量大、曝光力度强且流量高,但精准度不够、转化率较低。

⑤ 修饰词:对搜索词进行分词后,取分词中用于描述修饰核心词的词组,以名词居多。

(2)搜索趋势分析。从搜索词的搜索人气、搜索热度等方面进行分析。

(3)人群分析。搜索"女士毛衣"的用户性别分析和年龄分析,如图 5-69、图 5-70,可以看出:"女士毛衣"的女性搜索占比较高,但也存在男性潜在用户;18—24 岁的用户为搜索主力军,40—49 岁的用户紧随其后,50 岁及以上的用户占比最少。此外,搜索人群的属性画像还包括职业分析和地域分析。

搜索人群的购买偏好主要包括品牌偏好、类目偏好、支付偏好等,如图 5-71~图 5-73 所示。

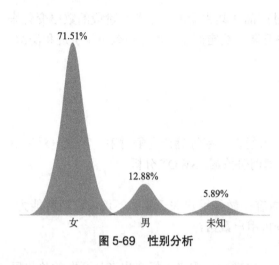

图 5-69 性别分析

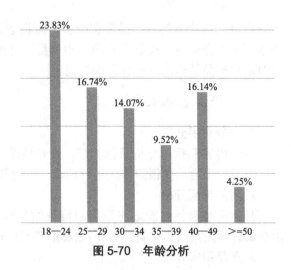

图 5-70 年龄分析

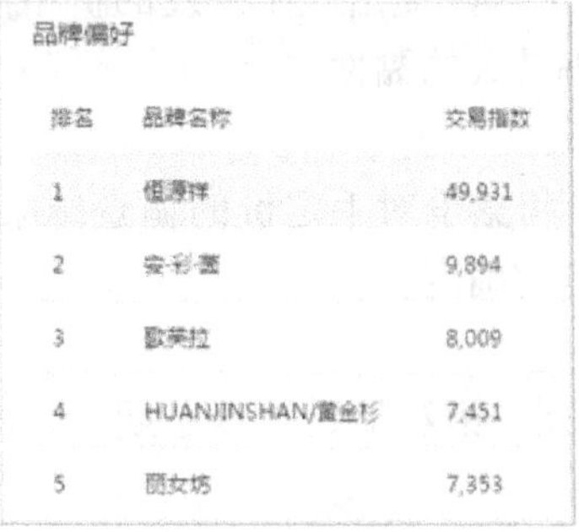

排名	品牌名称	交易指数
1	恒源祥	49,931
2	安-彩-蕾	9,894
3	歌莱拉	8,009
4	HUANJINSHAN/黄金杉	7,451
5	丽女坊	7,353

图 5-71 品牌偏好

排名	品牌名称	交易指数
1	毛针织衫	77,338
2	毛衣	66,794
3	卫衣/绒衫	4,862
4	中老年女装	4,414
5	短外套	4,054

图 5-72 类目偏好

支付金额	点击人气	点击用户占比
0-35	3,439	13.87%
35-70	5,295	21.35%
70-110	4,224	17.04%
110-180	4,665	18.81%
180-320	3,983	16.07%
320以上	3,188	12.86%

图 5-73 支付偏好

2. 产品交易指数分析

产品交易指数是指商品的总体支付金额进行指数化后的指数类指标，交易指数越高，代表支付金额越高。指数之间的差值不代表实际支付金额的差值，仅代表高低。产品交易指数是产品在平台交易热度的体现，其分析维度主要包括店铺、商品和品牌三大类。

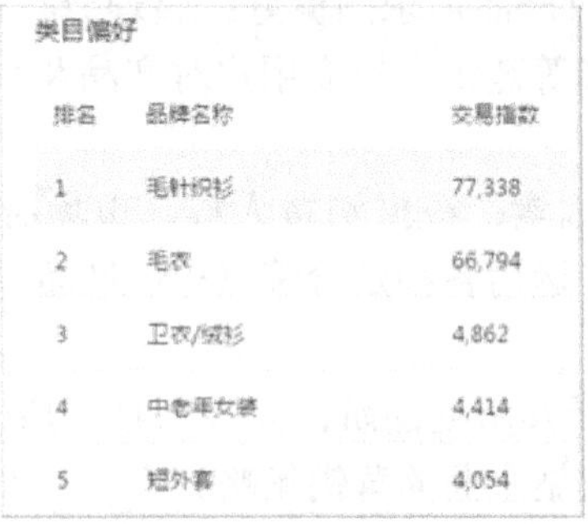

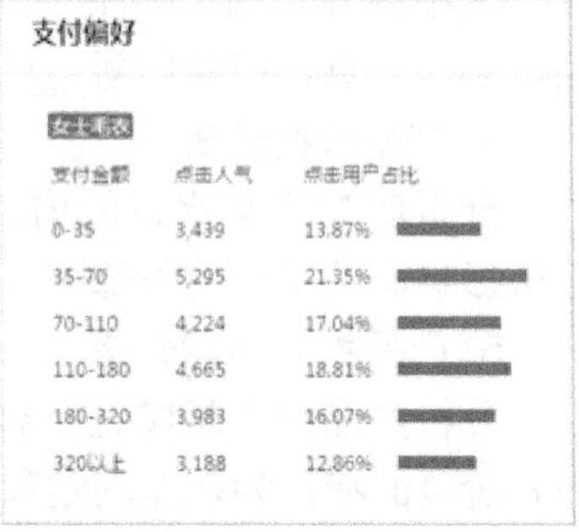

（1）市场排行分析。以日、周或月为时间单位，对店铺、商品交易指数对比分析，对制定店铺运营策略和打造单品爆款有一定参考价值。

（2）产品交易指数分析—交易趋势分析。针对店铺进行交易趋势分析，可以看到该店铺交易指数的高峰值时间，交易量短暂下降，而流量却在稳定上升，可以判断这一时期进行了促销预热。

三、产品能力数据分析

1. 产品获客能力分析

产品获客能力是指对产品为店铺或平台获取新客户的能力的衡量。产品获客能力是电子商务经营活动的关键能力之一，如何通过付出最小的成本获取最多的新客户，是提升产品获客能力的核心目标。“流量为王”，流量越大，获客机会就越多。提升产品获客能力需从以下三个关键点切入：千人千面，通过升级个性化用户体验提升获客能力；优化并拓展营销渠道，确保产品接触到更多潜在用户；提升自身价值，打造产品亮点。

（1）新客点击量。新客户的点击量比例大于整体客户流失率，则产品处于发展成长阶段；新客户的点击量比例与整体客户流失率持平，则产品处于成熟稳定阶段；新客户的点击量比例小于整体客户流失率，则产品处于下滑衰退阶段。新客点击量是针对首次访问网站或者首次使用网站服务的客户进行的点击量统计，新客点击量越大，说明该产品的获客能力越强，新客户运营效果越好。

某网站 A、B、C 三款产品在本月及上月带来的新客点击量统计，如表 5-22、图 5-74 所示。

表 5-22 新客点击量统计表

新客点击量/次	本月	上月
A 产品	8645	9692
B 产品	20422	29828
C 产品	21484	17329

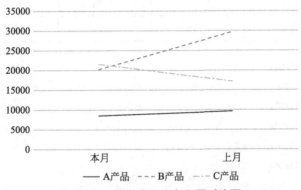

图 5-74 某网站新客点击量对比图

经过以上对比分析，至少可以得出以下结论：三款产品中 A 款产品的获客能力较弱；三款产品中 B 款产品带来的新客点击量较高，并且在持续上升，获客能力最强；C 款产品带来的新客点击量尽管较上月略有下降，但总数仍不容小觑，应及时分析原因，调整优化。

（2）重复购买率。重复购买率是针对某时期内产生两次及两次以上购买行为的客户进行的比例统计。任何企业都希望通过降低获客成本来提升产品获客能力，因此该指标的分析越来越引起企业的重视。重复购买率越大，客户的忠诚度就越高，该产品的获客能力就越强，反之则越低。一个产品没有重复购买的企业是非常危险的，这意味着所有交易都是"一锤子买卖"，而所有的客户都是新客户，需要付出更多的获客成本。重复购买率的公式为：

重复购买率 = 一定时间内重复购买的客户数量÷总客户数

2. 产品盈利能力分析

产品盈利能力是指产品为店铺或企业获取利润的能力，研究的是利润与收入和成本之间的比率关系。一般而言，利润相对于收入和资源投入的比例越高，盈利能力越强；比率越低，盈利能力则越弱。

（1）产品结构。产品结构指一个企业或一个店铺的产品中各类产品的比例关系，分析产品结构，可以使其更加完善和合理化，从而有效提升产品销量。

① 根据产品产量定位，可以将产品结构划分为主力产品、辅助产品和关联产品。主力产品，指企业或店铺中库存比例大、销售量好、展示度高的产品；辅助产品，指用来弥补主导产品最不能满足的那部分客户需求的产品；关联产品，指搭配主力产品或辅助产品共同购买、共同消费的产品。

② 根据产品销量定位,可以把店铺产品结构分为:形象产品、利润产品、常规产品、人气产品、体验产品。

③ 根据产品类目可以将产品结构划分为服装服饰、美妆洗护、母婴玩具、数码家电、生活用品、家居家纺、家装建材等。在电商运营中,各平台略有不同,同时还会继续细分,分设出二级类目甚至三级类目。

某旅游鞋网店经营网跑类、休闲类、滑板类、户外类和篮球类5个品类,其中网跑类为主力产品,各类产品在店铺的占比如表5-23、图5-75所示。

表 5-23 某旅游鞋网店各类产品占比对比

指标	网跑类	休闲类	滑板类	户外类	篮球类
销售比	46.8%	17.2%	25.3%	8.4%	2.3%
库存比	30.6%	18.3%	19.7%	19.6%	11.8%
展示比	60%	12.4%	15.4%	10.2%	2%

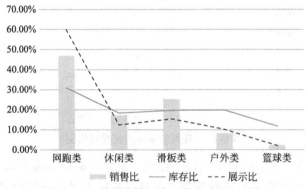

图 5-75 某旅游鞋网店各类产品占比对比

网跑类产品销售占比最高,符合其主力产品的定位;网跑类产品展示比最高;库存比方面,网跑类产品尽管占比最高,但并不突出,销售比与展示比最小的篮球类产品反而超出其应有范围。在这个前提下,应进一步调整各类产品的库存占比,加大网跑类产品的库存,降低篮球类产品的库存。

(2)产品结构分析。从产品类目角度来讲,主要分析的是同一个商品或者同一家店铺的产品,在不同类目下流量的差异、转化率的差异、销售总体效果的差异等指标。通过对这些指标进行比较分析,从而选择较为有利的类目。如表5-24、图5-76所示。

表 5-24 某商品在其销售平台上各类目中的销售数据如表所示。

指标	服饰	母婴	运动	户外	家纺	配饰
支付金额/元	27008	27984	39117	36315	21088	23491
支付转化率	16.98%	16.08%	22.34%	27.97%	11.71%	12.56%
加购转化率	30.66%	25.59%	43.78%	48.16%	26.77%	29.93%
收藏转化率	6.89%	7.32%	9.18%	10.91%	6.53%	7.06%

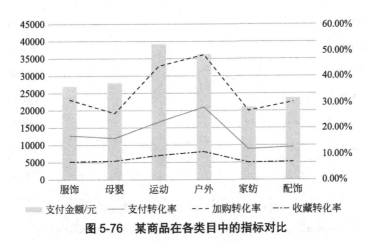

图 5-76 某商品在各类目中的指标对比

从支付金额的维度来看，运动类目是该产品的最佳选择。但除此之外，无论是收藏转化率、加购转化率还是支付转化率，户外类目则略胜一筹。因此，初步判定运动和户外为该商品的优先选择类目，在此前提下，进一步细化分析，或者进行指标优先级排序，从而选择出最佳类目。

（3）产品盈利能力分析——SKU 分析。SKU 指商品的销售属性集合。每款产品均对应有唯一的 SKU，一款产品多色，则有多个 SKU。SKU 分析是基于单品进行的，分析内容通常包括定价是否合理、商品颜色用户是否喜欢、结构是否合理、营销是否有效、访客行为分析和销售趋势分析等。SKU 分析的维度众多，分析方法也并不唯一，通常情况下，以收藏转化率、加购转化率、支付转化率、支付金额为研究对象。某店铺 SKU 销售数据如表 5-25、表 5-26、图 5-77 所示。

表 5-25 某店铺 SKU 销售数据表

商品	访客数/人	支付金额/元	支付件数/件	支付买家数/件	加购件数/件	加购人数/人	收藏人数/人
白色卫衣	1707	28356	417	184	673	320	401
黑色卫衣	2123	28832	424	223	505	447	348
红色卫衣	688	6596	97	77	289	169	143
黄色卫衣	1808	29716	437	196	557	441	384
蓝色卫衣	490	5916	87	56	205	102	102
绿色卫衣	250	2992	44	30	88	58	79

表 5-26 某店铺 SKU 转化率

商品	收藏转化率	加购转化率	支付转化率
白色卫衣	23.49%	18.75%	10.78%
黑色卫衣	16.39%	21.06%	10.50%
红色卫衣	21.41%	25.30%	11.53%
黄色卫衣	21.24%	24.39%	10.84%
蓝色卫衣	20.82%	20.82%	11.43%
绿色卫衣	31.60%	23.20%	12.00%

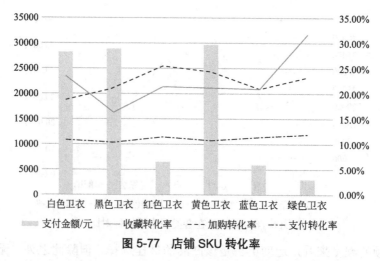

图 5-77 店铺 SKU 转化率

通过对比分析，可以得到以下结论：支付金额的高低与转化率的高低并不完全同步；收藏转化率、加购转化率及支付转化率相对的趋势比较统一；爆款 SKU 主要为黄色卫衣、黑色卫衣、白色卫衣；红色卫衣、蓝色卫衣及绿色卫衣的转化率并不低，但支付金额却非常少，主要原因在于其访客数过低，可以考虑展示度不够或者主图有待优化。

（4）产品盈利能力分析——客单件分析。客单件是指统计时间内，每一位成交客户平均购买产品的数量，即平均交易量。计算公式：

$$客单件 = 交易总件数 \div 交易笔数$$

网店的销售额由客单价和客流量共同决定，而客单件则是影响客单价的重要指标。在流量相同的前提下，客单件越多，客单价越高，销售额也就越高。提升客单件的主要途径在于尽可能地唤起顾客的购买欲望，包括产品组合多元化、关联推荐、促销活动和推销技巧等。产品组合多元化，主要用来分析产品类目的广度和深度。产品类目的广度即店铺产品的类目数量，广度越广，访客的选择范围越大。产品类目的深度即一个商品类目下的 SKU 数，SKU 数越多，店铺越专业，访客越容易找到适合自己的产品。关联推荐，是指通过向顾客推荐关联产品，促使其在购物过程中被多种产品吸引，最终完成购买多件产品的营销行为。推荐的产品主要包括三类：即功能互补的产品、认可度较高的产品和功能相似的产品。促销活动中，常见的促销方式有组合促销、买赠活动、满减活动、优惠券等。关于推销技巧，客服的专业性可以大大提升成交率。例如，顾客下单后，客服在主动核对订单的同时提醒顾客全店两件八折等促销活动，或者利用专业介绍，推荐与之搭配的爆款产品。

（5）毛利率分析。毛利率是商品毛利润占销售额的百分比。计算公式：

$$毛利率 = （销售收入 - 销售成本）\div 销售收入 \times 100\%$$

产品销售成本分析：销售成本包括产品的生产成本、运输成本、仓储成本、包装成本、推广成本和人力成本等，成本越高，利润越低。

产品销售收入分析：影响产品销售收入的因素主要包括产品销售单价和销售数量。产品销售数量的变化对毛利率有直接影响，在产品进销价格不变的情况下，销售数量越大，毛利率越高，成正比关系。同理，销售单价与毛利率也成正比关系，但销售单价并不是越高越好，因此不能简单地追求单价最大化。

【任务小结】

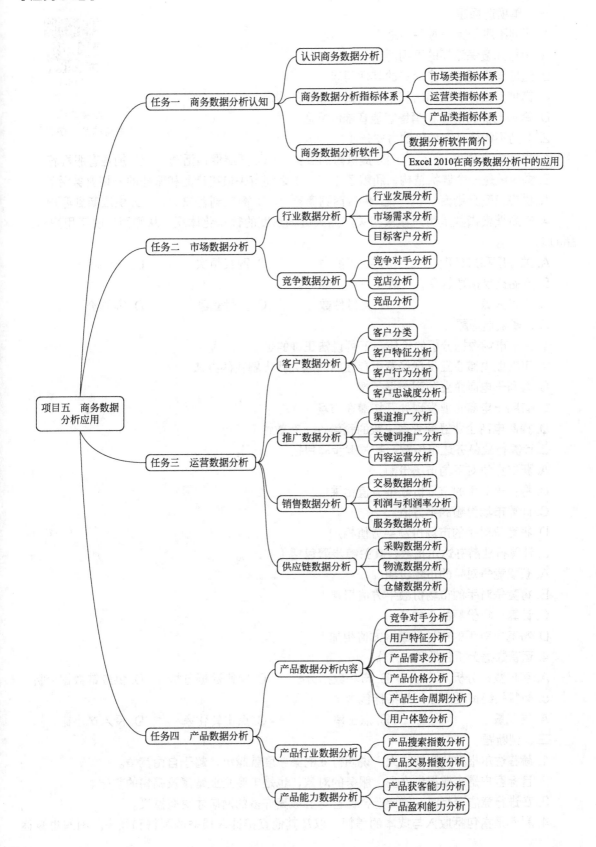

【课后练习】

一、单项选择题

1. 下列不属于竞争对手的是（　　）。
A. 销售儿童保温杯的不同网店
B. 造成自身网店客户流失的其他网店
C. 销售女士棉衣的网店和销售女士羽绒服的网店
D. 销售电视的网店和销售智能音响的网店

2. 下列不能提升客单价的方式是（　　）。
A. 更换物流公司　　　B. 提供附加服务　　　C. 开展促销活动　　　D. 加强客服推荐

3. 供应链是一个链状结构，涵盖了（　　）之间有关最终产品和服务的一切业务活动。
A. 供应商到分销商　　B. 供应商到商家　　C. 商家到客户　　D. 供应商到客户

4. 产品搜索指数是用户搜索相关产品关键词热度的数据化体现，从侧面反映了用户对产品的（　　）。
A. 关注度和兴趣度　　　B. 购买能力　　　C. 购买频次　　　D. 忠诚度

5. 产品交易指数越高，代表（　　）越高。
A. 支付人数　　　B. 支付件数　　　C. 支付金额　　　D. 客单价

二、多项选择题

1. 关于市场数据分析的价值，下列说法正确的是（　　）。
A. 可帮助电商企业发现经营中存在的问题并找出解决的办法
B. 有利于电商企业预测市场行情
C. 有助于电商企业发现并开拓潜在市场
D. 提高电商企业经营管理决策的科学性、有效性

2. 计算行业赫芬达尔指数，其关键步骤包括（　　）。
A. 获取竞争对手的市场份额
B. 将竞争对手的市场份额平方值相乘
C. 计算市场份额的平方值
D. 将竞争对手的市场份额平方值相加

3. 计算行业赫芬达尔指数，其关键步骤包括（　　）。
A. 获取竞争对手的市场份额
B. 将竞争对手的市场份额平方值相乘
C. 计算市场份额的平方值
D. 将竞争对手的市场份额平方值相加

4. 运营数据分析包括（　　）。
A. 客户数据分析　　　B. 市场数据分析　　　C. 销售数据分析　　　D. 供应链数据分析

5. 衡量关键词推广效果的指标包含（　　）。
A. 展现量　　　B. 点击率　　　C. 点击转化率　　　D. 投入产出比

三、判断题

1. 赫芬达尔指数的数值越大，说明行业的集中度就越小，趋于自由竞争。（　　）
2. 目标客户是企业提供产品、服务的对象，也是电商企业营销及销售的前端。（　　）
3. 在进行竞店分析时，需要选择比自身层级高许多的网店才更有意义。（　　）
4. 利润是指包括收入与成本的差额，以及其他直接计入损益的利得和损失。利润也被称

之为净利润或净收益。   （   ）

5. SKU 是指商品的销售属性集合，假如一款产品有 S、M、L 三个规格，则对应三个 SKU。   （   ）

四、分析题

某女装店铺为保持竞争力，定期更新产品、调整类目。为了避免运营决策主观化，减少风险，需要时刻关注市场动向和用户需求。现计划针对店内"羽绒服"产品进行运营决策调整，运营人员首先通过百度指数查看了关键词"羽绒服"的搜索指数，如图 5-78、图 5-79 所示，请根据下图进行产品搜索指数分析，并分析结论。

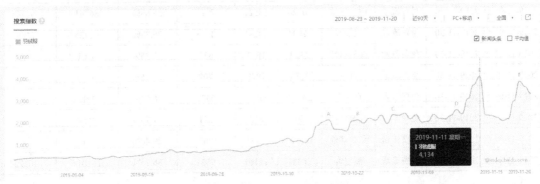

图 5-78 "羽绒服"的搜索指数 1

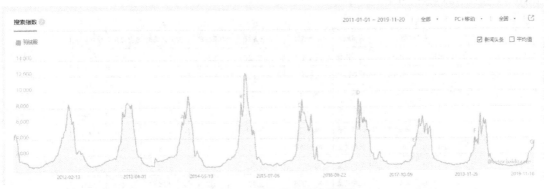

图 5-79 "羽绒服"的搜索指数 2

【实操训练】

商务数据描述性实例分析

【背景】流量是电子商务企业的命脉，流量的多少直接影响企业的营收，对流量结构进行分析，能够帮助企业了解单位时间内哪种渠道为企业带来的流量更多，哪种渠道的投资回报率最大，企业可以根据分析结果优化引流方式。某电子商务企业部门经理为了解近期推广效果，安排小张对最近一个月的店铺流量数据进行分析，明确流量的结构占比，为后期营销渠道的选择提供参考。

【分析】分析流量结构，可以从免费流量结构分析和付费流量结构分析两个维度展开，以此明确每种流量类型引流较多的渠道，指导企业后续推广渠道的优化。确定好分析维度后，小张决定采集访客数、点击量、成交订单数对免费流量结构展开分析，采集成交转化率、成交额、投入成本对付费流量展开分析，并运用组合图形实现流量结构可视化。

【实操步骤】

（1）获取企业月度流量数据。采集企业 2019 年 11 月的流量数据，添加至如表 5-27 所示的 Excel 表中。

表 5-27　企业月度流量数据

统计日期	流量来源	来源明细	访客数	点击量	成交订单数	成交转化率	成交额/元	投入成本/元
2019-11-01 至 2019-11-30	免费流量	自主搜索	3013	2133	885	29.37%	9518	/
2019-11-01 至 2019-11-30	付费流量	超级推荐	9012	8201	2214	24.57%	42548	56852
2019-11-01 至 2019-11-30	免费流量	购物车	4232	3022	1452	34.31%	10214	/
2019-11-01 至 2019-11-30	付费流量	钻石展位	20124	18521	7221	35.88%	86241	62442
2019-11-01 至 2019-11-30	付费流量	聚划算	12021	10231	3213	26.73%	62425	75898
2019-11-01 至 2019-11-30	免费流量	其他店铺	2322	1632	635	27.35%	5201	/
2019-11-01 至 2019-11-30	免费流量	首页	2683	1998	702	26.16%	6325	/
2019-11-01 至 2019-11-30	付费流量	直通车	23514	21021	6322	26.89%	120121	95621
2019-11-01 至 2019-11-30	免费流量	收藏推荐	1062	862	231	21.75%	3654	/
2019-11-01 至 2019-11-30	免费流量	免费其他	2932	1865	862	29.40%	6215	/
2019-11-01 至 2019-11-30	付费流量	淘宝客	26331	12101	9521	36.16%	151016	103254

（2）付费流量、免费流量归类。采用排序的方式对付费流量、免费流量进行归类，完成归类后的效果如图 5-80 所示。

	A	B	C	D	E	F	G	H
1	统计日期	流量来源	来源明细	访客数	点击量	成交订单数	成交转化率	成交额/元
2	2019-11-01 ~ 2019-11-30	付费流量	超级推荐	9012	8201	2214	24.57%	42548
3	2019-11-01 ~ 2019-11-30	付费流量	钻石展位	20124	18521	7221	35.88%	86241
4	2019-11-01 ~ 2019-11-30	付费流量	聚划算	12021	10231	3213	26.73%	62425
5	2019-11-01 ~ 2019-11-30	付费流量	直通车	23514	21021	6322	26.89%	120121
6	2019-11-01 ~ 2019-11-31	付费流量	淘宝客	26331	12101	9521	36.16%	151016
7	2019-11-01 ~ 2019-11-30	免费流量	自主搜索	3013	2133	885	29.37%	9518
8	2019-11-01 ~ 2019-11-30	免费流量	购物车	4232	3022	1452	34.31%	10214
9	2019-11-01 ~ 2019-11-30	免费流量	其他店铺	2322	1632	635	27.35%	5201
10	2019-11-01 ~ 2019-11-30	免费流量	首页	2683	1998	702	26.16%	6325
11	2019-11-01 ~ 2019-11-30	免费流量	收藏推荐	1062	862	231	21.75%	3654
12	2019-11-01 ~ 2019-11-30	免费流量	免费其他	2932	1865	862	29.40%	6215

图 5-80　数据归类后的效果

（3）付费流量结构分析

① 计算付费流量投资回报率：复制统计日期、流量来源、来源明细、成交转化率、成交额、投入成本对应的区域到新的 Excel 表中，完成付费流量投资回报率的计算，并填写在如图 5-81 所示的对应位置中。

② 选择来源明细、成交转化率、投资回报率对应的数值区域，插入组合图形，将成交占比设置为簇状柱形图，将投资回报率设置为折线图；最后，将成交占比设置为次坐标轴，得到付费流量结构分析图，效果如图 5-82 所示。

③ 免费流量结构分析：复制统计日期、流量来源、来源明细、访客数、点击量和成交订单数对应的区域到新的 Excel 表中。插入组合图形，将访客数设置为簇状柱形图、点击量和成

交订单数设置为折线图,并将访客数设置为次坐标轴,完成后的效果如图 5-83 所示。

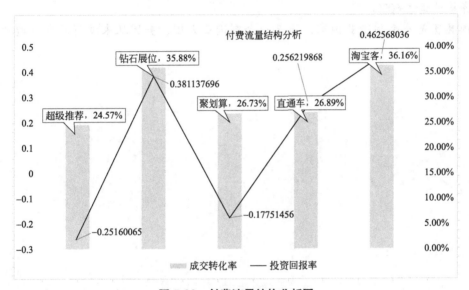

图 5-81　计算付费流量投资回报率

图 5-82　付费流量结构分析图

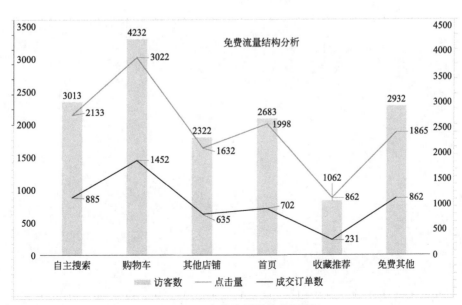

图 5-83　免费流量结构分析图

【知识延伸】

2020年9月9日,以"新制造时代"为主题的"2020中国互联网制造峰会"在厦门召开。国家发展和改革委员会产业司原司长年勇表示,美国一直以来没有放弃制造业。

一个国家的科技水平和经济实力体现在哪里?唯一的标志就是制造业发不发达。现在有一个说法称美国是服务经济了,后工业社会,不搞制造业了,而中国制造业很发达。去年美国服务业的比重是81%,以此证明美国是后工业经济,是不要制造业的经济。但是很多人不知道,在美国服务业的81%里头,美国制造业去年是2.36万亿,占经济总量的11%,服务业是81%。大家不知道81%背后的东西,背后是什么?

美国的服务业里头60%以上都是为制造业服务的,大体这些年占美国经济总量48%、49%、50%。什么意思?美国为制造业服务的生产性服务业占一半,就是说美国经济全部总量里有一半是为制造业服务。加上制造业本身就超过了60%。换句话说,可以说美国制造业占美国经济总量超过60%。

美国其实是一个制造业国家,还是一个制造业大国,美国从来没有放弃制造业,直到今天。

项目六

数据分析报告与撰写

【学习目的】
1. 了解数据分析报告的结构、要点;
2. 掌握数据分析报告撰写方法、原则和流程;
3. 根据具体的业务数据分析结果,完成数据分析报告的撰写;
4. 具备较强的文字表达和沟通协调能力。

【案例导入】

茶叶市场环境分析报告
(以某电商平台茶叶店为例)
(2020年2月10日)

某电商平台售卖茶叶,由于地处云南,初步想以云南特产滇红为主推产品,为了验证此想法的可行性,便对该电商平台茶叶店铺市场进行了分析。
……

1. 市场规模

截至目前,某电商平台现有茶叶类目店铺数量为89565家,其中活跃店铺数量为18905家。2018年全年,该平台茶叶销售额为93亿元,预计连续未来三年销售增长超过20%。根据2019年10月21日某电商平台数据搜索结果显示,茶叶类目共有商品89.82万款,月销200笔以上产品共有1551款。通过对茶叶的主产区进行分析,发现茶叶的主产区也是主要的发货地。

2. 产品构成

目前茶叶类目中主要产品品类有绿茶、红茶、乌龙茶、普洱茶、花草茶、白茶、黑茶、黄茶等,其中红茶排在第五位,占比约为15%,按照100亿元的茶叶类目销售总额计算,红茶的年销售额在15亿元人民币左右。

3. 主推款——滇红的市场状况

滇红属于茶叶类目下的红茶二级类目,红茶目前有产品24.75万,主要产品为福建红茶(正山小种、金骏眉等)和西式袋泡红茶,滇红产品数量只占7.8%。而红茶类目销量前50名中,滇红就在其中。滇红(云南红茶)品类约有产品1.93万款,其中30天内有销量的有800款左右,月销超过20件的不到300款。滇红的销售价格区间主要分布在20~200元,其中50~100元产品销量最高,20~50元次之,占比分别为35.45%和24.55%。滇红的发货地主要集中在产地云南,占比为85%。在滇红类目下有细分品类,主要有红螺系列(金碧螺、红碧螺、红丝螺、红金螺等)、红毛峰、金丝滇红等,其中销量最高的为红螺系列。

> ……
> 提出问题：你觉得选择云南特产滇红为主推产品是否可行？建议定价在怎样的范围？

【任务分解】

任务一　数据分析报告认知

一、数据分析报告的含义

数据分析报告是数据分析过程和思路的最终呈现，数据分析报告的作用在于以特定的形式将数据分析结果展示给决策者，给他们提供决策参考和依据。数据分析报告要结合数据指标，运用科学的分析方法，建立科学的数据分析模型和指标体系，深刻地研究和分析企业的运行情况，找出表象背后的深层次原因。

与传统商务活动相比，电子商务具有易于抓取数据的优势，要从对事物的规模、水平、构成、速度、质量、效益等情况进行定量分析，避免笼统性、经验性的表达，把定性分析与定量分析相结合。

二、数据分析报告的主要类型

1. 专题分析报告

专题分析报告是对社会经济现象的某一方面或某一个问题进行专门研究的一种数据分析报告，它的主要作用是为决策者解决某个问题提供决策参考和依据。专题分析报告特点：单一性，即主要针对某一方面或某一个问题进行分析，如用户流失分析、企业利润率分析等；深入性，即报告内容单一、重点突出，便于集中精力抓住主要问题进行深入分析。

2. 综合分析报告

综合分析报告是全面评价一个地区、单位、部门业务或其他方面发展情况的一种数据分析报告，例如全国流动人口发展报告、某电商企业运营分析报告等。综合分析报告的特点：全面性，即站在全局的高度，反映总体特征，做出总体评价，得出总体认识；关联性，即把互相关联的一些现象、问题综合起来进行全面系统的分析。综合分析不是对全面资料的简单罗列，而是在系统地分析指标体系的基础上，考察现象之间的内部联系和外部联系。这种联系的重点是比例关系和平衡关系，分析研究它们的发展是否协调、是否适应。

3. 日常数据通报

日常数据通报是以定期数据分析报表为依据，反映计划执行情况，并分析其影响因素和形成原因的一种数据分析报告。这种数据分析报告一般是按日、周、月、季、年等时间阶段定期进行，所以也叫定期分析报告。日常数据通报的特点：规范性，即形成比较规范的结构形式，形成数据分析部门例行报告，定时向决策者提供；进度性，即反映计划的执行情况，把计划执行的进度与时间的进展结合起来分析，观察比较两者是否一致，从而判断计划完成的好坏；时效性，即及时提供业务发展过程中的各种信息，帮助决策者掌握企业经营的主动权。

数据分析报告类型也可分为计划执行型、调查分析型、未来预测型、分析总结型、社会公报型等。

三、数据分析报告软件

数据分析报告可以通过 Office 中的 Word、Excel 和 PowerPoint 系列软件来表现（表 6-1）。

表 6-1 Office 各软件制作报告的优劣势对比

项目	Word	Excel	PowerPoint
优势	易于排版； 可打印装订成册	可含有动态图表； 结果可实时更新； 交互性更强	可加入丰富的元素； 适合演示汇报； 增强展示效果
劣势	缺乏交互性； 不适合演示汇报	不适合演示汇报	不适合大篇文字
适用范围	综合分析报告； 专题分析报告； 日常数据通报	日常数据通报	综合分析报告； 专题分析报告

四、数据分析报告结构设计

如图 6-1 所示，即为一份数据分析报告的结构图。

1. 引入部分

（1）标题页。标题页一般要写明报告的名称、数据分析委托部门信息、数据分析执行部门信息、数据分析报告完成日期等内容，要精简干练，抓住阅读者的兴趣。标题要具有较强的概括性，可以用简洁、准确、直接的语言表达出数据分析报告的核心分析方向。直接，即必须用毫不含糊的语言，直截了当、开门见山地表达基本观点，让读者一看标题就能明白数据分析报告的基本精神，加快对报告内容的理解；确切，即文题相符，宽窄适度，恰如其分

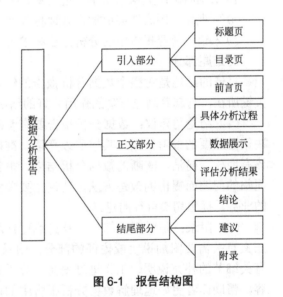

图 6-1 报告结构图

地表现分析报告的内容和对象的特点；简洁，即要直接反映出数据分析报告的主要内容和基本精神，就必须具有高度的概括性，用较少的文字集中、准确、简洁地进行表述。

标题基本类型：交代型——交代分析主题，展现出时间等客观现象；提问型——以提问的形式来点明数据分析报告的问题；概括型——叙述报告反映的事实，概括分析报告的中心内容；直接型——用标题来展示分析报告的基本观点标题的制作要求。

（2）目录页。目录是报告中各部分内容索引和附录的顺序提要，方便读者了解报告的内容名目，目录需要清晰地体现出报告的分析思路。如果是在 Word 中撰写报告，在目录中还要加上对应的页码，对于比较重要的二级目录，也可以将其列出来。从另外一个角度说，目录也相当于数据分析大纲，它可以体现出报告的分析思路。但是目录也不要太过详细，以免让阅读者阅读起来觉得冗长、耗时。

（3）前言页。前言页包括数据分析的背景、目的、思路、摘要等内容。分析背景主要说明此项分析报告的背景和意义；分析目的展示分析报告要达成的目标；分析思路展示数据分析报告的内容和指标；摘要是用简单明了的语言对数据分析结果进行概括介绍，目的在于让

报告的阅读者快速了解数据分析的基本结果，形成整体印象，从而决定采取相应的措施，一般包括项目总体介绍、运行状况、核心指标、对策与建议等，摘要是数据分析报告中相当重要的内容，缺少摘要部分就丧失了报告的完整性。

2. 正文部分

正文是一篇数据分析报告的核心部分，必须与分析思路相结合，要以严谨科学的论证，确保观点的合理性和真实性。正文必须准确阐明全部有关论据，包括问题的提出、引出的数据、论证分析的全部过程、分析研究问题的方法，还应当有可供项目决策者进行独立思考的全部数据指标和必要的行业信息，以及对这些情况和内容的分析总结。正文部分要以图文并茂的方式将数据分析过程与分析结果进行展示，不仅需要美观，还需要统一，不要加入太多的样式，否则会给人留下不严谨的印象。

正文在编写过程中应注意以下几个方面。

① 科学严谨：经过科学严谨的论证，才能确认观点的合理性和真实性，才能使人信服。
② 结构清晰：一步一步得出结论，给出观点，思路最好不要出现跳跃的地方。
③ 结论明确：数据的结论一定要从数据中得出来，要严谨地切合数据分析的主题。
④ 可视化：图表能够更加直观地将数据及分析结果呈现在读者面前。
⑤ 术语：解释报告中的分析方法和术语，便于各类读者的查看。

3. 结尾部分

报告的结尾是对整个数据分析报告的综合与总结，是得出结论、提出建议、解决矛盾的关键所在，它起着画龙点睛的作用。好的结尾可以帮助读者加深认识、明确主旨、引起思考。

（1）结论与建议：数据分析报告要有明确的结论、建议和解决方案，可以作为决策者在决策时重要的参考依据，其措辞须严谨、准确。结论对整篇报告起到综合和总结的作用，应该有明确、简洁、清晰的数据分析结果。报告的建议部分是立足数据分析的结果，针对企业面临的问题而提出的改进方法，建议主要关注保持优势及改进劣势等方面，要密切联系企业的业务，提出切实可行的建议。

（2）附录：是对正文部分的补充或更详尽的说明，是指正文包含不了或没有提及，但与正文有关需要附加说明或佐证的部分。附录中一般包括：原始数据的来源、原始数据图表、有关细节的补充说明、工作进度安排、分析方法、展示图形、专业术语、重要原始数据等内容，帮助读者更好地理解数据分析报告中的内容，也为读者提供一条深入研究数据分析报告的途径。在数据分析报告中，附录并不是必备的，需要根据需求进行撰写，且每个内容都需要编号，以备查询。

如图 6-2 所示，即为一份完整的数据分析报告。

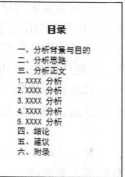

图 6-2　数据分析报告示例

任务二　数据分析报告撰写

一、数据分析报告撰写原则

1. 规范性原则

数据分析报告，要"以数据说话"，所使用的数据单位、名词术语一定要规范、标准统一、前后一致，要与业内公认的术语一致。所使用指标的数据来源要有清晰的说明，从数据管理系统采集的，要说明系统名称，现场测量的要说明抽样方式、抽样量和测量时间段等。

2. 突出重点原则

数据分析报告一定要突出数据分析的重点，在各项数据分析中，应根据分析目标重点选取关键指标，科学、专业地进行分析。此外，针对同一类问题，其分析结果也应当按照问题重要性的高低来分级阐述。

3. 谨慎性原则

数据分析报告的撰写过程一定要谨慎，基础数据必须真实、完整，分析过程必须科学、合理、全面，分析结果要可靠，内容要实事求是，不可主观臆测。

4. 创新性原则

创新之于分析报告而言，一是要适时地引入新的分析方法和研究模型，在确保数据真实的基础上，提高数据分析的多样性，从而提高质量，一方面可以用实际结果来验证或改进它们，另一方面也可以让更多的人了解到全新的科研成果；二是要倡导创新性思维，提出的优化建议在考虑企业实际情况的基础上，要有一定的前瞻性、操作性、预见性。

二、数据分析报告撰写流程

1. 定位与规划

明确报告的阅读对象、明确报告的目的、确定报告的类型。报告的对象一般是企业的管理层、决策层，也有可能是行业专家。因此，在撰写时，就要考虑特定对象的关注点是什么、在什么场景下阅读，这个报告的最终用途是什么，考虑好这些问题，报告内容才能有的放矢。面向企业领导（决策层）的报告，他们比较关注工作进展是否达到了预期，还存在哪些问题，需要做什么决策；面向业务部门（执行层）的报告，综合报告往往需要跨多个部门，从多个角度来分析；面向大众的公开报告，一般会省略分析和推演过程，直接讲结果和趋势，会给出一些概括性的结论。数据综合分析报告一般分为计划执行型、调查分析型、预测型、总结型、公报型，面向企业领导的一般是计划执行型和总结型，面向业务部分的一般是调查分析型和预测型，面向大众的一般是公报型。

2. 建立数据指标体系

确定报告的核心指标、建立数据指标体系。建立数据模型的过程，也就是数据指标与目标匹配的过程。找到对象关注度重点，确定核心指标，进行目标拆解。当然，核心指标是动态调整的，在不同的阶段，数据模型也需要进行调整。

3. 整理分析数据

首先对搜集整理好的数据，从点（指标值）、线（时间维度上的指标值，同比、环比等）、面（不同品类的指标值比较）维度对各项指标进行对比分析，其次要能够将数字语言清晰地转化成文字语言，将数字背后的事实真相呈现在报告中；最后遵循发现问题、解决问题的逻辑，合理表达观点。

4. 数据可视化

选择合适的报告呈现形式，选择合适的数据，选择合适的图表，整体报告的设计美化。数据分析报告的形式也要遵循日常公文的基本格式规范，报告中需用合适的图表展现数据，如饼状图展现比例、柱状图侧重变化、折线图呈现趋势。此外，报告的装帧也要体现专业化。

5. 提炼要点

结论提炼、问题分析、解决逻辑、文字凝练；数据分析报告的基本技能，是指将自己的观点提出来并且经过加工处理将关系抽象化、概念化的能力，从实践中来、到实践中去的能力，是隐性知识显性化的关键。

6. 规范报告

即封面、目录、格式均应规范。

【任务小结】

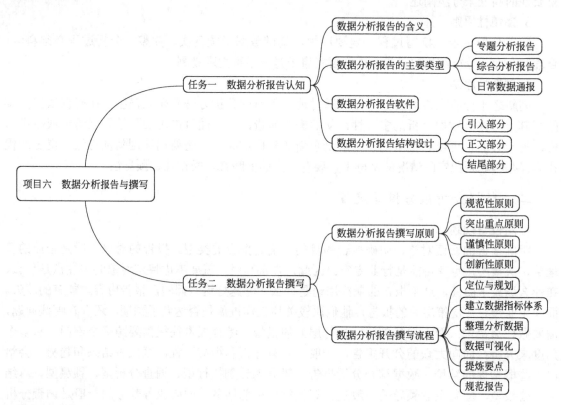

【课后练习】

一、单项选择题

1. 现计划在图表中分别展示 A 店铺与 B 店铺 2014—2019 年成交金额的变化趋势，适合选用（　　）。

　　A. 折线图　　　　B. 散点图　　　C. 热力图　　　D. 气泡图

2. 条形图在下列哪种情景中使用较多（　　）。

　　A. 数据类别标签过长或较多

　　B. 多个三维数据集的比较

　　C. 单维度多项数据占总数据比重情况对比

扫描二维码
继续练习，夯实基础

D. 三维数据集中只有二维数据需要展示和比较的场景

3. 《中华人民共和国电子商务法》正式实施的时间是（ ）。
A. 2018 年 8 月 31 日   B. 2018 年 1 月 1 日
C. 2019 年 1 月 1 日   D. 2019 年 1 月 11 日

4. 数据分析报告中的前言页主要包括哪三个方面的内容（ ）。
A. 标题、目录及前言   B. 分析背景、目的及思路
C. 分析背景、趋势及整体结论   D. 目的、思路及框架

5. 某销售水果的网店计划对其店中 5 个品种的橙子从甜度、个头、色泽、气味这 4 个维度进行综合分析，选用（ ）较为合适。
A. 柱形图   B. 雷达图   C. 散点图   D. 折线图

二、多项选择题

1. 报表可以认为是一种服务手段，从用户方便查看及使用角度出发，针对不同的目标用户需要有不同的设计偏向，以下说法正确的是（ ）。
A. 对决策层人员，要直接把结果以最简单的方式呈现，并且尽量减少操作
B. 向决策层人员展示的内容都需向中层管理人员展示
C. 对管理人员，一方面要汇报问题的解决方案，另一方面要协助管理者向下安排工作，解决具体问题
D. 对一线执行人员，要求报表便于使用、有针对性，解决实际工作中出现的具体问题

2. 下列符合数据分析人员职业道德的行为是（ ）。
A. 依法合规采集所需的各类数据
B. 不经允许不私自泄露企业的任何非公开数据
C. 在制作图表时改变呈现方式，人为缩小数据间的巨大差异
D. 实事求是，对企业统计数据不瞒报、不谎报

3. 专项数据报表的制作将围绕（ ）三个维度展开。
A. 市场   B. 运营   C. 产品   D. 售后

4. 报告可以分为以下三种类型（ ）。
A. 专题分析报告   B. 综合分析报告
C. 行业数据报告   D. 日常数据通报

5. 正文是一篇数据分析报告的核心部分，必须与分析思路相结合，要以严谨科学的论证，确保观点的合理性和真实性。以下对正文部分的描述正确的是（ ）。
A. 正文部分要包括分析背景、目的及思路三方面
B. 正文部分以图文并茂的方式将数据分析过程与分析结果进行展示
C. 正文部分的展示需要美观，可以风格多样，加入多种展示样式、丰富展示的类型
D. 正文在编写过程中应科学严谨、结构清晰、结论明确

三、判断题

1. 报表的监控包括两个方面：报表管理的监控与使用情况的监控。（ ）
2. 数据分析报告在撰写的过程中需注意以下四项原则：规范性原则、突出重点原则、创新性原则及多样性原则。（ ）
3. 一份完整的数据分析报告，应当围绕目标确定范围，遵循一定的前提和原则，系统地反映存在的问题及原因，从而进一步找出解决问题的方法。（ ）
4. 数据报表的制作需要围绕电子商务日常数据汇报需求展开。（ ）

5. 运营报表中需要综合呈现客户行为数据、推广数据、交易数据、服务数据、采购数据、物流数据等。( )

【实操训练】

【目标】对数据分析结果形成有效的分析结论,并能根据报告框架和业务数据综合分析结果,撰写电子商务数据综合分析报告。

【背景】某品牌女装网店为进一步占据市场份额需要对竞争对手进行分析,全面了解竞争对手,从而合理制定运营策略。部门经理安排小李对竞争对手数据分析结果进行整理,完成竞争对手综合分析报告的编写,以了解竞争对手的优势,并结合自身情况做好充分的应对准备。目前,小李已经完成了竞争对手综合分析报告框架的设计,紧接着需要开始报告的撰写工作。

【实际操作】根据数据分析报告框架,建立数据指标体系、整理数据,确定必要输出的数据结果与分析结论。

竞争对手综合分析报告
(以某品牌女装网店为例)
市场部—小李
(2020年7月10日)

【摘要】竞争对手综合分析主要围绕销售、类目构成、热销商品、价格分布、推广活动等数据展开。从已设计好的报告框架出发,通过细化内容、建立数据指标体系、整理分析数据、可视化数据、提炼要点、规范报告等步骤完成数据分析报告的撰写。

1. 总体分析

选择合适的图表类型对近 6 个月竞争对手与本店月销售额对比情况进行可视化展示,并对图表进行分析描述,概括 2020 年上半年销售额竞争情况。

2. 多维度竞争数据分析

(1)竞店属性数据分析。小李进入竞店首页,采集属性数据,通过属性数据,了解竞店的店铺人群定位、商品风格、服装款式细节等,对本店和竞店的属性数据进行比较分析,并对分析结果进行描述(表 6-2)。

表 6-2 本店属性数据

尺码	S、M、L、XL、均码
风格	通勤、韩版
服装款式细节	口袋、系带、纽扣、拼接、拉链
适用年龄	18-24 周岁、24-29 周岁
品牌	自创

(2)竞店销量分析。对通过店侦探采集到的竞争对手店铺最近 6 个月销量与本店销量对比情况进行可视化展示,并对图表进行分析描述(表 6-3、图 6-3)。

表 6-3 2020 年上半年本店及竞争对手店铺销量数据　　　　　单位:件

项目	1月	2月	3月	4月	5月	6月
竞争对手	714	556	346	401	816	800
自己店铺	712	424	347	267	274	538

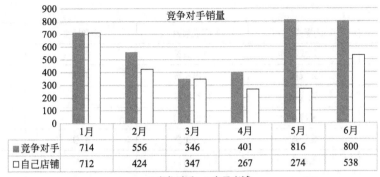

图 6-3　竞争对手店铺销量对比

（3）竞争对手流量分析。从源数据中获取数据，选择合适的图表类型对竞争对手店铺最近 6 个月流量结构数据进行可视化展示，并对图表进行分析描述，分析竞争对手主要流量来源（表 6-4、图 6-4）。

表 6-4　竞争对手流量数据

统计日期	终端类型	流量来源	来源明细	访客数
2020 年 1 月	PC 端	淘内免费	汇总	2025
2020 年 1 月	PC 端	自主访问	汇总	472
2020 年 2 月	PC 端	淘内免费	汇总	1485
2020 年 2 月	PC 端	自主访问	汇总	405
2020 年 3 月	PC 端	淘内免费	汇总	4421
2020 年 3 月	PC 端	自主访问	汇总	151
2020 年 3 月	PC 端	付费流量	汇总	1451
2020 年 4 月	PC 端	淘内免费	汇总	3812
2020 年 4 月	PC 端	付费流量	汇总	2328
2020 年 4 月	PC 端	自主访问	汇总	1350
2020 年 5 月	PC 端	淘内免费	汇总	1923
2020 年 5 月	PC 端	付费流量	汇总	1417
2020 年 5 月	PC 端	自主访问	汇总	776
2020 年 6 月	PC 端	淘内免费	汇总	2227
2020 年 6 月	PC 端	自主访问	汇总	1080
2020 年 6 月	PC 端	付费流量	汇总	877
2020 年 1 月	无线端	淘内免费	汇总	33615
2020 年 1 月	无线端	自主访问	汇总	1066
2020 年 1 月	无线端	付费流量	汇总	1721
2020 年 2 月	无线端	淘内免费	汇总	31084
2020 年 2 月	无线端	自主访问	汇总	1022
2020 年 2 月	无线端	付费流量	汇总	2531
2020 年 3 月	无线端	淘内免费	汇总	29，536
2020 年 3 月	无线端	自主访问	汇总	1856

续表

统计日期	终端类型	流量来源	来源明细	访客数
2020年3月	无线端	付费流量	汇总	1410
2020年4月	无线端	淘内免费	汇总	22,876
2020年4月	无线端	付费流量	汇总	2045
2020年4月	无线端	自主访问	汇总	1751
2020年5月	无线端	淘内免费	汇总	36,483
2020年5月	无线端	自主访问	汇总	1075
2020年5月	无线端	付费流量	汇总	9825
2020年6月	无线端	淘内免费	汇总	26,686
2020年6月	无线端	自主访问	汇总	1155
2020年6月	无线端	付费流量	汇总	4485

图 6-4　竞争对手流量对比

（4）竞店类目分析。从源数据中获取数据，选择合适的图表类型对竞争对手各产品类目销量占比进行可视化展示，并对店铺子类目交易情况进行分析描述（表 6-5、图 6-5）。

表 6-5　竞争对手类目数据

类目名称	宝贝数/个	销量/件	销售额/元
连衣裙	32	1579	84600
半身裙	25	841	33420
针织衫	19	410	26328
短外套	11	303	14321
百搭裤	7	200	5512
雪纺衫	4	198	3201
背心吊带	3	102	3508

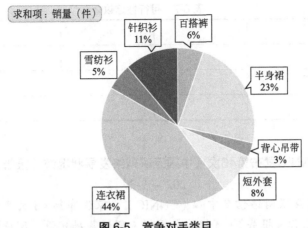

图 6-5 竞争对手类目

（5）热销商品分析。进入生意参谋的"竞争"板块，可以查看竞争对手热销商品和访客最多的商品。分析本店和竞店 TOP 商品榜的交易指数、流量指数等数据，找出自身商品与竞品之间的差距，挖掘自身店铺商品的优势。

（6）价格分布分析。从源数据获取数据，选择合适图表类型对竞争对手价格分布占比进行可视化展示，并对图表进行分析描述，分析竞争对手各价格段销量情况（表 6-6、图 6-6）。

表 6-6 竞争对手商品价格区间及对应销量数据

价格 / 元	销量
300～400	1905
400～500	700
500～600	600
600～700	428

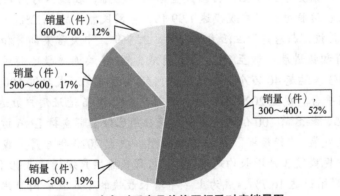

图 6-6 竞争对手商品价格区间及对应销量图

3. 可行性建议

结论：用简洁明了的语言对竞店属性、类目、销量、推广活动的分析结果进行总结，给出客观的、明确的描述，简明扼要指出自身店铺存在的问题。

通过上面的操作，已对竞争对手进行了多角度分析，接下来需要根据各维度分析结果针对性提出自身店铺的优化建议（表 6-7）。例如：与竞争对手 5、6 月份销售额差距较大，应适当增加付费广告投放，定期开展店铺促销活动，从而提升店铺销售额。

表 6-7　可行性建议

因素				
问题分析				
改进建议				
部门分工				

【知识延伸】

CNNIC发布第46次《中国互联网络发展状况统计报告》
2020-09-29

9月29日，中国互联网络信息中心（CNNIC）在京发布第46次《中国互联网络发展状况统计报告》（以下简称《报告》）。《报告》围绕互联网基础建设、网民规模及结构、互联网应用发展、互联网政务发展和互联网安全等五个方面，力求通过多角度、全方位的数据展现，综合反映2020年上半年我国互联网发展状况。

互联网激发磅礴力量，助力抗疫斗争取得重大胜利

《报告》显示，截至2020年6月，我国网民规模达9.40亿，较2020年3月增长3625万，互联网普及率达67.0%，较2020年3月提升2.5个百分点。CNNIC党委书记、副主任吴铁男指出，在此次疫情期间，我国互联网产业展现出巨大的发展活力和韧性，不仅为精准有效防控疫情发挥了关键作用，还在数字基建、数字经济、数字惠民和数字治理等方面取得了显著进展，成为我国应对新挑战、建设新经济的重要力量。

CNNIC副主任张晓对报告进行了解读，从八个方面总结了2020年上半年中国互联网发展亮点。

一是"网"汇力量，"新业态"助抗疫稳大局。上半年，在线教育、在线医疗、远程办公等应用服务在维持社会经济正常运转、稳住民生基本所需方面发挥了巨大作用。截至2020年6月，在线教育用户规模达3.81亿，占网民整体的40.5%；在线医疗用户规模达2.76亿，占网民整体的29.4%；远程办公用户规模达1.99亿，占网民整体的21.2%。

二是"网"罗科技，"新基建"注活力扩增量。上半年，中央密集部署加快"新基建"进度，多个重要领域取得积极进展：截至2020年6月底，5G终端连接数已超过6600万，三家基础电信企业已开通5G基站超40万个。工业互联网领域已培育形成超过500个特色鲜明、能力多样的工业互联网平台。截至2020年7月，我国已分配IPv6地址用户数达14.42亿，IPv6活跃用户数达3.62亿，排名前100位的商用网站及应用已经全部支持IPv6访问。

三是"网"促发展，"新经济"扩内需助转型。截至2020年6月，我国电商直播、短视频及网络购物用户规模较3月增长均超过5%，电商直播用户规模达3.09亿，较2020年3月增长4430万，规模增速达16.7%，成为上半年增长最快的个人互联网应用，为促进传统产业转型、带动农产品上行提供了积极助力。网络零售用户规模达7.49亿，占网民整体的79.7%，市场连续七年保持全球第一，为形成新发展格局提供了重要支撑。

四是"网"有温度，"新惠民"利普惠助脱贫。截至2020年6月，我国网民规模已经达到9.40亿，相当于全球网民的五分之一。互联网普及率为67.0%，约高于全球平均水平5个百分点。城乡数字鸿沟显著缩小，城乡地区互联网普及率差异为24.1%，2017年以来首次缩小到30%以内，网络扶贫作为扶贫攻坚的重要手段，已越来越多地被网民所了解和参与。

五是"网"来文化，"新传播"讲故事树新风。截至2020年6月，我国网络视频（含短视频）

用户规模达 8.88 亿，占网民整体的 94.5%，其中短视频已成为新闻报道新选择、电商平台新标配。网络新闻用户规模为 7.25 亿，占网民整体的 77.1%，网络新闻借助社交、短视频等平台，通过可视化的方式提升传播效能，助力抗疫宣传报道。

（以下略。）

来源：网信办网站

参考文献

[1] [美] 戴维·莱文，[美] 蒂莫西·克雷比尔. 商务统计学. 第7版. 岳海燕，胡宾海等译. 中国人民大学出版社，2017.

[2] [日] 仓桥一成. 商务数据分析与精细化运营. 北京：人民邮电出版社，2018.

[3] 张仁寿主编. 统计学. 北京：中国统计出版社，2018.

[4] 贾俊平. 统计学基础. 北京：中国人民大学出版社，2010.

[5] 秦春蓉等主编. 应用统计学基础（普通高等教育"十三五"应用型本科规划教材）. 北京：清华大学出版社，2017.

[6] 胡华江，杨甜甜主编. 商务数据分析与应用. 北京：电子工业出版社，2018.

[7] 沈凤池主编. 商务数据分析与应用. 北京：人民邮电出版社，2019.